# Processo de industrialização
## Do capitalismo originário ao atrasado

Carlos Alonso Barbosa de Oliveira

# Processo de industrialização
## Do capitalismo originário ao atrasado

Direitos de publicação reservados à:
Fundação Editora da UNESP (FEU)
Praça da Sé, 108
01001-900 – São Paulo – SP
Tel.: (0xx11) 3242-7171
Fax: (0xx11) 3242-7172
www.editoraunesp.com.br
www.livrariaunesp.com.br
feu@editora.unesp.br

Dados Internacionais de Catalogação na Publicação (CIP)
(Câmara Brasileira do Livro, SP, Brasil)

---

Oliveira, Carlos Alonso Barbosa de
Processo de industrialização do capitalismo originário ao atrasado / Carlos Alonso Barbosa de Oliveira. – São Paulo: Editora UNESP; Campinas, SP: UNICAMP, 2003.

Bibliografia.
ISBN 85-7139-477-6 (UNESP)

1. Capitalismo 2. Capitalismo – História 3. Economia mundial 4. História econômica 5. Industrialização I. Título.

03-3956 CDD-338.09

---

Índice para catálogo sistemático:
1. Industrialização: História econômica 338.09

Editora afiliada:

Asociación de Editoriales Universitarias de América Latina y el Caribe

Associação Brasileira de Editoras Universitárias

# Sumário

# Apresentação

A predominância do receituário do "Consenso de Washington" nos anos 90 deslocou os temas do desenvolvimento econômico do debate político e acadêmico. Entretanto, passada uma década de exercício do projeto liberal, torna-se cada vez mais evidente que suas promessas se frustraram. Em vez da passagem para o Primeiro Mundo, as políticas implementadas levaram à estagnação econômica, e a década de 1990 destaca-se na história republicana brasileira exatamente pela falta de dinamismo econômico.

O avanço da crítica ao liberalismo trouxe novamente à baila temas do ideário desenvolvimentista. A questão nacional – natureza das relações do país com o resto do mundo –, a questão do papel do Estado na economia e outras questões voltam à ordem do dia e é com esse debate que o presente trabalho pretende contribuir.

Na obra *O capitalismo tardio*, João Manuel C. de Mello indica que os temas da teoria do desenvolvimento devem ser tratados como a problemática do desenvolvimento do capitalismo, ou mais precisamente, como a problemática das especificidades dos processos de constituição e desenvolvimento do capitalismo em diferentes países e em diversas circunstâncias históricas. Com essa postura recorremos então a Marx, e os dois primeiros capítulos deste trabalho buscam sistematizar a contribuição de *O capital* sobre a gênese do capitalismo – processo de acumulação primitiva – e sobre o processo de acumulação capitalista. Trata-se assim do longo movimento de desenvolvimento do capital comercial, da divisão social do trabalho, de expansão dos mercados, das mudanças nas formas de organização da produção – artesanato, *putting-out* e manufatura –, e do papel do Estado no processo de proletarização. Finalmente, aponta-se como, na obra de Marx, este processo de acumulação primitiva leva ao surgimento e à generalização da produção mecanizada organizada como grande indústria, e como esta base técnica imprime ao processo de acumulação um caráter especificamente capitalista.

Entretanto, a elaboração de Marx não pode ser tomada como uma teoria geral da constituição do capitalismo, como um modelo de desenvolvimento econômico, pois os momentos lógicos do processo de constituição do capitalismo estão impregnados de circunstâncias históricas específicas: aquelas da passagem do feudalismo ao capitalismo. Recorremos então aos textos clássicos do marxismo sobre a evolução da Alemanha, Rússia e Itália e à sistematização elaborada no citado *O capitalismo tardio* e propomos a construção de padrões de industrialização – industrialização originária, atrasada e tardia.

A industrialização originária é tratada no primeiro capítulo da Parte II deste trabalho. Para destacar a especificidade da experiência inglesa, ao longo do capítulo identificam-se os avanços e bloqueios do desenvolvimento do capitalismo em diferentes países da Europa. Assim, demonstra-se como a vitória das forças particularistas na Europa Central e na Península Itálica, ao impedir a formação do Estado nacional, frustra a continuidade do desenvolvimento mercantil das cidades alemãs e italianas, retardando o processo de constituição do capitalismo. Na Europa Oriental, os ritmos mais lentos do desenvolvimento podem ser explicados pela restauração da servidão (segunda servidão), processo que é determinado pelas vitórias da nobreza na condução da política dos Estados nacionais que se conformavam.

Em Portugal e na Espanha é também a presença marcante da nobreza do clero no jogo do poder político que explica como o precoce desenvolvimento mercantil que se desdobrara na implantação do sistema colonial na América ia sendo progressivamente entravado. E o Estado dominado pela nobreza acaba por sacrificar os interesses mercantis nacionais. Na Inglaterra, desde a formação do Estado nacional, ficava clara a fragilidade da antiga nobreza, derrotada pela França e exaurida por guerras intestinas. E a ruptura com Roma e expropriação das terras da Igreja indicam a fraqueza relativa do clero. Os movimentos revolucionários do século XVII com a vitória das camadas interessadas no desenvolvimento mercantil explicam a natureza da clara política mercantilista inglesa de defesa do comércio e da produção nacionais.

E o desenvolvimento do capitalismo inglês ilustra como o processo de acumulação primitiva apoiava-se na força do Estado e como esse processo deságua na Revolução Industrial, tornando a experiência inglesa única, dado seu caráter pioneiro. Por outro lado, nas análises dos avanços e bloqueios do processo de acumulação primitiva em diferentes nações, fica evidente a importância das lutas políticas de classes em formação e de estamentos resultantes da crise do feudalismo, determinações ausentes nas contribuições da teoria do desenvolvimento.

De particular interesse para nós, latino-americanos, pelos contrastes com nossa experiência histórica, é o tema tratado no capítulo sobre as industrializações atrasadas, no qual analisamos como, a partir da Revolução Industrial inglesa, instaura-se a fase de dominância do capitalismo concorrencial, e, nesse marco, países como França, Estados Unidos, Alemanha, Rússia e Japão completam seus processos de industrialização. Demonstra-se como esses países não somente implantam aparelho industrial semelhante ou mesmo superior ao da hegemônica Inglaterra, mas também como nesse movimento ganham autonomia financeira e tecnológica, diferentemente da experiência latino-americana, na qual mesmo os países que mais avançam no processo de industrialização continuam a inserir-se de forma subordinada na economia mundial, incapazes de ganhar autonomia tanto no campo tecnológico como no financeiro.

Sabe-se que no século XX (na etapa monopolista do capitalismo) os países avançados, ao deterem os monopólios das inovações tecnológicas e da organização financeira, utilizam-se dessa posição de força em âmbito internacional, relegando os países atrasados a posição periférica, incapazes de ganhar autonomia tecnológica e financeira. Entretanto, esses fenômenos típicos do século XX não podem ser imaginados para o século XIX, para a etapa concorrencial do capitalismo, quando o monopólio inglês da produção industrial mostrou-se fugaz, sendo logo quebrado por nações como França, Alemanha e Estados Unidos que, além de absorverem a tecnologia inglesa, mostram-se também capazes de inovar tecnologicamente, ao mesmo tempo que constroem sistemas financeiros dotados de relativa autonomia.

Assim, o presente trabalho procura demonstrar como as características do capitalismo concorrencial explicam por que os países que se industrializam nessa etapa logo podem passar a competir com a Inglaterra. E o conceito de capitalismo concorrencial não deve levar ao entendimento de que os processos de industrialização dessa etapa foram resultantes de livre concorrência, governando movimentos espontâneos das economias nacionais. Na verdade, a ação deliberada do Estado foi imprescindível não somente nos países com maior grau de atraso relativo, como Rússia e Japão, mas também em países como França, Alemanha e Estados Unidos.

São próprias da ordem internacional capitalista, em qualquer etapa de sua evolução, a feroz luta entre as nações e a formação de hierarquias de poder entre os diferentes países. Entretanto, essas lutas, do ponto de vista dos processos de industrialização nacionais, não levam aos mesmos resultados quando se distinguem etapas de evolução do capitalismo. No capitalismo monopolista, o grupo dos países ricos e poderosos forma um clube fechado, pois, neste início do século XXI, os países sócios são os mesmos que os dos inícios do século XX. Já no século XIX, as hierarquias de poder em âmbito internacional podiam ser escaladas por países atrasados que apresentassem certas condições internas. A Prússia e os principados que conformaram a Alemanha, por exemplo, caracterizados pelo grande atraso relativo quando da Revolução Industrial inglesa, ao fim do século apresentavam uma estrutura econômica superior à da França e mesmo à da Inglaterra.

Assim, a etapa concorrencial no século XIX era dotada de certa capacidade de difusão orgânica do capitalismo, ou seja, o padrão de industrialização inglês podia reproduzir-se de forma completa em vários países. Mas a capacidade de difusão do capitalismo em âmbito mundial era reduzida, pois a organização capitalista somente se implantou na periferia a partir de 1870, já numa fase de transição ao capitalismo monopolista. E antes dessa etapa, o capitalismo concorrencial levou mesmo ao reforço do escravismo, como no sul dos Estados Unidos e no Brasil, apesar dos protestos ingleses. Já no século XX, o capitalismo monopolista mostra potenciada capacidade de difusão pelo mundo, mas essa difusão não resulta na reprodução do aparelho produtivo e financeiro dos países dominantes nos países que vão sendo incorporados à ordem capitalista.

# Introdução

Como é sabido, a teoria econômica convencional voltou a dar atenção no pós-guerra aos problemas do desenvolvimento, procurando responder às questões práticas, econômicas, sociais e políticas colocadas pelo subdesenvolvimento da esmagadora maioria dos países integrados na economia mundial capitalista. No plano teórico, tratou-se de reexaminar as condições indispensáveis à constituição de uma economia industrial integrada.

Não nos interessa aqui discutir em detalhe a copiosa literatura que se acumulou sobre o tema. Muito ao contrário, pretendemos apenas desvendar a problemática que lhe é subjacente. Nessa direção, parece-nos indiscutível que os trabalhos de W. W. Rostow e de Arthur Lewis exprimem, com clareza, o eixo teórico que articula a problemática da teoria do desenvolvimento econômico. Convém, portanto, explicitar seus traços fundamentais.

O processo de desenvolvimento econômico aparece como a passagem da sociedade tradicional, ao que Rostow chama de maturidade industrial. A sociedade tradicional "possui economia essencialmente agrícola que utiliza *métodos de produção mais ou menos fixos*, que poupa e investe produtivamente pouco mais do que o necessário para cobrir a depreciação" (Rostow, 1969, p.163; grifo meu). Por isso mesmo, "o fato fundamental relacionado à sociedade tradicional consiste na existência de um limite ao nível de produção *per capita*. Este limite resulta de que não eram acessíveis as possibilidades científicas e técnicas modernas, ou de não se poder aplicá-las de forma regular e sistemática" (Rostow, 1974, p.16). A maturidade industrial é "a história prolongada e flutuante do *progresso econômico sustentado*. O capital total *per capita* aumenta à medida que a economia amadurece. A estrutura da economia se transforma cada vez mais. As indústrias-chave iniciais, que possibilitaram a decolagem, se desaceleram... Mas a taxa média de crescimento é mantida para uma sucessão de novos setores e por um rápido crescimento com um novo grupo de dirigentes inovadores" (Rostow, 1969, p.167).

Entre a sociedade tradicional e a maturidade industrial configuram-se dois momentos: as condições prévias para a decolagem e a decolagem.

As condições prévias exigem o cumprimento de três requisitos. A agricultura deve passar por transformações de modo a capacitá-la a desempenhar três funções fundamentais: "deve ministrar ao setor moderno grande quantidade de alimentos, amplos mercados e grande oferta de fundos financeiros" (Rostow, 1974, p.37, 41). Além disso, há a necessidade de desenvolver o capital social básico, representado principalmente por inversões em transportes e comunicações, ressaltando-se o papel dos governos. Finalmente, devem ocorrer transformações de ordem não econômica, consistentes na "conveniência de uma nova elite social, uma nova direção à qual deve-se conceder um amplo campo de ação para dar início à edificação de uma sociedade industrial moderna" (ibidem, p.41).

Cumpridos esses pré-requisitos, a sociedade está preparada para ingressar na revolução industrial, com as seguintes características: "1º) Um aumento da taxa de inversão produtiva de 5% ou menos, para 10% ou mais da renda nacional (ou produto nacional líquido); 2º) O desenvolvimento de um ou mais setores essencialmente manufatureiros que tenha alta taxa de crescimento; 3º) A existência, ou rápida criação, de estruturação política, social e institucional que aproveite os estímulos da expansão no setor moderno" (p.55).

Em suma, os trabalhos de Rostow (1969, p.160), em suas próprias palavras, tratam "de esclarecer a economia da revolução industrial, sendo a mesma concebida resumidamente em relação ao tempo e amplamente em relação às transformações das funções de produção".

Lewis (1969, p.422) vai tratar de um ponto mais específico, concentrando-se no que lhe parece o problema central:

> a compreensão do processo pelo qual uma comunidade que anteriormente não poupava nem investia mais que 4 ou 5% de sua renda nacional, ou ainda menos, transforma-se numa economia em que a poupança voluntária se situa por volta de 12 ou 15% da renda nacional, ou mais. Este é o problema central porque a questão principal do desenvolvimento econômico é a rápida acumulação de capital (incluindo aí os conhecimentos e especializações). Nenhuma revolução industrial pode ser explicada (como pretendiam alguns historiadores econômicos) enquanto não se puder explicar por que aumentou relativamente a poupança em relação à renda nacional.

A resposta que nos dá é bastante conhecida. Começa por supor a existência de dois setores, um de subsistência e outro capitalista, e *capitalista porque emprega capital reproduzível* (ibidem, p.413). Em seguida, demonstra de que maneira o setor capitalista chega a atingir uma dimensão considerável, ao levar adiante o investimento, incorporando mão de obra ociosa do setor de subsistência. Com isso, a proporção dos lucros na renda vai crescendo, e com ela o peso da poupança e do investimento. Em suma, a pobreza decorre da reduzida dimensão do setor capitalista.

Como surge o setor capitalista?

> O motivo pelo qual uma sociedade desenvolve uma classe capitalista é muito difícil de ser encontrado, não havendo, provavelmente, uma resposta geral. A maioria dos países parece começar importando seus capitalistas do exterior; e atualmente muitos (por exemplo, a URSS e a Índia) têm desenvolvido uma classe de capitalistas de Estado, que, por motivos políticos, de um ou de outro tipo, são obrigados a criar rapidamente capital por conta do setor público. Quanto aos capitalistas privados nativos, seu surgimento está, provavelmente, ligado à existência de novas oportunidades, principalmente as que ampliem o mercado, associadas alguma técnica nova que aumente bastante a produtividade do trabalho, quando este e o capital são utilizados conjuntamente. Uma vez tendo surgido o setor capitalista é só uma questão de tempo para que ele atinja uma dimensão considerável. (Lewis, 1969, p.426)

Esse rápido sumário das ideias de Rostow e de Lewis basta para situar a problemática da teoria do desenvolvimento econômico: o desenvolvimento aparece como um processo eminentemente técnico, como a constituição de uma sociedade industrial em que o progresso tecnológico contínuo está assegurado.

Neste ponto já podemos apontar uma primeira dificuldade da teoria do desenvolvimento: sua concepção de desenvolvimento econômico como um processo técnico a impede de estabelecer conexões rigorosas entre os aspectos econômicos e os sociais, no movimento da sociedade. Ao não conceberem o capital como uma relação social, não apreendem a íntima conexão entre o movimento da acumulação do capital e a formação de uma classe capaz de promover ou servir de base às transformações sociais e políticas, necessárias ao crescimento autossustentado.

Marx, ao contrário, ao conceber o capital como uma relação social, pôde indicar como faces de um mesmo processo a acumulação do capital e o surgimento de uma burguesia mercantil, classe cuja ação é essencial para a passagem da *sociedade tradicional* à *sociedade moderna*. Na teoria do desenvolvimento, entretanto, o surgimento de elites capazes de promover transformações da sociedade aparece como mero acaso, pois seu instrumental analítico é incapaz de desvendar a simbiose existente entre processos econômicos e processos sociais e políticos.

Por outro lado, apesar de a teoria do desenvolvimento pretender-se crítica dos economistas neoclássicos, suas abordagens, entretanto, padecem do mesmo caráter abstrato e cientificista que é sempre presente nos modelos neoclássicos. Para Lewis, os modelos neoclássicos não seriam válidos simplesmente porque suas hipóteses (no caso a escassez de mão de obra) não se verificariam em determinadas circunstâncias. Assim, Lewis constrói um modelo que seria adequado para explicar as condições do desenvolvimento econômico de países europeus (ao tempo dos economistas clássicos), de países da Ásia atual ou de nações da América Latina que apresentem oferta ilimitada de mão de obra. Rostow, por seu turno, estabelece etapas de desenvolvimento que seriam válidas para explicar os processos de desenvolvimento de qualquer país em qualquer época histórica.

Ao não levar em conta as diferentes *épocas históricas*, ao abstrair as mediações históricas do processo de desenvolvimento, os modelos perdem a capacidade de explicar os complexos movimentos dos processos de desenvolvimento. Assim, como não levar em conta as diferenças históricas entre a Inglaterra do século XVIII e a América Latina do século XX?.[1] Como apagar determinantes essenciais como o fato de a Inglaterra, no século XVIII, ser a maior potência colonial do mundo e os países latino-americanos do século XX constituírem economias subordinadas mundialmente? Como não levar em conta que as industrializações do século XIX nos países europeus, então atrasados, implicavam a implantação de setores industriais poucos complexos, de um ponto de vista técnico, que exigiam parcos volumes de

1 "A complexidade dos processos históricos quase obriga a elevar a construção teórica a níveis extremamente abstratos, o que vem em prejuízo da eficácia explicativa dos modelos" (Furtado, 1972, p.128).

capitais; e que qualquer industrialização do século XX é obrigada a implantar uma indústria pesada com escalas de produção gigantescas, o que exige montantes de capitais incompatíveis com a disponibilidades dos países de capitalismo tardio?

Em resumo, o caráter abstrato e teoricista das abordagens da teoria do desenvolvimento acabam por deixar de lado aquilo que deveria ser o próprio objeto da teoria: a explicação das diferenças específicas dos processos de desenvolvimento. E essas diferenças são essenciais, pois explicam as distintas dinâmicas dos próprios processos de desenvolvimento.[2] Na verdade, a teoria de Rostow acaba por constituir-se em uma filosofia da história, "da qual a maioria dos historiadores são críticos: primeiro porque ao ajustar os fatos à teoria, violenta aquilo que eles sabem que de fato aconteceu, e segundo, porque serve fundamentalmente a objetivos políticos transparentes" (Myrdal, 1968, p.1848).

A teoria do desenvolvimento, portanto, não leva em conta a própria história do capitalismo em âmbito mundial, e assim abstrai determinante essencial dos distintos processos de desenvolvimento nacionais. Em outras palavras, essa abstração indevida impede os modelos de contemplar, por exemplo, como os processos de desenvolvimento ou de industrialização dos países europeus do século XIX, na fase concorrencial do capitalismo em âmbito mundial, possuem dinâmica distinta das industrializações das economias latino-americanas do século XX, na etapa monopolista do capitalismo.

Mas essa não é a única abstração indevida. A definição da "sociedade tradicional" realizada a partir das formas das funções de produção torna essa totalidade social indeterminada. Assim,

2 "Este novo enfoque abstraía a maioria das condições que são, não apenas peculiares aos países subdesenvolvidos, mas em grande parte responsáveis por seu subdesenvolvimento e pelas dificuldades específicas que encontram quando realizam tentativas para desenvolver-se" (Myrdal, 1977, p.88).

a teoria do desenvolvimento não pode apreender como núcleos capitalistas possuem distintas dinâmicas ao estarem inseridos em diferentes sociedades pré-capitalistas. Concretamente: sociedades escravistas e sociedades feudais reagem de diferentes maneiras sob o impacto do desenvolvimento do capitalismo, o que não pode ser apreendido pelos modelos de desenvolvimento.

Vejamos então como a problemática que é escamoteada nos modelos – a questão da formação do modo de produção capitalista – é tratada por Marx. Em seguida, será abordada a questão das mediações históricas dos processos de formação do capitalismo em diferentes nações.

# Parte I

# 1
# Desenvolvimento da economia mercantil, manufatura e acumulação primitiva

Podemos distinguir dois momentos na análise de Marx sobre a *moderna sociedade burguesa*: de um lado, são explicitadas as leis de funcionamento do modo de produção capitalista, e, de outro, é tratada a questão da gênese das formas desse regime de produção, ou seja, a questão de sua constituição. Este tópico, apoiado nos chamados *capítulos históricos* de *O capital*, versa exatamente sobre a problemática da gênese do capitalismo.

Por razões que indicaremos a seguir, nossa exposição inicia-se pela caracterização da natureza do capital comercial, ou mais explicitamente, como em Marx o capital comercial aparece como um momento necessário para o surgimento do capital industrial. Assim, enquanto no regime capitalista constituído o capital comercial manifesta-se como uma forma necessária – já que esse regime não suprime mas generaliza a circulação mercantil, subordinando-a à dominância do capital produtivo –, no processo de constituição do capitalismo, entretanto, o capital mercantil mantém uma relação de dominância sobre a esfera produtiva.

Veremos neste capítulo como o desenvolvimento e a dominação do capital comercial, como pressupostos históricos do modo de produção capitalista, impulsionam a produção de valores de troca, o que é condição indispensável para a transformação da própria força de trabalho em mercadoria. Entretanto, verificaremos também como o desenvolvimento do capital comercial é, por si só, incapaz de revolucionar a esfera à autodeterminação do capital.

## Comércio, usura e desenvolvimento mercantil

O capital comercial se constitui quando a atividade de promoção da circulação de mercadorias torna-se uma função determinada pela divisão social do trabalho, função essa assumida por uma categoria de agentes, os capitalistas comerciais. A circulação de mercadorias M-D-M estabelece as condições para o surgimento da forma do capital D-M-D', transformando assim o dinheiro e as mercadorias em capital, e os proprietários do patrimônio dinheiro, que buscam sua valorização na promoção da circulação mercantil, em capitalistas comerciais. Dessa forma, o capital comercial apoia a troca de mercadorias, função que serve de base ao seu processo de valorização.[1]

Em termos analíticos, a fórmula do capital comercial D-M-D', onde $D'=D + \Delta D$, significa que o capitalista lança em circulação determinada soma de dinheiro (D), pela qual recebe mercadorias (M); a segunda metamorfose M-D' indica que o comerciante vende as mercadorias compradas por quantia de dinheiro su-

1 "O capital comercial acha-se enquadrado na órbita da circulação e sua função consiste exclusivamente em servir de veículo à troca de mercadorias" (Marx, 1949, v.III, p.314).

perior àquela inicialmente desembolsada e, como resultado do processo, aufere um lucro representado por ΔD, atingindo seu objetivo, ou seja, a valorização do capital dinheiro pela circulação mercantil.

A precedência histórica do aparecimento do capital comercial em relação ao desenvolvimento de outras formas do capital é determinada pelas próprias condições exigidas pelo seu nascimento, ou seja, para que o capital comercial surja é necessário somente que se manifestem as condições para a circulação simples de mercadorias.[2] Assim, a própria circulação mercantil M-D-M, compatível com qualquer regime de produção, cria as condições para a inversão do movimento e, portanto, para o surgimento da forma capitalista D-M-D'. Por isso mesmo, o capital comercial é uma forma *antediluviana* de capital, antecedendo a existência do capital produtivo.

Assim, o capital comercial pode coexistir com qualquer regime de produção, não o alterando essencialmente, mas apenas estimulando a produção de mercadorias. Fica claro, também, que suas condições de existência são simples em relação às do capital produtivo, que exige não somente um grau acentuado de mercantilização da economia – e isso já é obra do capital comercial –, como ainda outros fatores indispensáveis à origem do trabalho assalariado.

No modo de produção capitalista, o capital comercial vai apropriar-se de parcelas de mais-valia correspondente ao seu volume. Vale dizer, o comerciante apodera-se de fração de mais-valia proporcional ao montante de seu capital dinheiro, e a equivalência das trocas implica não somente que mercadorias produto de capitais de mesmas dimensões tendem a assumir o

2 "Para que esse capital exista – prescindindo de formas ainda não desenvolvidas, derivadas do comércio direto de troca –, basta que se apresentem as condições necessárias para circulação simples de mercadorias e de dinheiro" (Marx, 1949, v.III, p.315).

mesmo preço, como também que capitais engajados na esfera da circulação tendem a apropriar-se de parcela da mais-valia correspondente ao seu volume. Assim, a troca continua supondo uma relação de igualdade: não a igualdade baseada na equivalência de quantidades de trabalho gastas na produção das mercadorias que são intercambiadas, mas sim a igualdade das taxas de lucro auferidas por capitais de mesma dimensão quantitativa.[3] Desse modo, a formação do preço de produção implica distribuição proporcional da mais-valia entre os distintos capitais individuais, e, portanto, o lucro comercial corresponde à parcela de mais-valia apropriada pelos capitais engajados na promoção da circulação mercantil.

Em outro extremo teríamos a economia mercantil simples, na qual a equivalência das trocas é fundada na igualdade do *quantum* de trabalho gasto na produção das mercadorias intercambiadas. Nessa estrutura, o fato de as mercadorias serem trocadas pelos seus valores elimina, de um ponto de vista lógico, a possibilidade do lucro comercial e da circulação capitalista.

Em síntese, de um lado, a economia mercantil simples é incompatível com a própria existência do capital comercial, e, de outro, quando se generaliza a produção de mercadorias, estas já são produto do capital, o que transforma a lei do valor numa lei de valorização do capital, e o valor em preço de produção.

Podemos recolocar a questão: qual a fonte do lucro comercial num momento em que a circulação é capitalista, mas a produção não o é? Ou seja, nem estamos na sociedade mercantil simples, pois a lei do valor não tem plena vigência e a circulação é dominada pelo capital, nem no capitalismo, desde que a

---

3 "Por isto, o ato da troca não mais está sob a condição 'trabalho igual contra trabalho igual', mas sim 'a capital igual, lucro igual'. A igualação de trabalho é substituída pela igualação de lucros, e os produtos não são vendidos por seus valores, mas por seus preços de produção" (Hilferding, 1963, p.19). Sobre esse ponto, ver também Rubin (1974, cap.XVIII).

lei da apropriação capitalista não se impôs na esfera produtiva e a circulação aparece mantendo uma relação de autonomia ante a produção.

Sabemos que é o capital comercial que determina os preços, e seus lucros resultam da diferença entre preços de compra e venda. Em outros termos, a posição dominante do capital comercial ante a esfera da produção lhe confere o poder de fixar preços de forma a auferir lucros.

Mas vejamos como Marx (1949, p.318) analisa a questão:

> comprar barato para vender caro é a lei do comércio. Não se trata, pois, de uma troca de equivalentes. O conceito de valor vai implícito nela no sentido de que as distintas mercadorias são todas valor e, portanto, dinheiro; quanto à qualidade, são todas elas igualmente expressões do trabalho social. Mas não são magnitudes iguais de valor. A proporção quantitativa na qual os produtos se trocam é, no momento, perfeitamente fortuita. Estes produtos revestem a forma de mercadorias enquanto são intercambiáveis, isto é, expressões todos eles do mesmo terceiro fator. A troca contínua e a reprodução regular para a troca vai cancelando cada vez mais este caráter fortuito. Mas no momento, não para os produtores e consumidores, mas sim para aquele que serve de mediador entre ambos, para o comerciante, que compara os preços em dinheiro, e embolsa a diferença. Seu movimento se encarrega de implantar a equivalência.

Assim, o capital comercial vai unificando mercados e determinando preços, os quais, dada a continuidade das trocas, vão perdendo o caráter fortuito. Como a produção não é capitalista, a igualdade que fundaria a relação de troca deveria referir-se à igualdade de valores, ou seja, igualdade de gastos de trabalho. Entretanto, a própria existência do capital comercial e, portanto, do lucro comercial indica a "inequivalência" nas trocas. O capital comercial interpõe-se entre produtores e consumidores, compra barato e vende caro, indicando que a lei do valor não tem vigência plena e que a produção mercantil não se generalizou ainda.

Por outro lado, os produtos são já valores e assumem, portanto, a forma dinheiro. Se são valores, expressam já trabalho social, mas as proporções quantitativas em que são trocadas são comparadas, fixadas pelo capital comercial, implicando desigualdade nas trocas para produtores e consumidores. Dessa desigualdade o capital comercial aufere seus lucros, e se as mercadorias fossem vendidas pelos seus valores, eliminar-se-ia a possibilidade do lucro comercial.

Ao lado do capital comercial, desenvolve-se seu *irmão gêmeo*, o capital usurário, outra forma antediluviana de capital. Para que o capital usurário surja, basta que existam as condições para a circulação de mercadorias e do dinheiro, e que este possa assumir suas funções próprias.[4] Assim, a evolução da circulação simples de mercadorias M-D-M, que implica desenvolvimento das formas mercadoria e dinheiro na sociedade, cria os pressupostos para o surgimento do capital comercial D-M-D' e para o aparecimento do capital usurário D-D'.

Dessa maneira, o capital usurário, tal como o capital comercial, pode conviver com qualquer regime de produção. Vale dizer, não considerando as formas mais primitivas de organização social, qualquer regime de produção pode dar origem a um maior ou menor desenvolvimento das formas mercadoria e dinheiro, e assim criar as condições para a gênese do capital usurário. Marx (1949, v.III, p.555) afirma que o capital usurário "figura com seu irmão gêmeo, o capital comercial, entre as formas antediluvianas do capital, as quais precedem longamente o regime de produção

4 "A existência do capital usurário somente exige que uma parte pelo menos dos produtos converta-se em mercadorias, e que, juntamente com o comércio de mercadorias, desenvolvam-se as diversas funções próprias do dinheiro" (Marx, 1949, v.III, p.555).

capitalista, e com as quais nos deparamos nas diversas formações econômicas da sociedade".

O capital usurário é uma forma tipicamente pré-capitalista, pois supõe que o regime capitalista não domina a esfera produtiva. Existe, portanto, diferença fundamental entre o capital usurário e o capital a juros, que é forma própria do regime capitalista de produção. Assim, o capital a juros exige como "premissa fundamental que o dinheiro, enquanto valor apto a se valorizar, assuma a forma de uma mercadoria intercambiável. Isto significa que o *capital como tal capital se converte em mercadoria*, o que implica o estabelecimento de uma transação jurídica entre dois capitalistas: o prestamista e o prestatário. Seu ciclo característico D-D' se desdobra D-D-M-D'-D', convertendo-se a venda em empréstimo e o preço numa participação no lucro bruto" (Mazzucchelli, 1985, p.82; grifo do autor).

À diferença do capital a juros, o capital usurário desenvolve-se numa sociedade em que não impera o regime capitalista na produção, e sua ação não aparece como uma relação entre capitalistas, mas como uma relação entre o capitalista e os produtores que detêm a propriedade de suas condições de trabalho. Ora, os prestatários, enquanto não são capitalistas, utilizam o dinheiro tomado como tal dinheiro, não como capital, mas como meio de pagamento ou meio de compra. Assim, não se exige capital do prestamista, e sim dinheiro, mas os juros recebidos transformam esse dinheiro em capital para o usuário, um meio para apropriar-se de trabalho excedente.[5]

Os ganhos do capital a juros correspondem a uma parte do lucro bruto e, portanto, a uma parcela da mais-valia produzida pela sociedade. Já os juros do capital usurário compreendem

---

5 "O que se exige do entesourador não é capital, mas dinheiro como tal; entretanto, o juro lhe permite converter esse tesouro em dinheiro, em capital para si mesmo, em um meio pelo qual se apodera total ou parcialmente do trabalho sobrante de outros..." (Marx, 1949, v.III, p.559).

"tudo o que exceda dos meios mais elementares de subsistência (que formarão mais tarde o salário) dos produtores (excedente que mais tarde se apresentará sob a forma de lucro e renda do solo)" (Marx, 1949, v. III, p.556). E o montante dos juros é limitado somente pela capacidade de pagamento dos prestatários de dinheiro.[6]

Trataremos agora de precisar como o desenvolvimento do capital comercial vai estimulando a produção de mercadorias e a divisão social do trabalho, e transformando a organização da produção, sem, contudo, revolucioná-la. Veremos, ainda, como o surgimento do trabalho assalariado supõe mercantilização acentuada da produção, sem, contudo, ser resultado imediato desta, ou seja, analisaremos rapidamente as condições para a proletarização dos produtores e para a formação do mercado de trabalho.

Em seu início, o capital comercial, incapaz de impor suas condições, vai relacionar-se com a esfera produtiva como um elemento dado, ou seja, enfrenta os produtores tal como se apresentam, e estes mantêm relação de independência diante do comerciante. Assim, vai sendo conformada uma estrutura na qual a circulação é dominada pelo capital comercial, e a produção não é capitalista. Nas palavras de Marx (1949, v.III, p.317): "a circulação não se apoderou ainda da produção, mas se comporta com respeito a ela como uma premissa dada. De outra parte, o processo de produção não assimilou ainda a circulação como uma mera fase".

Entretanto, a atuação do comércio vai transformando parte do excedente de valores de uso em mercadorias, valores de uso que somente assumem a forma de valores de troca por obra do

6 "Por isso mesmo o usuário não conhece absolutamente outro limite que a capacidade de rendimento ou a capacidade de resistência dos necessitados de dinheiro" (ibidem).

capital comercial.[7] A débil relação entre produção e circulação tende a fortalecer-se, e parte cada vez maior da produção vai sendo transformada em mercadoria, num movimento que correlatamente implica incremento do capital comercial. O produtor cada vez mais vende no mercado e passa a depender sempre mais do comércio para a satisfação de suas necessidades.

"A base da economia mercantil é constituída pela divisão social do trabalho" (Lenin, 1982, p.13). Assim, o desenvolvimento do processo de vender e comprar no mercado para a satisfação de necessidades implica aprofundamento da divisão social do trabalho, relação que significa maior especialização da produção e ampliação dos mercados, que progressivamente vão sendo unificados. A economia natural ou de subsistência, composta por unidades homogêneas, cada qual produzindo toda gama de artigos que necessita, vai sendo transformada numa estrutura com unidades produtivas diferenciadas entre si, heterogêneas e especializadas.

Em síntese, constituem faces do mesmo processo: o desenvolvimento do capital comercial, o incremento da produção de valores de troca, a divisão social do trabalho, a especialização da produção e a expansão dos mercados. Se, por um lado, o capital comercial acentua a divisão social do trabalho e a especialização da produção, estes fatores, por outro, impulsionam a expansão dos mercados, garantindo assim a valorização do capital comercial.

Também o capital usurário vai relacionar-se com a estrutura produtiva como uma premissa dada, sem transformá-la. Segundo Marx (1949, v.III, p.558), a usura "não altera o regime de produção, mas adere-se a ele como um parasita, e assim o arruína". Entretanto, como vimos, a usura é uma relação que permite ao capital apoderar-se de trabalho alheio, pelo recebimento de ju-

---

7 "Por outro lado, o desenvolvimento do capital comercial tende a dar à produção um caráter cada vez mais orientado para o valor de troca, a converter cada vez mais os produtos em mercadorias" (ibidem, p.316).

ros pagos em dinheiro. Ora, é evidente que essa relação exige do produtor crescente dependência ante o mercado, única maneira que se apresenta para a obtenção do numerário com o qual satisfaz as exigências do usurário. Dessa forma, também a ação do capital usurário impulsiona a produção mercantil e intensifica a relação entre a esfera da produção e o mercado.

O capital usurário progressivamente estreita suas relações com a esfera produtiva, tornando crescente a dependência dos produtores. Como afirma Marx (1949, v.III, p.559), o capital usurário não se limita a apropriar-se de trabalho alheio, mas tende a se apoderar "de uma parte das mesmas condições de produção, ainda que estas, nominalmente, continuem existindo diante dele como propriedade alheia".

Voltando ao capital comercial, a independência dos produtores constitui cada vez mais uma barreira à ampliação da troca e dos mercados. Sua superação exige a transformação e subordinação da esfera produtiva ao capital mercantil. É por isso que Marx enfatiza como o capital comercial, para expandir-se, deixou de ser simples *editor* da produção artesanal e camponesa, e passou a subordinar o artesão urbano, estendendo a produção artesanal mercantil ao campo (*putting-out*). Mais ainda, foi compelido a romper com a dimensão local dos mercados e sentou as bases do mercado mundial, do qual é elemento fundamental o antigo sistema colonial.

O processo de desenvolvimento do capital comercial e usurário progressivamente subordina e transforma a organização da produção. Entretanto, as transformações são limitadas, não significando revolução nas condições da produção. Teríamos então que verificar quais outros fatores permitiram o surgimento do trabalho assalariado, ou seja, como a mercantilização atingiu seu ponto extremo, transformando a própria força de trabalho em mercadoria.

Vejamos como Marx (1949, v.III, p.320-1) analisa a questão:

> Por conseguinte, o comércio exerce em todas as partes uma influência mais ou menos dissolvente sobre as organizações da produção anteriores, as quais orientavam-se primordialmente, em suas diversas formas, para o valor de uso. Mas a medida em que logre dissolver o antigo regime de produção dependerá primeiramente de sua solidez e de sua estrutura interior. *E o sentido para o qual este processo de dissolução se encaminhe, isto é, os novos modos de produção que venham a ocupar o lugar dos antigos, não dependerá do comércio mesmo, mas do caráter que tivesse o regime antigo de produção.* No mundo antigo, os efeitos do comércio e o desenvolvimento do capital comercial se traduzem sempre na economia escravista; e segundo o ponto de partida, conduzem simplesmente à transformação de um sistema escravista patriarcal, dirigido à produção de meios diretos de subsistência, em um sistema orientado para a produção de mais-valia. No mundo moderno, pelo contrário, desembocam no regime capitalista de produção. De onde segue-se que estes resultados achavam-se condicionados, ademais, por fatores muito distintos, alheios ao desenvolvimento do mesmo capital comercial. (grifo meu)

A afirmação de Marx não deixa margem a dúvidas: o desenvolvimento do comércio desagrega as organizações da produção voltadas para o valor de uso. No entanto, a natureza do regime de produção que resulta desse processo não é determinada pelo desenvolvimento do próprio comércio, mas depende do caráter do regime de produção anterior. Assim, o que deve ser explicado é como a ação dissolvente do comércio sobre o modo de produção feudal gerou as condições para a gênese do capitalismo.

Não caberia aqui analisar o secular processo de crise geral do regime feudal, mas simplesmente indicar como a dissolução das relações sociais básicas desse regime de produção gerou formas de organização da produção adequadas ao desenvolvimento do capitalismo. Na verdade, o processo de constituição do capitalismo é possibilitado, em última instância, pela própria natureza das formas de organização da produção do feudalismo: a agricultura camponesa e o artesanato urbano.

Com o feudalismo, pela primeira vez na história, surgia a cidade produtiva, fundando um novo padrão de divisão social do trabalho entre campo e cidade. Nas cidades, florescia o artesanato organizado em corporações, ou seja, uma forma de pequena produção independente, na qual o produtor detinha a posse das condições objetivas do trabalho. Também no campo predominava a pequena produção independente: a agricultura parcelar camponesa. Como afirma Hobsbawm: "o servo ainda que sob o controle do senhor é, de fato, um produtor independente; o escravo não o é" (cf. Marx, 1975, p.43). Em síntese, pequena produção urbana submetida às normas corporativas, e pequena produção rural subordinada aos laços servis.

No longo processo de crise do feudalismo, dissolviam-se os laços servis e afrouxavam-se as regulamentações corporativas. Desse processo resultou uma estrutura produtiva dominada pela pequena produção independente livre, no campo e na cidade.[8] Vale dizer, a crise do feudalismo resultou na pequena produção mais ou menos livre dos laços servis e das normas corporativas, uma pequena produção independente que progressivamente articulava-se ao mercado.[9] Ora, é exatamente essa economia de pequenos produtores independentes que vai permitir a dissociação dos produtores de seus meios de produção.

---

8 "Retirando o senhor do quadro da servidão, sobrará a pequena produção de mercadorias; se forem separados das plantações os escravos (ao menos até que estes se dediquem a qualquer outra atividade), não restará qualquer tipo de economia" (Marx, 1975, p.43).

9 "Na Inglaterra, a servidão havia já desaparecido, de fato, nos últimos anos do século XIV. Nessa época, e mais ainda no transcurso do século XV, a imensa maioria da população compunha-se de camponeses livres, donos da terra que trabalhavam, qualquer que fosse a etiqueta feudal sob a qual ocultassem sua propriedade" (Marx, 1949, v.II, p.160).

Assim, a ação do comércio é um momento necessário, mas não suficiente para explicar a gênese do capitalismo. Vale dizer, o regime feudal é dissolvido pela ação do capital comercial, mas a conformação da estrutura que resulta desse processo – a economia de pequenos produtores independentes – não dependeu do comércio, mas sim da natureza do regime de produção feudal. Da mesma forma, se o surgimento do trabalho assalariado exige certo grau de mercantilização da produção, não é, entretanto, resultado imediato desse processo, mas sim condicionado pela própria maneira como a economia de pequenos produtores independentes absorve os impactos do desenvolvimento mercantil.

É certo que a mercantilização progressiva sob o impulso do comércio resulta indispensável ao surgimento do trabalho assalariado: "o florescimento das manufaturas de lã em Flandres e a consequente alta dos preços de lã foi o que serviu de acicate direto, na Inglaterra, para estes abusos", quais sejam: "os grandes senhores feudais, levantando-se contra a monarquia e o parlamento, criaram um proletariado incomparavelmente maior, ao expulsar violentamente os camponeses das terras que cultivavam, e sobre as quais tinham os mesmos títulos jurídicos feudais que eles, e ao usurpar-lhes seus bens comuns" (Marx, 1949, v.I, p.611).

É, no entanto, igualmente certo que a expropriação não decorre de resultado imediato da mercantilização:

> a súbita expansão do mercado mundial, a multiplicação das mercadorias circulantes, a rivalidade entre as nações europeias, em seu afã de apoderar-se dos produtos da Ásia e dos tesouros da América, o sistema colonial, contribuíram essencialmente para derrubar as barreiras feudais que se levantavam ante a produção. Entretanto, o moderno regime de produção em seu primeiro período, o período manufatureiro, somente se desenvolveu ali onde já se haviam gestado as condições propícias dentro da idade média" (Marx, 1949, v.I, p.611).

E as *condições propícias* dizem respeito exatamente à conformação da estrutura econômica, fundada na pequena produção independente, livre dos laços feudais, e na qual as normas corporativas já não tinham plena vigência. Assim, a progressiva dissolução da comunidade rural, da servidão e das corporações, aliada ao fato de os pequenos produtores serem proprietários das condições objetivas de trabalho, é a causa que potencialmente possibilita a expropriação e o surgimento do trabalhador livre.

A proletarização dos produtores diretos é o momento essencial do surgimento do regime de produção capitalista. Em última instância, constitui o fator que determina a própria implantação desse regime de produção.[10] A proletarização de parte da população cria uma massa de trabalhadores livres. Por outro lado, "os meios de produção e de vida, quando pertencem em propriedade do produtor imediato, não constituem capital. Somente se convertem em capital quando concorrem condições necessárias para que funcionem como meios de exploração e avassalamento do trabalhador" (ibidem, p.651). Assim, a expropriação de produtores diretos, ao mesmo tempo em que os priva de seus meios de produção, transformando-os em trabalhadores livres, engendra as condições para que os meios de produção se transformem em capital. Em síntese, a expropriação dá origem à polarização da sociedade: de um lado, possuidores de meios de produção, de outro, proletários.

Como vimos, o capital usurário e o comercial gozam de posição dominante ante a esfera produtiva. É claro que a capacidade do comerciante de fixar preços e a do usurário de fixar taxas de juros funcionam como um poderoso mecanismo de expropriação de pequenos produtores. Entretanto, o momento fundamental da expropriação não é representado por esses mecanismos econômicos, mas cristaliza-se na violência extraeconômica, ou

10 "Ao expropriar da terra a massa do povo, sentam-se as *bases* para o surgimento do regime capitalista de produção" (ibidem, v.I, p.653).

seja, na violência aberta fundada no poder do Estado. Nas palavras de Marx (1949, v.I, p.624):

> a depredação dos bens da Igreja, a venda fraudulenta de terras de domínio público, o saque dos terrenos comunais, a metamorfose, levada a cabo pela usurpação e o terrorismo mais inumano, da propriedade feudal e do patrimônio do clã na moderna propriedade privada: eis aí outros tantos métodos idílicos da acumulação originária. Com estes métodos abriu-se passagem à agricultura capitalista, incorporou-se capital à terra e criaram-se os contingentes de proletários livres e privados de meios de produção de que a indústria das cidades necessitava.

Voltando ao capital comercial e usurário, notamos que essas formas de capital aparecem como premissas necessárias ao regime de produção capitalista ao promoverem a mercantilização da produção, ao impulsionarem a divisão social do trabalho etc. Entretanto, desencadeado o processo de proletarização e de liberação dos meios de produção, o desenvolvimento do comércio e da usura manifesta-se como condição necessária para o surgimento do capital produtivo por outra razão: porque a centralização de capital dinheiro em mãos de comerciantes é momento necessário para que este capital possa, defrontando-se com meios de produção e trabalho livre no mercado, dar origem ao capital produtivo. Vale dizer, é o *patrimônio dinheiro* de comerciantes e usurários que pode comprar meios de produção e força de trabalho, com a finalidade de produzir de forma capitalista.[11]

---

11 "A usura constitui um instrumento poderoso para criar as premissas necessárias para o capital industrial, já que com ela são conseguidas duas coisas: primeiro, criar um *patrimônio-dinheiro independente* ao lado *do estamento comercial*; segundo, apropriar-se das condições de trabalho, isto é, arruinar os possuidores das condições de trabalho" (ibidem, v.III, p.570).

## A manufatura e os limites da acumulação

Considerando os elementos até agora analisados, podemos então dirigir nossa atenção para as transformações da estrutura produtiva que resultam na manufatura. Vale dizer, o desenvolvimento do processo de mercantilização da produção, de divisão social do trabalho, de extensão dos mercados, de proletarização dos produtores independentes, de centralização do patrimônio dinheiro nas mãos de comerciantes e usurários, vai criando as condições para o surgimento da manufatura. Trata-se, pois, de analisar a questão da natureza do regime de produção da era manufatureira.

A progressiva mercantilização da produção e o afrouxamento das normas gremiais permitiram a expansão do *putting-out*. Nessa forma de organização, o produtor continua mantendo a propriedade sobre os instrumentos de trabalho, recebendo do comerciante as matérias-primas e devolvendo o produto acabado. Essa posição vulnerável do produtor tende a tornar sua propriedade sobre os instrumentos de trabalho puramente nominal, já que está crescentemente subordinado aos comerciantes e usurários. Ao lado do artesanato tipicamente feudal e do *putting-out*, vai surgindo a manufatura, forma mais avançada de organização da produção, que precede a grande indústria.

Trataremos de precisar o caráter do regime de produção do período manufatureiro, pois, em última instância, são as formas de organização da produção existentes que permitem a dominação do capital comercial. Sabemos que a manufatura é a forma mais evoluída de organização da produção, mas convém ressaltar que ela não é a forma dominante, que é artesanal, com sua variante, o *putting-out*. Como chama a atenção Mantoux (1962, p.69): "a rigor, pode-se falar do regime da manufatura para compará-lo com o da grande indústria moderna, mas com a condição de não esquecer que este regime nunca foi preponderante, e que ao seu lado subsistiram até o fim os restos ainda muito vivos dos regimes industriais precedentes". Na análise das formas de organização da produção no período, vamos nos ater à manufatura, procurando demonstrar como essa forma de organização impõe limites à dominação do capital sobre a esfera produtiva. Em outras palavras, não nos estenderemos sobre o artesanato e o *putting-out* (que são formas dominantes de produção), pois as barreiras estabelecidas pela manufatura ao desenvolvimento do capital são válidas, com maiores razões, para essas formas da produção menos evoluídas.

A manufatura representa um avanço na forma de organização da produção em comparação com o artesanato e o *putting-out*, mas não revoluciona as bases técnicas dessas formas de produção. Vejamos inicialmente o caráter do progresso das forças produtivas representado pela manufatura. Esta organização da produção é uma forma de cooperação baseada na divisão do trabalho, mas certas vantagens da produção manufatureira são derivadas de seu caráter geral de cooperação, e não do fato de representar uma modalidade especial de cooperação, aquela fundada na divisão do trabalho. Trata-se, então, de analisar os avanços representados pela introdução do trabalho em cooperação.

Como define Marx (1949, v.I, p.262): "a forma de trabalho de muitos trabalhadores coordenados e reunidos com o auxílio de um plano no mesmo processo de produção ou em processos de produção distintos, mas encadeados, chama-se cooperação". O trabalho em cooperação caracteriza-se por exigir um número mínimo de trabalhadores e pela necessidade de um plano que norteie o processo de produção, necessidade derivada da própria reunião de certo número de trabalhadores. Aqui nos limitaremos às implicações trazidas pelo trabalho em cooperação no regime capitalista, e esta ressalva impõe-se, dado que essa forma de organizar o trabalho é própria também de outros regimes de produção.

A cooperação aparece inicialmente como uma condição para a produção capitalista, pois o produtor somente se torna capitalista quando emprega simultaneamente certo número de trabalhadores.[12] E o número de trabalhadores é definido em função da massa de mais-valia produzida que permita ao proprietário dos meios de produção eximir-se do trabalho manual e dedicar-se somente às funções de direção e vigilância próprias do capitalista. O trabalho em cooperação é condição, pois, para o surgimento de funções diferenciadas no processo de produção, e permite então a existência da própria classe de indivíduos que vivem do produto do trabalho de outros, os capitalistas.

Por outro lado, "a jornada de trabalho combinada produz quantidades maiores de valores de uso do que produziria a soma de outras tantas jornadas de trabalho individuais, diminuindo, portanto, o tempo de trabalho necessário para conseguir uma determinada finalidade útil" (Marx, 1949, v.I, p.265). Ora, como o objetivo e o móvel da produção capitalista é a maior valorização possível do capital, o trabalho em cooperação vem atender a essa exigência, pois o aumento da produtividade do trabalho cooperado resultará em incremento do trabalho excedente, e a cooperação aparece como forma de extração de mais-valia, potenciando a valorização do capital. E o afã da máxima valorização possível do capital imprimirá à direção capitalista do processo de produção um caráter despótico, ao lado de seu caráter de direção técnica da produção.

Entretanto, além das vantagens derivadas do caráter geral da cooperação, a organização manufatureira vai representar outros progressos em relação ao artesanato. Ao parcelar as tarefas, a divisão técnica do trabalho desqualifica-o, tendo em vista que o trabalho especializado da manufatura exige menor qualificação e aprendizado que o trabalho do artesanato. Essa desqualificação do trabalho representa redução do valor da força de trabalho, e

12 "A produção capitalista começa, em realidade, ali onde um capital individual emprega simultaneamente um número relativamente grande de trabalhadores" (ibidem, v.I, p.239).

uma vez mais a manufatura aparece como meio de incrementar o trabalho excedente. Por outro lado, o parcelamento das tarefas é condição para a especialização das ferramentas, as quais vão progressivamente diferenciando-se e adaptando-se a essas funções parciais.

O caráter cooperado da divisão do trabalho cria o trabalhador coletivo, e a manufatura aparece como mecanismo de produção, cujos órgãos são homens. A distribuição dos operários entre as diferentes tarefas parciais vai assumindo caráter técnico, e a produção, ainda que de forma imperfeita, torna-se contínua: "Na manufatura, a fabricação de uma quantidade determinada de produtos em um tempo determinado é uma lei técnica do próprio processo de produção" (Marx, 1949, v.I, p.280). Essa determinação do tempo de trabalho necessário por lei técnica, ainda que imperfeita, vem atender às necessidades da produção capitalista de mercadorias, pois os capitalistas subordinados à concorrência devem produzir suas mercadorias empregando somente um tempo de trabalho socialmente necessário, e isso é condição para a valorização de seus capitais.

Em resumo, a manufatura, reduzindo o valor da força de trabalho empregada e incrementando a intensidade e produtividade do trabalho pela parcelização de tarefas e especialização das ferramentas, não é mais que forma de extração de mais-valia relativa, que impulsiona a valorização do capital. Por outro lado, adaptando o processo de produção ainda que de forma imperfeita à necessária continuidade e estabilidade exigidas pelo capital, a manufatura vem representar grande avanço técnico em relação ao artesanato, mas não é ainda forma de produção adequada para o capital, como veremos a seguir.

Como afirma Marx (p.302), "na manufatura a revolução operada no regime de produção tem como ponto de partida a força de trabalho" e "se o trabalhador é assimilado pelo processo de trabalho este teve que se adaptar antes ao trabalho" (p.310). É o elemento subjetivo do processo de trabalho que é transformado na manufatura, criando-se o trabalhador parcial. É a forma assumida pelo trabalho que determina a natureza desse processo de produção, e é o trabalhador que comanda o processo de trabalho, de um ponto de vista material.

É certo que se produz a diferenciação das ferramentas, mas estas são subordinadas ao trabalho, ou seja, os instrumentos de produção são alterados, mas suas modificações decorrem da divisão e especialização técnicas do trabalho e são determinadas por elas. Dos elementos da manufatura, o trabalhador parcial e sua ferramenta, é o primeiro que define o essencial desse processo, ou seja, é a natureza da tarefa parcelar que exige a especialização da ferramenta, é o trabalhador quem opera os instrumentos de produção.

As implicações desse caráter subjetivo do processo de trabalho vão constituir sérios entraves ao capital. Em primeiro lugar, as leis técnicas que se impõem na produção, como leis que regulam não somente o tempo de trabalho socialmente necessário, mas também a proporcionalidade da distribuição dos trabalhadores entre as distintas tarefas parciais, serão determinadas, comandadas, sempre a partir da habilidade, destreza e rapidez dos trabalhadores parciais. Ou seja, a própria divisão técnica do trabalho é regulada pelos dotes do trabalhador, e sua habilidade e rapidez imprimirão o ritmo e determinarão o tempo de trabalho socialmente necessário. Em outras palavras, as leis técnicas são reguladas e determinadas pelo elemento subjetivo do processo de trabalho.

O fato de a habilidade manual do trabalhador servir de base à manufatura significa que as bases técnicas do artesanato foram somente modificadas, pela parcelização das tarefas, mas não revolucionadas. A subordinação do trabalho ao capital vai, portanto, ser subordinação puramente formal, já que, do ponto de vista material, o trabalhador conforma uma unidade técnica com seu instrumento de trabalho, uma vez que é ele quem domina o ritmo de produção e, em última instância, quem regula o processo de trabalho.

Em outros termos, já se produziu uma separação entre trabalhador e meios de produção, ou seja, o operário enfrenta-se com os instrumentos de trabalho já transformados em capital. Entretanto, essa separação é formal, já que do ponto de vista técnico é o trabalhador quem domina os elementos objetivos do processo de produção. Reversamente, a dominação exercida pelo capital é dominação formal.

As características da manufatura permitem agora precisar a dupla limitação que essa forma de organização da produção impõe ao capital. Em primeiro lugar, apesar da desqualificação que sofre o trabalho, o trabalhador é ainda um operário especializado, para cujo aprendizado anos são necessários. O período manufatureiro vai debater-se com a impossibilidade da formação de um verdadeiro mercado de trabalhadores especializados. Em outros termos, o trabalhador tem grande poder de resistência ante as exigências do capital. A luta contra a *indisciplina* dos trabalhadores e contra as migrações entre países de trabalhadores especializados vai exigir legislação especial.

É evidente que a necessária qualificação do trabalhador e sua consequente capacidade de resistência vão impor ao capital limites à redução do valor da força de trabalho. Por outro lado, como a habilidade e destreza dos operários é que impõem o ritmo da produção, a limitação natural, orgânica, da capacidade de trabalho vai impedir o constante aumento da produtividade do trabalho necessário ao capital. A extração da mais-valia relativa se vê, assim, entravada e, *dados esses limites*, a manufatura vai aparecer como meio de extração de mais-valia absoluta: "A produção de mais-valia relativa supõe, pois, um regime de produção especificamente capitalista" (Marx, 1949, v.I, p.426).

A estreita base técnica da manufatura, que impede o controle do processo de trabalho pelo capital, com sua reduzida capacidade de incrementar a produtividade do trabalho tornará pretérita essa forma de organização da produção. Então, "a manufatura não podia abarcar a produção social em sua extensão, nem revolucioná-la em sua entranha" (p.300). Em outras palavras, a manufatura vê-se ilhada em alguns ramos da produção, em meio ao artesanato e ao *putting-out*, que não somente sobrevivem a ela, como são permanentemente por ela recriados.

Em síntese, a manufatura apresenta duplo limite à dominação capitalista da produção, como resultado de sua base técnica inadequada: limita a valorização do capital e impede seu domínio sobre a produção em sua extensão.

## A acumulação primitiva

Dados esses limites, o processo de acumulação de capital da manufatura é um processo de acumulação primitiva. É primitiva porque constitui momento necessário da gênese do modo de produção capitalista e, também, por ser violenta: exerce-se pela violência extraeconômica sobre os trabalhadores. Vejamos, então, como o processo de acumulação de capital da manufatura é incapaz de regular os salários e o próprio mercado de trabalho, segundo suas necessidades.

As inovações técnicas visando ao aumento de produtividade da manufatura esbarram com limites intransponíveis, derivados do próprio papel do trabalho no processo de produção. As limitações naturais do trabalhador que determinam a própria natureza técnica desse processo tornam a acumulação manufatureira incapaz de aumentar constantemente a produtividade do trabalho. Como contrapartida, e à diferença do capitalismo plenamente constituído, daí resulta a incapacidade de reduzir o valor da força de trabalho de acordo com as necessidades do capital. Em outras palavras, o aumento de produtividade é limitado, já que não se reduz permanentemente o valor dos meios de subsistência dos trabalhadores, o que se agrava pelo fato de que grande parte dos meios de consumo é produto de unidades de produção pré-capitalistas, cuja capacidade de incremento de produtividade é mais débil ainda. Ora, como o valor dos meios de subsistência determina o valor da força de trabalho, torna-se claro, então, como nesse processo a redução do valor da força de trabalho é limitada.

Os salários aparecem, portanto, como variável independente em relação ao processo de acumulação de capital, e a incapacidade de reduzir constantemente o valor da força de trabalho vai fazer que o processo de acumulação de capital tropece em barreiras interpostas pelo próprio movimento de salários. Por essas razões, a produção manufatureira aparece como meio de extração de mais-valia absoluta. Em outras palavras, dada a limitada capacidade da manufatura de incrementar a produtividade do trabalho, os prolongamentos da jornada de trabalho caracterizarão o período manufatureiro.

A outra face dos limites das inovações técnicas da manufatura aparece em relação ao mercado de trabalho. Quando falamos da limitada capacidade de incremento da produtividade do trabalho, estamos também afirmando que o capital constante utilizado na acumulação cresce muito lentamente em relação ao capital variável. Isso significa que a demanda de força de trabalho no mercado cresce praticamente na mesma proporção que a acumulação de capital.

Por outro lado, e em decorrência do que já afirmamos, a manufatura é incapaz de destruir as formas pretéritas de organização da produção, sendo, portanto, insuficiente para proletarizar produtores e criar exército de trabalhadores livres e disponíveis. Então, pela demanda de trabalho, que cresce de acordo com a acumulação, pela incapacidade de proletarizar produtores independentes, e finalmente porque necessita de força de trabalho qualificada, ou seja, porque exige processo de aprendizado dos trabalhadores, por tudo isso fica claro como o processo de acumulação de capital manufatureiro não tem meios de regular o próprio mercado de trabalho, e este vai ser controlado pela legislação. Como afirma Marx (1949, v.I, p.535):

a composição do capital foi se transformando lentamente. Por isso, sua acumulação fazia crescer, em geral, a demanda de trabalho. Lentamente, como os progressos de sua acumulação, comparados com os da época moderna, ia tropeçando com as barreiras naturais da população operária explorável, barreiras que somente podiam ser derrubadas pelos meios violentos dos quais falaremos mais adiante.

Assim como no processo de produção, o trabalhador é submetido apenas de maneira formal ao capital, quando encaramos o processo em sua contínua repetição, ou seja, o processo de reprodução do capital, aparecem também as limitações da manufatura. Não somente a reprodução ampliada do capital, mas a própria subordinação da incipiente classe trabalhadora (sua reprodução) não são garantidas por mecanismos econômicos, mas serão alcançadas essencialmente pela violência extraeconômica.

Daí a necessidade de legislação para submeter a classe operária nascente:

> veja-se, pois, como depois de ser violentamente expropriados e expulsos de suas terras e convertidos em vagabundos, enquadrava-se os antigos camponeses, mediante leis grotescamente terroristas, à força de paus, de marcas de fogo e de tormentos, na disciplina que exigia o sistema de trabalho assalariado. (Marx, 1949, v.I, p.627)

Mas não somente a disciplina é garantida pela violência. Torna-se também necessária a legislação regulando salários e jornada de trabalho, para garantir a adequada valorização do capital. Nas palavras de Marx (p.627):

> a burguesia que vai ascendendo, mas ainda não triunfou completamente, necessita ainda do poder do Estado e emprega-o para *regular* os salários, quer dizer, para sujeitá-los dentro dos limites que convêm aos fabricantes de mais-valia e para prolongar a jornada

de trabalho e manter o mesmo trabalhador no grau normal de subordinação.

Em resumo, não somente o surgimento de uma classe de trabalhadores livres é fruto de violência, mas sua subordinação e ampliação são garantidas pelas forças do Estado, e isso como decorrência das limitações da base técnica de manufatura, que torna primitivo o processo de acumulação capitalista desse período.

Assim como o mercado de trabalho impõe limites exteriores ao processo de acumulação de capital na manufatura, também quanto ao mercado esse processo revela-se inadequado à autodeterminação do capital. A manufatura vai mostrar-se incapaz de gerar seus próprios mercados no bojo mesmo do processo de acumulação de capital. No modo de produção capitalista plenamente constituído, o próprio movimento que transforma mais-valia em capital resultará em expansão de mercados para os produtos da grande indústria. Ou seja, quando acumulam, os capitalistas não fazem senão acorrer ao mercado comprando meios de produção e força de trabalho, o que significa ampliação constante dos mercados para meios de produção e de consumo, produtos da própria grande indústria. Assim, acumulação de capital e expansão de mercados para produtos industriais são processos correlatos.

Tal não é o caso da acumulação de capital na manufatura. Aqui, dadas as travas ao incremento de produtividade do trabalho derivadas de sua base técnica, a composição orgânica do capital na manufatura tenderá à estabilidade ou crescerá lentamente, e isso, como vimos, limitará a acumulação de capital manufatureiro, esbarrando com a tendência à alta de salários. Mas composição orgânica estável significa que o mercado de meios de produção tem reduzida importância, à diferença do capitalismo plenamente constituído. E, de fato, nesse período não se diferenciou ainda na esfera produtiva um departamento produtor de meios de produção. E mais, os instrumentos de produção serão produzidos de forma artesanal, e não pela manufatura. E é nesse sentido que a manufatura recria a rede do artesanato. É a inexistência de um departamento produtor de meios de produção, operando de forma plenamente capitalista, que impõe barreiras técnicas insuperáveis ao processo de acumulação, impedindo a autodeterminação do capital e consequentemente a expansão sustentada pelo próprio movimento de acumulação.

A manufatura, ilhada, comprará e venderá fora do âmbito de sua própria produção. A expansão dos mercados derivada de seu processo de acumulação de capital é subordinada, ou seja, a expansão da produção se realiza fundamentalmente pela aplicação dos mercados *externos*, obra do capital comercial. É a ação do capital mercantil, criando o mercado mundial, que engendra os mercados amplos adequados ao surgimento da manufatura, cujas escalas de produção são relativamente grandes, e é ela, também, que vai alargando os mercados, condição para o crescimento da produção manufatureira. Vale dizer, é o desenvolvimento do capital mercantil que regula e imprime o ritmo de acumulação do capital manufatureiro. E isso é expressão da dominação do capital mercantil sobre o capital industrial, própria desse momento do processo de constituição do capitalismo.

Uma vez mais, as limitações do processo de acumulação de capital do período manufatureiro exigirão o apoio e a intervenção do Estado para que esse processo se desenvolva, intervenção que se cristaliza na política mercantilista. O protecionismo tarifário defende o mercado nacional de manufaturas, e o exclusivo do comércio reserva os mercados coloniais para a produção manufatureira metropolitana. É o Estado, enfim, que garante mercados na metrópole e nas colônias para a produção manufatureira, revelando-se, então, o caráter primitivo do processo de acumulação de capital.

Entretanto, a manufatura é simplesmente um elemento de uma estrutura produtiva. Vimos como o artesanato feudal dava origem ao *putting-out* e à própria manufatura. Analisamos, também, como a agricultura camponesa tendia a ser destruída sob o impacto do comércio, abrindo caminho à produção capitalista no campo e, finalmente, indicamos como as limitações do processo de acumulação da manufatura exigiam a expansão de mercados externos e a criação do sistema colonial.

Ora, todo esse processo indica que se conformava uma estrutura heterogênea, já que nela convivem diversas formas de organização da produção. Coexistem a agricultura mercantil parcelar, a produção em larga escala da agricultura capitalista, o artesanato, *putting-out*, a manufatura e a produção colonial. A essa heterogeneidade das formas de organização correspondem diversas relações de produção: o escravismo ou servidão das colônias, o produtor direto independente da agricultura parcelar e do artesanato, e o assalariado da manufatura ou da agricultura capitalista.

A articulação dessas unidades heterogêneas é realizada pelo capital comercial. Assim, é o capital mercantil que estimula a produção mercantil em áreas de economia natural, comanda o trabalho no *putting-out*, expande mercados para o artesanato, para a manufatura e para a agricultura capitalista, funda e amplia, sob seu comando, o antigo sistema colonial.

Essas unidades produtivas pouco desenvolvidas, com reduzidas escalas de produção e que detêm parcos recursos monetários, defrontam-se com o poderio do capital comercial, que manipula expressivos volumes de patrimônio dinheiro e conhece mercados compradores e vendedores. Por isso mesmo é o comerciante quem pode comparar preços e lucrar com a diferença entre preços de compra e venda. Enfim, essa articulação entre unidades heterogêneas é condição e expressão da posição dominante do capital comercial. E, dada a incapacidade da manufatura de abarcar a produção em seu conjunto e sua dependência do sistema colonial e da própria rede do artesanato, essa estrutura se reproduz em sua heterogeneidade.

Entretanto, a organização da produção inadequada, em última instância, imporá limites intransponíveis ao processo de acumulação do capital comercial. A própria fórmula D-M-D' indica que esse capital deve encontrar no mercado crescente quantidade de mercadorias para realizar sua reprodução ampliada. Vale dizer, a cada movimento de rotação, crescente volume de capital dinheiro deve defrontar-se com quantidade de mercadorias também crescente.

Como vimos, o capital comercial atua sobre a estrutura de pequenos produtores independentes que resultou da crise do sistema feudal, e, nessas condições, o aumento da produção de mercadorias pode ser realizada de duas maneiras. Em primeiro lugar, transformando a economia natural em produtora de valores de troca e, em segundo, alterando as formas de organização da produção, de maneira a incrementar a produtividade do trabalho e consequentemente a produção mercantil.

Assim, vai sendo conformada a estrutura heterogênea do período de gênese do capitalismo, e, à medida que o processo de transformação da economia natural em mercantil vai atingindo certo grau, a expansão da produção de mercadorias passa a depender fundamentalmente do incremento da produção resultante do aumento da produtividade do trabalho. Ora, como vimos, nenhuma forma de organização da produção própria dessa estrutura é capaz de incrementar constantemente a produtividade de trabalho.

Dados esses limites ao incremento da produção mercantil, também a acumulação do capital comercial vai depender do apoio do Estado e da violência extraeconômica. Assim explica-se a luta do capital comercial pela obtenção de monopólios e privilégios, e são suas exigências que conformam a política mercantilista de reserva de mercados e de limitação da concorrência. E é ainda o capital comercial que utiliza os métodos bárbaros, a violência inaudita para implantar a produção mercantil escravista no Novo Mundo.

Por outro lado, conformada aquela estrutura heterogênea, o capital comercial tenderá a assumir posições reacionárias. Vale dizer, o capitalismo mercantil cumpriu papel progressivo promovendo a mercantilização da produção e impulsionando as transformações da estrutura produtiva: entretanto, dados os limites que se apresentam ao seu movimento de acumulação e dada sua incapacidade de revolucionar a estrutura produtiva, a partir de determinado momento, o capital comercial tende a posições conservadoras. Apega-se a seus privilégios e lucros extraordinários, tornando-se assim mero parasita da estrutura econômica que se conformara sob sua ação, e, dessa forma, sua dominação passa a bloquear o desenvolvimento do capitalismo.

A trajetória do capital comercial assemelha-se àquela do capital usurário. A fórmula D-D' indica que a acumulação do capital usurário exige crescente quantidade de produto excedente que possa ser apropriado na forma de juros. É evidente que o processo de acumulação do capital usurário também acaba encontrando os limites derivados da incapacidade das formas de organização da produção de incrementar a produtividade do trabalho, de maneira a produzir excedentes crescentes. Se inicialmente o capital usurário cumpriu papel progressivo ao impulsionar a produção mercantil, ao proletarizar produtores independentes e ao arruinar a nobreza que dependia de empréstimos para seus gastos suntuários, após determinado momento tendeu a posições reacionárias. E mais, sua posição independente que lhe confere capacidade de fixar juros e seu monopólio de crédito funcionam como um entrave ao desenvolvimento do capital comercial e produtivo e, portanto, sua ação tende a bloquear o desenvolvimento do capitalismo.

Até aqui tratamos dos momentos fundamentais do processo de acumulação primitiva. Em outras palavras, são determinantes desse processo a acumulação do capital no comércio, na usura e na manufatura, a formação do mercado mundial e o estabelecimento do sistema colonial, a política mercantilista e a ação do Estado absolutista *disciplinando* o nascente proletariado e regulando salários. Entretanto, a *síntese*, o momento essencial do processo de acumulação primitiva é representado pela dissociação entre o produtor e os seus meios de produção, ou seja, pela expropriação dos produtores independentes.

Convém, então, deixar suficientemente claro em que sentido é primitiva a acumulação de capital (Novais, 1979, cap.II). Desde logo, é primitiva porque engendra os elementos fundamentais do modo de produção capitalista: o trabalho assalariado e o capital dinheiro. Mas é primitiva porque violenta. E violenta, em primeiro lugar, porque baseada em métodos fundados na mais avassaladora das forças. Há violência na expropriação dos camponeses, indispensável para sua transformação em trabalhadores livres; e há violência, também, nas raízes da acumulação do capital monetário, expressa sobretudo no antigo sistema colonial.

Mas também é violenta porque é fundada, em última instância, no poder do Estado, "força organizada e concentrada da sociedade" (Marx, 1949, v.I, p.638). É o poder do Estado que garante, em última análise, a acumulação do capital mercantil baseada na desigualdade da troca. Na verdade, a própria reprodução da estrutura heterogênea desse período de transição é assegurada pelo Estado.

# 2
# A grande indústria e a acumulação capitalista

No capítulo anterior, vimos como são gestados os elementos básicos do modo de produção capitalista: o trabalho assalariado e o capital monetário passível de se transformar em capital produtivo. Vimos ainda que esses elementos apareciam em meio a um processo de progressiva divisão social do trabalho, de expansão e unificação de mercados, e de transformação da organização da produção. Observamos, também, as limitações que a base técnica da manufatura antepunha à expansão do capital, entravando a generalização do trabalho assalariado e da produção mercantil.

Todo esse movimento do conjunto da sociedade, que foi tratado até o momento, não é senão o processo de constituição do capitalismo, processo esse completado somente quando do surgimento da produção mecanizada, organizada como grande indústria. Na verdade, a plena constituição do capitalismo exige a conformação de bases técnicas próprias, isto é, a gestação de forças produtivas adequadas à relação social básica desse regime de produção. Ora, essa afirmação implica, evidentemente, considerar as forças produtivas como outro elemento fundamental do modo de produção capitalista.

## A grande indústria

Assim, a formação do capitalismo completa-se com o surgimento da população mecanizada, organizada como grande indústria, movimento que constitui o momento final desse processo, pois sua ocorrência exige preexistência de força de trabalho livre, de capital monetário centralizado e de mercados relativamente desenvolvidos, mas a grande indústria é momento final do processo de constituição do capitalismo, também porque, a partir de sua implantação, estão garantidos a generalização do trabalho assalariado e o pleno domínio do capital, ou seja, a autodeterminação do capital.

Nos capítulos sobre a manufatura e a maquinaria, Marx analisa a gênese das forças produtivas capitalistas, como se constituem as bases técnicas do modo de produção capitalista pela transformação do artesanato, que dá origem à manufatura, e finalmente como vai ser revolucionado o regime de produção pela introdução da maquinaria organizada como grande indústria. Em síntese, o capítulo da maquinaria mostra como é revolucionada a organização da produção por meio da criação das bases técnicas adequadas ao capital.

Neste capítulo, levando em conta a "distinção que Marx estabelece entre o processo de constituição das forças produtivas capitalistas (isto é, das bases técnicas do capital) e o processo de acumulação de capital sobre estas bases já constituídas" (Belluzzo, 1980, p.94), estudaremos a natureza da revolução operada no processo de produção resultante da mecanização.

Posteriormente, analisaremos o processo de acumulação capitalista que tem lugar a partir deste momento.

Trata-se de precisar a natureza das transformações ocorridas no regime de produção no processo de industrialização. É no final dessa fase que a produção já ou seja, basicamente mecanizada, se apresenta a produção fabril é dominante e imprime características específicas ao processo de acumulação de capital. Isso não significa que a produção com máquinas não existisse absolutamente antes dessa fase, pois desde o período manufatureiro a máquina era utilizada, mas de forma esporádica e isolada, não revolucionando nem dominando a produção em sua extensão.[1]

O período manufatureiro, ou era da acumulação primitiva, é momento necessário ao surgimento da grande indústria mecanizada. Em primeiro lugar, porque foi nessa fase que se criou o exército de proletários e que se centralizou o capital dinheiro passível de transformar-se em capital industrial. Em segundo, o processo de acumulação primitiva aprofundou a divisão social do trabalho, constituindo mercados com a extensão necessária à produção fabril, que, desde seu início, apresentou-se como produção em massa. Finalmente, de um ponto de vista material, no período manufatureiro ocorreu a diferenciação e especialização dos instrumentos de trabalho, e o aparecimento de operários especializados, elementos que são condição para a própria produção de máquinas.

Vejamos, então, a natureza da revolução que se opera na organização da produção pela introdução da maquinaria, permitindo a superação das limitações do período manufatureiro. O ponto de partida desse processo é constituído pela transformação da ferramenta em máquina-ferramenta, ou seja, pela transformação

1 "A maquinaria desempenha ainda nessa época aquela função secundária que Adam Smith lhe reserva ao lado da divisão do trabalho" (Marx, 1949, v.I, p.283).

que retira a ferramenta das mãos do trabalhador e a torna elemento de um mecanismo.[2]

A ferramenta tornada máquina, transformada, já que em vez de ser manipulada pelo operário é parte de um mecanismo, revoluciona o processo de trabalho, pois permite a superação da limitação derivada da própria capacidade orgânica do trabalhador. Vale dizer, se na manufatura o número de ferramentas manipulado por trabalhador era limitado pela capacidade física do operário, esta limitação é superada na fábrica, já que a máquina pode mobilizar ferramentas em número tal que, desde seu início, supera aquele que podia ser manipulado pelo trabalhador.[3]

A máquina, ao superar essa limitação imposta pela capacidade física do operário, revoluciona as condições para o aumento da produtividade do trabalho e aparece desde logo como poderoso instrumento de extração de mais-valia relativa. Por outro lado, desde que não é mais o operário que manipula a ferramenta, o papel do trabalhador vai limitar-se a vigiar e servir como força motriz.

Entretanto, desde que a ferramenta já não é mais manipulada pelo trabalhador e este é reduzido a fornecedor de força motriz, rompe-se a identificação da força motriz como capacidade humana e abre-se então a possibilidade da introdução de outras fontes de força motriz, como a água, o ar e o vapor.[4]

---

2 "Desta parte da máquina, da máquina ferramenta, é de onde parte a Revolução Industrial do século XVIII" (Marx, 1949, v.I, p.304).

3 "O número de ferramentas com que pode funcionar simultaneamente a mesma máquina de trabalho supera desde o primeiro instante esta barreira que se levanta ante o trabalho manual do operário" (ibidem, p.305).

4 "A partir do momento em que o homem, em vez de atuar diretamente com a ferramenta sobre o objeto trabalho, limita-se a atuar como força motriz sobre a máquina ferramenta, a identificação da força motriz com o músculo humano deixa de ser fator obrigatório, podendo ser substituído pelo ar, água, vapor etc." (ibidem, p.306).

Então, a substituição do operário com suas ferramentas pela máquina com sua multiplicidade de ferramentas, ao mesmo tempo que permite a substituição da força motriz humana, exige força motriz mais potente, abrindo caminho para o uso do vapor, que vai se tornar a força motriz adequada à produção mecanizada. E com o vapor supera-se outra trava própria do período manufatureiro, aquela imposta pela capacidade e pela força física do operário.

Por outro lado, a utilização do vapor permite o surgimento de cooperação de máquinas semelhantes e do sistema de maquinaria. A cooperação simples de trabalhadores aparece agora como cooperação de máquinas que executam todas as mesmas operações; e a cooperação baseada na divisão do trabalho surge como combinação de diferentes máquinas, rompendo-se o princípio subjetivo que regulava a divisão técnica do trabalho.

A produção mecanizada passa a destruir o artesanato, a indústria doméstica e a manufatura nos ramos em que vai sendo introduzida. A revolução operada nesses ramos arrasta e revoluciona outros setores a eles ligados. O sistema de comunicação e transporte do período manufatureiro cada vez mais torna-se inadequado para atender às necessidades da produção mecanizada e, por sua vez, vai sendo revolucionado. Entretanto, se em seu início, a organização fabril é implantada com máquinas produzidas por manufaturas, a partir da multiplicação do uso de máquinas, as bases técnicas estreitas da produção manufatureira vão se tornando limitação insuportável, limitação que deve ser superada para que se generalize a organização fabril.

Em outras palavras, a produção fabril, ao expandir-se, exige oferta no mercado de crescente volume de máquinas a baixos preços, o que é incompatível com a organização manufatureira que ainda depende da perícia e habilidade de trabalhadores especializados. Assim, o aumento no volume e complexidade das máquinas vai tornando a grande indústria "tecnicamente incompatível com sua base manual e manufatureira" (Marx, 1949, v.I, p.313).

O último passo da Revolução Industrial ou da constituição das forças produtivas adequadas ao capital é representado pela implantação da produção fabril de máquinas, e, assim, supera-se o último entrave herdado do período manufatureiro. Nas palavras de Marx (1949, v.I, p.314):

> por estas razões, a grande indústria não teve outro remédio senão apoderar-se de seu meio característico de produção e produzir máquinas por meio de máquinas. Desse modo, criou-se a base técnica adequada e levantou-se sobre seus próprios pés.

Mas qual é a natureza dessa revolução operada no regime de produção pela utilização de maquinaria? Como diz Marx (p.302): "na manufatura a revolução operada no regime de produção tem como ponto de partida a força de trabalho, na grande indústria no instrumento de trabalho". Notamos que se desloca, portanto, a análise do elemento subjetivo do processo de trabalho, e agora é o elemento objetivo (instrumento de trabalho) que vai caracterizar e determinar a natureza do processo de produção.

A maquinaria, ao retirar das mãos do trabalhador a ferramenta, restringe o papel deste último, torna supérfluo o trabalho especializado, e assim liberta o processo de trabalho da necessidade de operários hábeis e treinados. A força motriz mecânica, por sua vez, torna desnecessária a força física humana e permite o aparecimento de cooperação de máquinas e do sistema de maquinaria, e, dessa forma, supera-se a divisão do trabalho fundada na especialização do operário. Vale dizer, com o sistema de máquinas a distribuição do trabalho é regulada pela utilização de diferentes máquinas, ou seja, é regulada de forma objetiva.

Essas características da produção mecanizada relegam o operário a um papel subordinado e sua função vai sendo limitada a vigiar e corrigir o funcionamento de máquinas. Assim, a fábrica desqualifica o trabalho de que necessita e dispensa trabalhadores especializados, permitindo a incorporação da mulher e da criança ao mercado de trabalho.

O processo de produção objetiva-se, torna-se tecnicamente contínuo e regulado de forma objetiva, movimento que se baseia também na aplicação consciente da ciência aos processos produtivos. As máquinas em seu funcionamento são agora responsáveis pelo ritmo do processo de trabalho e pela qualidade do produto. O volume de produção e o tempo de trabalho socialmente necessário à elaboração de cada mercadoria são tecnicamente determinados.

Em resumo, a fábrica "possui um organismo perfeitamente objetivo de produção com o qual o trabalhador se encontra como uma condição material de produção pronta e acabada" (Marx, 1949, v.I, p.315). Essas características da produção mecanizada implicam que agora o trabalhador está subordinado tecnicamente, ou seja, na produção material há subordinação real do operário ante os instrumentos de trabalho. Dessa forma, o trabalhador torna-se mero apêndice da máquina, que comanda o processo de produção.[5]

A grande indústria vem completar a separação, própria da produção capitalista em geral, entre o trabalhador e seus meios de produção: se na manufatura os meios de produção já não pertencem ao trabalhador, existe, entretanto, uma unidade técnica entre o trabalhador parcelar e sua ferramenta. Agora, com a produção mecanizada, constitui-se um processo tipicamente capitalista, e essa separação expressa-se materialmente, de forma real, no próprio processo de trabalho. A máquina aparece como materialização do capital como elemento estranho e hostil ao operário, separado dele.[6]

---

5 "Na manufatura e na indústria manual, o operário serve-se da ferramenta; na fábrica serve à máquina. Ali os movimentos dos instrumentos de trabalho partem dele; aqui é ele quem tem que seguir seus movimentos" (ibidem, p.349).

6 "Ainda que seja característica comum a toda produção capitalista a submissão do trabalhador às próprias condições de trabalho como capital, esta in-

A revolução operada no processo material de produção pela implantação do sistema fabril significa, ao mesmo tempo, uma revolução nas condições de valorização do capital.

Como já fizemos referência, a produção por meio de máquinas, ao retirar os instrumentos de trabalho das mãos do trabalhador e substituir a força motriz humana pela mecânica, libera o capital da necessidade não somente de trabalhadores adultos e resistentes, como também de operários destros e hábeis. Em outras palavras, desqualifica o trabalho, torna desnecessário o trabalho qualificado. Isso significa uma redução do valor da força do trabalho: por um lado, porque reduz ou mesmo dispensa o aprendizado necessário, e, por outro, porque incorpora como trabalho disponível ao capital a força de trabalho da mulher e da criança, distribuindo o custo de reprodução da força de trabalho por vários membros da família do operário.

Ora, essa desqualificação do trabalho e a consequente redução do valor da força de trabalho fabril são meios de extração de mais-valia relativa, pois como contrapartida da redução do valor da força de trabalho aparece o incremento do trabalho excedente e da mais-valia.

Ao lado da desqualificação do trabalho, a maquinaria como instrumento de incrementar a produtividade do trabalho vai surgir como meio especificamente capitalista de produção de mais-valia, ou seja, como instrumento apropriado de extração de mais-valia relativa. O capitalista individual, no impulso de valorizar ao máximo seu capital, trata sempre de reduzir o tempo de trabalho necessário na produção, tornando o valor de suas mercadorias menor que o valor das mercadorias produzidas em condições sociais médias, o que possibilita a obtenção de mais--valia extraordinária, resultante da diferença entre o valor individual de sua produção e o valor social imperante. Por isso mes-

---

versão somente adquire uma expressão tecnicamente tangível com o advento das máquinas" (Beluzzo, 1980, p.96).

mo, cada capitalista individual busca sempre reduzir o valor de suas mercadorias, aumentando a produtividade do trabalho de sua fábrica.[7]

A concorrência impulsiona outros capitalistas do mesmo ramo a acompanhar o progresso técnico e assim vai sendo reduzido não somente o tempo de trabalho socialmente necessário, como também o valor social do produto. Ora, o processo de inovação tecnológica na produção de meios de produção ou de meios de consumo implica redução do valor dos meios de subsistência dos trabalhadores e do valor da força de trabalho: consequentemente, aumenta a mais-valia produzida. Em outras palavras, reduz-se o tempo de trabalho socialmente necessário à reprodução da força de trabalho e incrementa-se o tempo de trabalho excedente.

Esse regime de produção especificamente capitalista é por excelência instrumento de extração de mais-valia relativa, o que não exclui, entretanto, que constitua meio de extração de mais-valia absoluta. A jornada de trabalho pode ser estendida, pois não somente a grande indústria cria mercado de trabalho favorável ao capital, como também porque dispensa a força física do trabalhador. Entretanto, aqui nos limitaremos a considerar a produção fabril naquilo que é específico dessa forma de organização sob relações capitalistas, isto é, como meio de extração de mais-valia relativa.

Do ponto de vista material, a máquina permite constante aumento da força produtiva do trabalho, constante substituição de trabalho vivo pelo trabalho objetivado. Correlatamente, a máquina é meio de extração de mais-valia relativa, já que, no capitalismo, incremento de produtividade do trabalho significa redução do valor da força de trabalho e consequentemente incremento do valor excedente produzido e apropriado como mais-valia.

---

7 "Todo capitalista individual tem seus motivos para baratear as mercadorias intensificando a força produtiva do trabalho" (Marx, 1949, v.I, p.255).

Como o móvel e objetivo da produção capitalista é a constante e máxima valorização do capital, e como as alterações e mudanças técnicas estão subordinadas a esse objetivo, as revoluções técnicas serão constantes e permanentes. Dessa forma, incrementa-se incessantemente a capacidade produtiva do trabalho por meio de inovações tecnológicas seguidamente incorporadas ao processo de produção, e, por isso mesmo, o constante desenvolvimento das forças produtivas é característica essencial do regime capitalista de produção.

Na cooperação e na manufatura, a capacidade de incrementar a força produtiva do trabalho já se insinuava como uma virtude do capital. Na produção fabril, dada a subordinação real do trabalhador no processo produtivo, a extensão da socialização do trabalho e da produção aparece como produto do capital, o que implica revolução na forma de apropriação do produto social.

Em outras palavras, aquilo que já se insinuava na manufatura agora cobra estatuto de lei. A apropriação passa a ser regulada de forma especificamente capitalista, e a lei do valor transforma-se em lei de valorização do capital. A concorrência dá lugar à formação dos preços de produção, forma adequada do valor de troca no capitalismo, e a apropriação de mais-valia realiza-se de acordo com o volume de cada capital, formando-se a taxa de lucro média, num processo que regula a distribuição do capital da sociedade pelos distintos ramos da produção. Dessa forma, a distribuição do trabalho é subordinada, aparece como um resultado da distribuição do capital.

Por outro lado, as constantes revoluções técnicas significam constante desenvolvimento das forças produtivas, constantes mudanças na divisão social do trabalho, destruição permanente de formas de produção não fabris, constante criação de novos ramos de produção, que já surgem dominados pela organização fabril, alterações permanentes das necessidades sociais. Ora, esses processos caracterizam o regime capitalista como um sistema de produção revolucionário, em constante movimento e em permanente desequilíbrio.

A grande indústria com suas técnicas revolucionárias tende a destruir a pequena produção artesanal e manufatureira pela concorrência. Ao mesmo tempo, são criadas as condições para a transformação da agricultura, até convertê-la em ramo da indústria. Ao longo desse processo de progressiva dominação da produção mecanizada, vai sendo formado verdadeiro exército de proletários, composto de produtores expulsos do campo e das atividades artesanais ou manufatureiras destruídas, e assim conformam-se uma classe operária homogênea e um mercado de trabalho unificado.

Neste trabalho, já indicamos que o momento final da constituição das forças produtivas capitalista é determinado pela diferenciação na esfera produtiva de um setor produtor de meios de produção que opere de forma fabril. A partir desse movimento, define-se a temporalidade própria[8] do modo de produção capitalista, e a acumulação de capital passa a autodeterminar-se, como veremos a seguir.

## A acumulação capitalista

Marx estuda os movimentos do emprego da força de trabalho pelo conceito de composição orgânica do capital, isto é, pela relação entre o capital constante e o variável, relação em valor que reflete a composição técnica do capital, ou seja, a relação entre o volume dos meios de produção e o volume de trabalho vivo mobilizado pelo capital. O regime de produção capitalista tem por objetivo a máxima valorização do capital, valorização que, em sua forma especificamente capitalista, resulta da extração da

8 Sobre esse assunto, ver Belluzzo (1980, p.90).

mais-valia relativa, o que indica que a produtividade do trabalho é crescente. Ora, crescente produtividade do trabalho, quando analisada em termos técnicos, isto é, quando expressa a composição técnica do capital, significa que a mesma quantidade de trabalho vivo põe em movimento crescente quantidade de meios de produção.

Com isso, a relação em valor entre o capital constante e o variável tende a crescer, embora não na mesma proporção que a composição técnica, já que a produção de meios de produção é realizada também com produtividade do trabalho crescente, implicando que o volume dos meios de produção se eleva mais rapidamente que seu valor.

A tendência à elevação da composição orgânica significa que a produção de meios de produção em valor, ou seja, o valor da produção do $D_I$ da economia, tende a crescer mais rapidamente que o valor da produção em $D_{II,}$ pois o C do numerador da expressão da composição orgânica do capital não é mais que a soma em valor da produção $D_{I,}$ e o V do denominador, a soma em valor de $D_{II}$. Em outros termos, o setor produtor de meios de produção acumula capital mais rapidamente que o setor produtor de meios de consumo, movimento que, visto de outro ângulo, indica que o mercado de meios de produção expande-se mais rapidamente que o mercado de meios de consumo.

Inicialmente, Marx supõe que a composição orgânica do capital não se eleva, isto é, que o capital se acumula sem alterações técnicas, em circunstâncias, portanto, mais favoráveis ao trabalho, no sentido de que nesta hipótese o crescimento da demanda de trabalho seria proporcional à taxa de acumulação. Vale dizer, nessas circunstâncias o volume de emprego cresce na mesma proporção que o capital total.

Mesmo nessas condições, desde logo não características do capitalismo, supondo-se que a acumulação e a consequente demanda de trabalho resultem em progressivo esgotamento da oferta de trabalho, duas possibilidades se apresentam. Pode ocorrer, por um lado, que a elevação dos salários não entrave a acumulação e, por outro, que a acumulação arrefeça e, nesse caso, ao estar bloqueada a acumulação, desaparece a causa desta diminuição, ou seja, "a desproporção entre capital e força de trabalho explorável. Isto é, o próprio mecanismo do processo de produção capitalista se encarrega de vencer os obstáculos que ele mesmo cria. O preço do trabalho volta a descender ao nível que corresponde às necessidades de exploração do capital" (Marx, 1949, v.I, p.523). E Marx conclui: "a magnitude da acumulação é variável independente e a magnitude dos salários, a variável dependente" (p.523).

Dessa forma, nota-se que, mesmo que não sejam consideradas as alterações técnicas, ainda assim os movimentos de salários são determinados pelo processo de acumulação de capital. Mas, como já afirmamos, a suposição da estabilidade da composição orgânica é estranha à natureza do capitalismo e com ela a acumulação tropeçaria em barreiras impostas pelo mercado de trabalho.

Na verdade, os capitalistas, ao perseguirem a máxima valorização e pressionados pela concorrência intercapitalista, vão revolucionar constantemente as técnicas para tornar cada vez mais redundante o trabalho direto empregado na produção. Como reflexo dessa tendência, a composição orgânica do capital eleva-se permanentemente, e esse movimento implica que, a uma determinada taxa de salário, o volume de emprego cresce não de acordo com os incrementos do capital em geral, mas em proporção ao aumento do capital variável.

Portanto, a acumulação de capitais processa-se a taxas superiores às do incremento do emprego industrial. Como a acumulação desenvolve-se em meio a revoluções técnicas que tornam redundante o trabalho vivo, o emprego vai crescer em termos absolutos, mas a necessidade de trabalho direto é reduzida em termos relativos. O processo de acumulação liberta-se assim dos limites derivados da oferta de trabalho no mercado.

Em outros termos, o próprio movimento da acumulação vai produzindo permanentemente uma superpopulação relativa de acordo com as suas necessidades. Nos ramos já estabelecidos, revoluções técnicas tornam redundante parte da força de trabalho empregada, e os novos ramos, ao surgirem, já operam com composição orgânica mais elevada que a média da economia.[9] Por outro lado, como o trabalho que a indústria necessita não é mais trabalho qualificado, o mercado de trabalho sempre é favorável ao capital. A oferta de trabalho é sempre garantida, mesmo nos momentos de auge do ciclo econômico, pois então a possível escassez de trabalho que elevaria os salários é limitada pela mais rápida introdução de inovações técnicas. Assim, é este mercado de trabalho favorável ao capital que regula as variações dos salários.

Entretanto, um segundo aspecto das inovações tecnológicas será mais importante para a regulação dos salários pelo próprio movimento da acumulação. O constante incremento da produtividade do trabalho significa, também, permanente redução do tempo de trabalho socialmente necessário à produção de meios de consumo dos trabalhadores. Em outros termos, o valor da força de trabalho é constantemente reduzido e consequentemente é incrementada a taxa de mais-valia. Então: "ao crescer a produtividade do trabalho, cresce também, como víamos, o barateamento do trabalho, e cresce, portanto, a taxa de mais-valia, ainda quando sobe o salário real. O aumento deste não guarda nunca proporção com o aumento da produtividade do trabalho" (Marx, 1949, v.I, p.509).

O movimento da acumulação, dada a natureza da inovação técnica que traz consigo, não somente produz e reproduz um

9 "De uma parte, os novos capitais formados no transcurso da acumulação atraem um número cada vez menor de trabalhadores, em proporção à sua magnitude, e de outra, os capitais antigos, periodicamente reproduzidos com uma nova composição, vão repelindo um número cada vez maior de trabalhadores aos quais antes davam trabalho" (Marx, 1949, v.I, p.532).

exército industrial de reserva, mas também reduz constantemente o valor da força de trabalho, o que permitirá que, mesmo em circunstâncias favoráveis aos trabalhadores, quando se produzem aumentos de salários reais, estes aumentos sejam compatíveis com taxas de mais-valia crescentes. Em outras palavras, crescem os salários, mas em proporção inferior aos aumentos de produtividade do trabalho, o que resulta em salários reais mais elevados com inferior valor da força de trabalho e, portanto, mais alta taxa de exploração.[10]

Vemos, portanto, que a subordinação e o papel acessório do trabalho que apareciam no processo de trabalho no capitalismo já constituído tornam a aparecer no movimento da reprodução ampliada do capital. Esse movimento não somente regula os salários e o mercado de trabalho, mas também reproduz a classe dos trabalhadores assalariados: ou seja, a própria reprodução das relações de produção capitalista é garantida pelo movimento da acumulação de capital, não passando por formas de coerção extraeconômica.

É o que Marx (1949, v.I, p.653) denomina subordinação social, isto é, uma relação de subordinação absoluta do trabalho ao capital:

> O maravilhoso da produção capitalista é que não somente reproduz constantemente o trabalho assalariado como trabalho assalariado, mas que, ademais, cria uma superpopulação relativa de trabalhadores proporcional sempre à acumulação do capital. Desse modo, mantém-se dentro dos justos limites a lei de oferta e demanda de trabalho, as oscilações de salários ajustam-se aos limites que convêm à exploração capitalista; e, finalmente, assegura-se a indispensável subordinação social do trabalho ao capitalista, uma relação de subordinação absoluta, que o economista,

10 "Não há, pois, nada mais néscio que pretender explicar a queda da taxa de lucro pela alta da taxa de salário, ainda quando excepcionalmente possam dar-se esses casos" (Marx, 1949, v.III, p.239).

> dentro de casa, na metrópole, pode converter, mentindo descaradamente, em uma livre relação contratual entre comprador e vendedor, entre possuidores igualmente independentes de mercadorias, o possuidor da mercadoria capital e o possuidor da mercadoria trabalho.

Agora o capital, senhor dominante da produção, vai dispensar a legislação e a violência extraeconômica do período manufatureiro, que visavam disciplinar o mercado de trabalho e estabelecer limites para os salários. Na própria esfera econômica da sociedade, atuam mecanismos que garantem ao capital força de trabalho abundante e barata segundo suas necessidades.

Dessa forma, no capitalismo, o desenvolvimento das forças produtivas aparece determinado pelo processo de acumulação de capital e subordinado a ele.[11] Por outro lado, o progresso técnico é realizado num movimento que estabelece uma relação determinada entre o setor produtor de meios de produção e o setor produtor de meios de consumo. As inovações técnicas são geradas no $D_I$ da economia e revolucionam não somente as técnicas desse setor, mas também, num segundo momento, os próprios métodos de produção de $D_{II}$.

Portanto, as inovações técnicas constituem um processo determinado fundamentalmente pelo movimento da acumulação de capital em $D_I$. Ou seja, nesse processo o departamento produtor de meios de consumo assume um papel secundário, subordinado, e o movimento de acumulação em $D_I$ atua determinando e condicionando as inovações que se processam em $D_{II}$.

Ora, como vimos, a capacidade de regular salários e mercado de trabalho, subordinando os trabalhadores ao movimento da

11 "É apenas deste ponto de vista, isto é, dentro do conceito de dependência do progresso das forças produtivas em relação à acumulação de capital, enquanto reprodução ampliada das relações capitalistas, que podemos circunscrever rigorosamente o alcance do conceito de progresso técnico no pensamento marxista" (Belluzzo, 1980, p.90).

acumulação de capitais, é dada, fundamentalmente, pelo caráter revolucionário das técnicas no regime capitalista de produção. Como as inovações em $D_I$ são as determinantes, fica claro por que foi fixado o momento final do processo de constituição das forças produtivas capitalistas na constituição de $D_I$ que produza como grande indústria. Ou seja, somente a parir desse momento é que se tornam possíveis as constantes revoluções técnicas, imprimindo à acumulação um caráter especificamente capitalista. Nesse sentido, a existência de um departamento I, que opera como grande indústria, autonomiza o progresso técnico.

Na medida em que a produção é dominantemente capitalista, o próprio movimento da acumulação de capital expande mercados para a produção industrial. Em outras palavras, o capitalista, ao investir, compra no mercado força de trabalho e meios de produção, o que resulta em expansão dos mercados de meios de produção e de meios de consumo, que são mercadorias produzidas de forma capitalista. Dessa maneira, também os movimentos do mercado no capitalismo plenamente constituído são determinados pelo processo de acumulação, superando-se assim a limitação imposta pelos mercados à produção capitalista da era manufatureira.

Por outro lado, vimos que, expressando a crescente produtividade do trabalho, o valor da produção de meios de produção cresce mais rapidamente que o valor da produção de meios de consumo. Ou seja, o $D_I$ acumula capital mais rapidamente que o $D_{II}$ e isso significa que o mercado de meio de produção expande-se mais rapidamente que o mercado de meios de consumo. Como diz Lenin (1982, p.23): "o crescimento da produção capitalista, e, consequentemente, do mercado interno, vincula-se mais aos meios de produção e menos aos artigos de consumo. Noutros termos: o crescimento dos meios de produção ultrapassa o dos artigos de consumo".

Ora, esse aumento mais rápido de $D_I$ reitera, agora do ponto de vista dos mercados, a posição dominante desse setor produtivo em relação ao $D_{II}$. Em outras palavras, o mercado fundamental no capitalismo é o mercado de meios de produção; é o consumo produtivo que determina os movimentos do mercado e, nesse processo, o consumo pessoal joga um papel subordinado.[12]

A existência de um setor produtor de meios de produção é, portanto, essencial para imprimir um caráter especificamente capitalista ao processo de acumulação. Isso, certamente, não quer dizer que qualquer ciclo de acumulação deva necessariamente ter seu ponto de partida no setor produtor de meios de produção. Significa, sim, que foram eliminadas todas as barreiras à acumulação de capital, salvo as fixadas por ela própria; que há, doravante, a autodeterminação do capital; e, mais ainda, que, por isso mesmo, em qualquer expansão, a acumulação no setor de meios de produção tende a automizar-se, passando a comandar o movimento do capital.

Uma vez plenamente constituído, "o regime capitalista tende ao desenvolvimento absoluto das forças produtivas, prescindindo do valor e da mais-valia nele implícito" (Marx, 1949, v.III, p.247), isto é, desenvolvendo a produção pela produção, o capital esbarrará apenas na tendência à queda da taxa de lucro. Mais especificamente, a acumulação encontra limites fixados pela própria natureza do capital, limites que imprimirão a seu movimento um caráter espasmódico, alternando-se momentos de expansão com momentos de depressão.

A grande indústria, ao surgir e implantar-se como forma dominante de produção, altera essencialmente as relações entre as distintas formas do capital. Desde que os movimentos dos mercados aparecem como momento subordinado à própria acumulação do capital produtivo e que as relações fundamentais de compra e venda são realizadas no interior do próprio aparelho

---

12 "Desse modo, a extensão do mercado interior para o capitalismo é, até certo ponto, 'independente' do crescimento do consumo individual, verificando-se mais por conta do consumo produtivo" (Lenin, 1982, p.23).

industrial, o capital industrial pode então relegar o capital comercial a uma posição subordinada. Na verdade, a esfera da produção não mais depende do comércio para a expansão dos mercados, tal como no período manufatureiro, e assim supera-se a dependência do capital produtivo ante o capital comercial.[13]

Por outro lado, a grande indústria, ao generalizar a forma mercadoria e permitir a produção de crescentes massas de mais-valia, garante a continuidade do processo de valorização do capital comercial. Apesar da posição subordinada agora assumida pelo comerciante, este passa a apropriar-se de parte da alíquota da massa de mais-valia proporcional ao volume de seu capital e, dessa forma, superam-se os entraves que a limitada produção de mais-valia do período manufatureiro impunha à valorização do capital mercantil. Nessas condições, a valorização do capital comercial vai dispensar apoios externos, e as práticas monopolistas e os privilégios típicos do período manufatureiro podem agora ser eliminados.

Ao longo do processo de constituição do capitalismo, o capital usurário vai sendo relegado a posição secundária diante do surgimento do capital a juros e do sistema bancário. Vimos que, tal como o capital comercial, o capital usurário atuava como dissolvente da antiga sociedade, mas que sua ação não bastava para gerar as condições básicas do regime capitalista de produção. Nas palavras de Marx (1949, v.III, p.558): "até que não se apresentem as condições básicas do regime de produção capitalista, não aparece a usura como um dos elementos constitutivos do novo sistema de produção". Entretanto, ao serem gestadas as condições para o avanço do capitalismo, a usura manifesta-se, então, como um entrave ao pleno desenvolvimento desse regime de produção e assim dá lugar ao surgimento do capital a

13 "Agora o capital comercial atua simplesmente como agente do capital industrial" (Marx, 1949, v.III, p.316).

juros e do sistema bancário, que são elementos constitutivos do novo regime de produção.[14]

Dessa forma, desde o período manufatureiro, o próprio desenvolvimento do capital produtivo e comercial exigiu a liquidação não somente do monopólio das fontes de capitais disponíveis para empréstimos detido pelos usurários, como também do monopólio dos metais preciosos na criação de moeda. Na verdade, a própria acumulação de capital, com sua imanente necessidade de crédito, vai ser entravada por esses monopólios que resultam em taxas de juros incompatíveis com os interesses capitalistas. Por isso mesmo, no dizer de Marx (1949, v.III, p.563): "desde o século XVIII ressoa ... o clamor pela redução violenta da taxa de juros, para que o capital a juros se subordine ao capital comercial e industrial, e não inversamente".

Portanto, ainda no período manufatureiro, o capital a juros e o sistema bancário manifestam-se ainda de forma embrionária, e, nessas condições, o capital a juros já se apresenta como um dos elementos constitutivos do regime de produção capitalista. Progressivamente vai sendo rompido o monopólio dos metais preciosos pela *criação do dinheiro-crédito*, ao mesmo tempo em que os bancos rompem com o monopólio dos usurários ao "concentrar e lançar no mercado de dinheiro todas as reservas de dinheiro inativo" (ibidem, p.564).

Dessa forma, o processo de acumulação do capital produtivo e comercial, e o desenvolvimento da economia mercantil exigiram a subordinação do capital usurário e o desenvolvimento do capital a juros e do sistema de crédito, elementos que atuam de acordo com as necessidades de comerciantes e manufatureiros. A redução da taxa de juros e a oferta adequada de crédito

14 "A usura revela-se incompatível com as exigências do novo regime de produção, sendo substituída definitivamente pelo sistema moderno de crédito" (Mazzucchelli, 1985, p.82).

potenciam a acumulação de capitais e apresentam-se ainda como condição para o surgimento do capital industrial.

Entretanto, se o desenvolvimento do capital a juros e do sistema de crédito são condição para o surgimento da grande indústria, a dominância do capital industrial com sua capacidade de generalizar a produção mercantil capitalista é condição para o pleno desenvolvimento da circulação creditícia. Como afirma Mazzucchelli (1985, p.80):

> na verdade, a circulação creditícia constitui a condição e o resultado constante da produção capitalista. Isto significa que é apenas então que as relações de crédito alcançam um grau avançado de estruturação, que é apenas então que a produção de mercadorias se generaliza por toda a sociedade, e que é também então que se afirmam de modo contundente a autonomização do dinheiro e a natureza monetária da produção.

Em última instância, é a própria existência da grande indústria, generalizando a produção capitalista, e produzindo massas crescentes de mais-valia, que garante a própria valorização do capital a juros e também cria as condições para a plena estruturação do moderno sistema de crédito. Por isso mesmo, Marx (1949, v.III, p.566) julga que "o sistema bancário é, pela sua organização formal e por sua centralização ... o produto mais artificioso e refinado que o regime de produção capitalista pôde engendrar".

Por outro lado, o caráter social do capital somente se realiza plenamente por meio da existência do sistema bancário.[15] Vale dizer, é a generalização das operações de crédito que imprime a necessária mobilidade ao capital, para que se forme a taxa de lucro

15 "Esse caráter social do capital somente se leva a cabo e se realiza em sua integridade mediante o desenvolvimento pleno do sistema de crédito e do sistema bancário" (Marx, 1949, v.III, p.567).

média, maneira pela qual a massa de mais-valia total, produzida pelo capital social, é adequadamente distribuída entre os distintos capitalistas individuais. E Marx (1949, v.III, p.567) conclui que o sistema bancário

> põe à disposição dos capitalistas individuais todo o capital disponível da sociedade, inclusive o capital potencial que não se acha ainda ativamente comprometido, de tal modo que nem aquele que empresta esse capital nem aquele que o emprega são seu proprietário nem seu produtor. Desse modo, destrói o caráter privado do capital e leva implícita em si, ainda que somente em si, a abolição do mesmo capital.

Nos Capítulos 1 e 2, tratamos do processo de formação do capitalismo. No primeiro, foi visto como são gestados os elementos básicos desse modo de produção, pelo processo de acumulação primitiva e, no segundo, analisamos como a grande indústria permite não somente a generalização de relação capitalista de produção, dando origem a uma classe operária homogênea, como ainda garante a autodeterminação do capital. Podemos, então, entender o conceito de industrialização, num sentido lato, como o longo processo de transformação da sociedade que culmina com a implantação da grande indústria e consequentemente com a plena constituição do capitalismo e, num sentido estrito, como a própria implantação da grande indústria.

É importante frisar que esse processo de transformações sociais e econômicas dá origem ao modo de produção capitalista, totalidade orgânica caracterizada por um conjunto de relações sociais.[16] A estrutura econômica desse modo de produção é conformada não somente pelo capital, relação social básica entre capitalistas e trabalhadores assalariados, mas também pela for-

16 "O conjunto dessas relações de produção forma a estrutura econômica da sociedade..." (Marx, 1969, p.187).

ma específica das forças produtivas, pelas características relações entre o campo e a cidade, pela relação de concorrência entre capitalistas, pelas relações no interior da própria classe capitalista (relações entre industriais, banqueiros e comerciantes), pelas características de sua dinâmica divisão social do trabalho, pelas relações entre nações etc. Finalmente, é importante destacar ainda que essas relações somente podem caracterizar a estrutura econômica quando apreendidas em sua dinâmica, ou seja, no próprio movimento produzido pela mútua interação dessas múltiplas relações sociais.

# 3
# Gênese do capitalismo – as mediações históricas

As considerações anteriores remetem à questão do alcance e limites da exposição de Marx sobre a problemática da gênese do capitalismo. Trataremos, então, de discutir qual é o estatuto teórico dos chamados *capítulos históricos* de *O capital*.

Inicialmente advertimos que os capítulos históricos não constituem um estudo sobre a formação do capitalismo inglês. Na verdade, ainda que não alcancem o estatuto de *teoria geral* do capital, explicitam as determinações gerais comuns à formação de qualquer capitalismo. Em outras palavras, a análise de Marx não fixa leis gerais do processo de gênese do capitalismo, mas retém os momentos lógicos desse processo, tais como a necessidade de desenvolvimento prévio do capital mercantil, da troca, dos mercados, da divisão social do trabalho, da especialização da produção; a formação do mercado de trabalho a partir da violência da expropriação, os limites e debilidades do processo de acumulação na ausência de forças produtivas especificamente capitalistas, a consequente dominação do capital mercantil sobre a esfera produtiva, a ideia da industrialização como gestação de forças produtivas capitalistas, o papel essencial do departamento produtor de meios de produção para superar as barreiras externas à acumulação, o que promove a autodeterminação do capital etc.

Exatamente porque Marx identifica essas determinações gerais comuns à formação de qualquer capitalismo, e também porque esse modo de produção apresenta a tendência a generalizar-se por todo o globo é que pôde afirmar: "os países industrialmente mais desenvolvidos não fazem mais que mostrar aos países mais atrasados o espelho de seu futuro" (Marx, 1949, v.III, p.15). Entretanto, partindo dessa afirmação, não se pode concluir que seja possível a construção de uma teoria geral da gênese do capitalismo, ou de um modelo capaz de explicar a formação de qualquer capitalismo. Nas análises de Marx sobre a formação do capitalismo, as determinações gerais aparecem sempre imersas na história, o que evidentemente as afasta de qualquer *modelo*. Na verdade, toda a exposição aparece impregnada por circunstâncias históricas específicas: aquelas imperantes na transição do modo de produção feudal ao modo de produção capitalista, ou seja, a formação do mercado mundial, o sistema colonial, a subordinação do artesanato e o surgimento do *putting-out*, as particularidades da expropriação dos produtores independentes, a manufatura, a gênese da grande indústria, as políticas do Estado absolutista etc.

Essa aderência da análise à história é reafirmada pelo próprio Marx ao contestar Mikhailovski:[1]

1 Esse autor afirma: "a sétima parte de *O capital* é intitulada 'A assim chamada acumulação primitiva'". Marx pretendia aí traçar um esboço histórico dos primórdios do modo de produção capitalista, mas conseguiu muito mais: traçou toda uma teoria histórico-filosófica (Mikhailovski, 1982, p.159). A resposta de Marx pode ser encontrada nesse mesmo compêndio, à p.167.

> que aplicação à Rússia meu crítico deveria fazer deste esboço histórico? Apenas esta: se a Rússia tende a transformar-se numa nação capitalista, à maneira das nações da Europa Ocidental – e nos últimos anos ela tem-se dado muito mal neste sentido – não o conseguirá sem antes transformar uma boa parte dos seus camponeses em proletários; e então, uma vez introduzida no seio do regime capitalista, ela experimentará suas leis impiedosas, como ocorreu com outros povos profanos. Isto é tudo. Mas não o é para meu crítico. Ele se sente obrigado a metamorfosear meu esboço histórico da gênese do capitalismo na Europa Ocidental em uma teoria histórico-filosófica da marcha geral fatalmente imposta a todos os povos, sejam quais forem as circunstâncias históricas em que se encontrem... (Marx, 1982, p.167)

A avaliação que Marx faz de sua própria contribuição não deixa margens a dúvidas. Inicialmente, aponta a determinação básica na constituição do capitalismo, ou seja, o surgimento do proletariado pela expropriação, determinação que, sendo geral, teria necessariamente vigência no avanço do capitalismo na Rússia. Em seguida, afirma a diferença entre o capitalismo constituído e sua gênese, pois, constituído esse regime de produção, passariam a ter vigência suas *leis impiedosas*, e seria então possível identificar suas leis de funcionamento, tal como foi realizado em *O capital*.

Entretanto, sobre a gênese do capitalismo não se podem elaborar teorias ou fixar leis gerais, já que não existe *marcha geral fatalmente imposta a todos os povos*, pois alteram-se as *circunstâncias históricas*. Em conclusão, Marx não produziu nem a história do capitalismo inglês, nem a teoria da gênese do capitalismo, mas fixou os momentos lógicos comuns à formação de qualquer capitalismo numa análise saturada por circunstâncias históricas específicas.

Portanto, para que seja enfrentada a questão da gênese do capitalismo em diferentes nações, é necessária a elaboração do que seriam as *circunstâncias históricas*. Vale dizer, impõe-se a construção de categorias que permitam sucessivas aproximações dos movimentos reais particulares, categorias e conceitos que permitam apreender fenômenos recorrentes nos processos históricos. Assim, seria possível distinguir certos padrões nos movimentos da constituição do capitalismo em diferentes nações.

Essa construção constituiria uma elaboração teórica, pois não somente estariam presentes determinações gerais (mediadas historicamente, é claro), como também porque esses padrões seriam fixados com certo nível de abstração, já que dariam conta de movimentos gerais comuns a determinadas nações, sem, entretanto, deixar de apreender a dinâmica dos casos particulares. Em outras palavras, o que estamos propondo é a formulação de certos padrões teóricos, construídos pela fixação de mediações históricas, ou seja, uma abordagem que se afasta tanto dos modelos como de uma teoria geral sobre a gênese do capitalismo.

Por outro lado, a negação dos modelos não nos leva a concluir que, no processo de constituição do capitalismo, a cada país corresponderiam circunstâncias históricas específicas, que cada nação conformaria uma realidade irredutível, vale dizer, que a análise da gênese do capitalismo simplesmente poderia compreender estudos de casos particulares. Assim, nossa proposta afasta-se também da posição historicista para a qual "segundo a expressão de Marc Bloch, a essência da história era a *verdadeira negação das suas possibilidades*" (Barraclough, 1980, v.I, p.34).

## Mediações históricas: o passado nacional

A questão das circunstâncias históricas foi enfrentada pelos clássicos do marxismo na abordagem da revolução burguesa, ou seja, da dimensão política dos processos de constituição do capitalismo. Vejamos, então, como Lenin, Trotski e Gramsci, ao refletirem sobre os movimentos sociais da Rússia e Itália, resolveram a problemática da fixação das *circunstâncias históricas*.

As primeiras obras de Lenin, no final do século XIX, surgem em meio à polêmica entre o marxismo e o populismo russo. Esta corrente política fundava sua ação prática em análises que concluíam pela impossibilidade do desenvolvimento do capitalismo na Rússia.[2] De maneira mais abrangente, Lenin (1970a, v.I, p.92-3) avaliava da seguinte forma os traços comuns aos autores populistas:

> 1. A concepção do capitalismo na Rússia como uma decadência, uma regressão ... 2. A concepção da originalidade do regime econômico russo, em geral, do camponês com sua comunidade, "artel" etc., em particular ... 3. O desconhecimento das relações existentes entre a "intelectualidade" e as instituições político-jurídicas do país com os interesses materiais de determinadas classes sociais...

Os populistas voltavam-se para a realidade russa por meio de questões como a inevitabilidade ou não do desenvolvimento do capitalismo russo, os destinos ou o futuro desse capitalismo. Lenin, criticando essa postura, vai indagar sobre a natureza da sociedade russa, ou "em que direção se desenvolvem os diferentes aspectos da economia nacional russa" (Lenin, 1982, p.33).

Em *O desenvolvimento do capitalismo na Rússia*, após criticar teoricamente os erros dos populistas sobre a questão dos mercados, Lenin analisa a desintegração da comunidade camponesa sob a ação do capital, demonstra como as formas tradicionais de organização da produção, como a indústria doméstica rural ou urbana já estão sob o domínio do capital e aponta as relações en-

---

2 "O capitalismo na Rússia, sustentava Voroncov, é um capitalismo artificial, uma paródia do capitalismo. Não pode se desenvolver sem consistentes subsídios governamentais. Suas potencialidades produtivas são limitadas, na medida em que não pode competir com o capital dos países industrializados mais avançados; os mercados externos já foram repartidos; o mercado interno não pode expandir-se por causa da crescente pobreza das massas..." (Walicki, 1979, p.69).

tre a manufatura e a grande indústria já implantada na Rússia. Utilizando abundante material empírico, demonstra como dinamicamente se acentuavam na Rússia a divisão social do trabalho, a especialização da produção, a diferenciação da sociedade entre capitalistas e proletários, e como todo esse processo é presidido pelo capital industrial, comercial ou bancário. A conclusão da obra de Lenin desse período é que o movimento da sociedade russa já é animado por contradições de tipo capitalista.

Como afirma Lenin (1982, p.375), os populistas erravam sobre o "processo de desenvolvimento do capitalismo na Rússia, bem como acerca do sistema de relações econômicas que precedeu o capitalismo russo". Na verdade, os populistas idealizavam a pequena produção agrícola ou artesanal e pretendiam que essas formas de organização servissem de base para uma nova ordem social na Rússia.[3] A análise parte, assim, de uma clara concepção da estrutura econômica e social que precedeu o capitalismo na Rússia, e demonstra que essa estrutura não se opõe ao capitalismo, pois é de sua desintegração que surgem os elementos fundamentais desse modo de produção. Dessa forma, é negada à comunidade rural, às formas de produção ditas *populares*, a especificidade que lhes era atribuída pelos populistas,[4] pois essas formas de organização são as mesmas que surgiram na Europa com a desintegração do feudalismo.

---

3 "Esta falsa idealização, que desejava a todo custo ver nossa aldeia como algo fora do comum, algo que nada se parece à estrutura de qualquer outra aldeia de qualquer outro país durante o período das relações pré-capitalistas" (Lenin, 1970a, p.97).

4 "o sistema de relações econômicas existentes na comunidade rural não constitui, em hipótese alguma, uma formação particular (a 'produção popular' etc.), mas um habitual sistema pequeno burguês ... A comunidade camponesa russa não é antagônica ao capitalismo, mas, ao contrário, é a sua base mais profunda e sólida. A mais profunda porque é no seu interior mesmo, sem nenhuma influência artificial ... que constatamos a formação constante de elementos capitalistas" (Lenin, 1982, p.113).

A falsa concepção do populismo sobre a estrutura social do passado russo induzia a um equívoco sobre a natureza das relações que se estabeleciam entre as formas populares e as mais avançadas de organização da produção. Assim, escapava aos populistas que era a própria desintegração da sociedade tradicional que não somente gestava os elementos do capitalismo, como ainda o fato de que esse processo na Rússia já era comandado pelo capital. No dizer de Lenin (1974, v.I, p.237):

> na Rússia, posteriormente à reforma, apareceu como um fator de grandíssima importância a manifestação exterior, se se pode dizer assim, do capitalismo, isto é, a manifestação de suas *camadas superiores* (a produção fabril, as estradas de ferro, os bancos etc.) ... Os populistas tentaram demonstrar que essas camadas superiores eram casuais, que não estavam vinculadas com todo o regime econômico, careciam de base, e por isso eram impotentes ... Os marxistas devem precisamente demonstrar que essas camadas superiores não são senão o último passo no desenvolvimento da economia mercantil, há muito existente na Rússia por toda parte, em todos os ramos da produção, que engendra a subordinação do trabalho ao capital.

Vejamos então como já em *O desenvolvimento do capitalismo na Rússia* é dado um primeiro passo na questão das mediações históricas. Para tal é importante fixar a natureza da análise de Lenin, já que, em primeiro lugar, não estava preocupado com as especificidades do capitalismo russo, ou seja, não se deteve na análise das diferenças entre o capitalismo russo e aquele vigente na Europa Ocidental mais avançada. Em segundo, como era uma questão geral que estava sendo respondida – qual a direção do desenvolvimento na Rússia –, Lenin (1982, p.5) pôde deixar de lado a questão do comércio exterior e limitar seu trabalho ao período posterior à reforma e aos "aspectos econômicos do processo".

Por outro lado, a abordagem se movimenta das formas sociais mais atrasadas – comunidade camponesa, agricultura parcelar, artesanato etc. – para as formas mais avançadas da grande indústria, e finalmente detém-se no movimento da economia em seu conjunto. Como a questão a ser respondida era geral, Lenin simplesmente mostra como as formas mais atrasadas estão sendo destruídas num processo subordinado ao movimento das formas mais avançadas de organização social e que, portanto, já são contradições de natureza capitalista que animam a sociedade russa.

Entretanto, Lenin não está tratando das determinações de um processo de desenvolvimento do capitalismo em geral, mas suas obras são sobre a Rússia, sobre as formas concretas de desenvolvimento desse país. Por isso é obrigado a voltar-se para as manifestações concretas do movimento dessa sociedade, para as formas específicas do *mir*, da diferenciação do camponês entre proletários e *kulaks*, da indústria *Kustar* etc. Lenin, porém, nega a possível especificidade dessas formas de *produção popular* tal como pretendiam os populistas, já que as julga simplesmente formas pequeno-burguesas.

Para chegar a tal conclusão, não era lícito, tal como faziam os populistas, simplesmente constatar a presença quantitativamente expressiva dessas formas de organização social. Na verdade, a análise do processo de desintegração da *produção popular* exigia que se explicitasse a própria gênese dessas formas, ou seja, que fosse explicada a origem da pequena produção mercantil independente. E a conclusão de Lenin é que as formas mercantis da produção popular apareciam como um resultado das transformações ocorridas nas formas comunais e artesanais, próprias da estrutura feudal, as quais, sob a ação do comércio, tendem a transformar-se num sentido capitalista, já que o processo termina por gerar os elementos do modo de produção capitalista.

Por isso mesmo, Lenin (1982, p.244), criticando a postura populista, afirma: "como se a importância fundamental coubesse à questão: com que rapidez? (isto é, com que rapidez desenvolve-se o capitalismo?). Na realidade, é incomparavelmente mais importante a pergunta: de que modo? bem como, de que ponto? (ou seja, qual era a *estrutura econômica da Rússia antes do capitalismo?*)" (grifos do autor). Portanto, aqui já está fixada uma primeira mediação histórica necessária à análise da gênese de qualquer capitalismo nacional, ou seja, a abordagem deve sempre levar em conta qual a estrutura econômica, qual o regime de produção que precede o capitalismo em cada país.

Essa observação, em primeiro lugar, permite a superação da indeterminação que sempre está presente nas chamadas teorias do desenvolvimento, para as quais o ponto de partida é simplesmente a *sociedade tradicional*. Ora, como se manifesta no próprio debate de Lenin com os populistas, se a análise partisse do campo indiferenciado da *sociedade tradicional*, pouco se poderia esclarecer sobre o movimento concreto da realidade estudada, pois, evidentemente, os impulsos capitalistas produzem distintas dinâmicas sociais, dependendo do regime de produção sobre o qual estão atuando. Na verdade, os erros dos populistas derivavam exatamente de uma falsa compreensão da origem e natureza da *produção popular* na qual viam algo de genuinamente russo, algo que tornava absoluta a especificidade da Rússia perante a Europa Ocidental.

Em segundo lugar, a mediação histórica do regime de produção que precede o capitalismo permite que a abordagem da gênese do capitalismo supere a postura historicista, para a qual cada país analisado conformaria um caso específico. Na verdade, o conhecimento do passado social do país permite que a análise fixe certas tendências gerais do processo de constituição do capitalismo, tendências estas que são determinadas exatamente pela natureza do regime de produção que antecede o capitalismo. Ora, como os regimes de produção não são tantos quantos são os países, evidentemente essa mediação permite reduzir os processos reais e certas estruturas específicas, superando assim a postura historicista.

Entretanto, da mesma maneira que apontamos o alcance e os limites da análise de Marx, podemos repetir esse procedimento quanto à abordagem de Lenin em *O desenvolvimento do capitalismo na Rússia*. Essa obra é bem-sucedida ao demonstrar a proposição geral de que a sociedade russa era animada por contradições de natureza capitalista, e este era o tema central em torno do qual girava o debate com os populistas. Assim, o objetivo era limitado: Lenin não se propunha a analisar as especificidades do capitalismo russo, mas demonstrar que esse regime de produção já era dominante em seu país.

Ao cumprir seu objetivo, Lenin fixa a determinação histórica referente à natureza da sociedade que precede o capitalismo na Rússia. Entretanto, os limites da análise, estabelecidos pelo próprio Lenin, permitiam que fossem deixados de lado outros determinantes históricos do capitalismo russo. Assim, por exemplo, não é analisado de que maneira a convivência com países mais avançados afetava o desenvolvimento russo. Na verdade, como veremos a seguir, é no desenrolar do processo de lutas de classes e dos debates políticos que Lenin vai progressivamente complementando suas análises sobre a natureza do capitalismo russo.

## Mediações históricas: as etapas do capitalismo

As análises dos populistas progressivamente iam sendo esvaziadas pela própria evolução da sociedade russa, pois a industrialização capitalista avançava com vigor no país, nas décadas finais do século XIX. Entretanto, a exacerbação do processo de luta de classes, que culminou nos movimentos de 1905, desencadeou nova polêmica, desta vez no interior das correntes marxistas, e um novo debate abre-se sobre a natureza da revolução em curso na Rússia.

Os mencheviques viam o desfecho natural dos movimentos revolucionários na passagem do poder à burguesia liberal, a qual lideraria as forças proletárias e camponesas. Assim, o proletariado deveria aceitar a natural liderança da burguesia, pois o horizonte da revolução era a liquidação da autocracia tzarista. A posição dos bolcheviques era distinta, pois, apesar de reconhecer o caráter burguês da revolução, afirmava que seria possível e necessária a liderança do proletariado nos processos revolucionários, e Lenin forja a expressão "ditadura democrática revolucionária do proletariado e dos camponeses" para caracterizar a natureza do governo pelo qual a social-democracia deveria lutar.[5]

As divergências entre bolcheviques e mencheviques resultavam de distintas avaliações sobre a natureza do processo revolucionário, e, uma vez mais, o debate buscava fixar o que existia de comum e aquilo que era específico da Rússia, ante a experiência histórica da Europa Ocidental. Ambas as correntes, ao concluírem que o processo revolucionário tinha um horizonte burguês, na verdade estavam considerando que, tal como na Europa Ocidental, a partir de determinado momento, o avanço do capitalismo entrava em choque com a superestrutura absolutista, e que a ruptura com a antiga ordem era uma tarefa histórica da burguesia. Assim, a evolução do capitalismo implicaria a recorrência de certos fenômenos sociais – no caso a necessária revolução burguesa – e a Rússia, tal como a Europa Ocidental, teria necessariamente que viver esse momento histórico.

Portanto, ambas as análises retinham o que havia de comum entre a experiência europeia e a evolução da realidade na Rússia, mas a partir deste ponto as divergências apareciam. A postura

5 Para a caracterização das posições mencheviques, ver Getzler (1979) e Strada (1979). Sobre a posição de Lenin, ver "Las dos tácticas de la social democracia em la revolución democrática", in *Obras escogidas* (1970). Trotski (1971, p.59), por sua vez, caracteriza o processo da seguinte maneira: "pelo propósito direto e imediato que a si mesma se impõe, a revolução russa é propriamente 'burguesa', pois tem por objetivo emancipar a sociedade burguesa dos grilhões e cadeias do absolutismo e da propriedade feudal. Agora, a principal força motriz dessa revolução acha-se constituída pelo proletariado, e por essa razão, por seu método, a revolução é proletária".

menchevique tinha evidentemente um caráter formal, e era como se partisse de um modelo de revolução, o 1789 francês, e a história da Rússia devesse repetir fielmente aquele processo, no qual a burguesia liderou o campesinato na liquidação revolucionária do antigo regime. Na verdade, ainda que de maneira implícita, reaparecia nas análises mencheviques a visão da *marcha geral fatalmente imposta a todos os povos* que havia sido criticada por Marx.

Para identificar aquilo que seria específico do processo revolucionário na Rússia, tanto Lenin como Trotski vão comparar os movimentos de 1905 com a grande Revolução Francesa e com as revoluções de 1848 na Prússia e Áustria.[6] A Revolução Francesa ocorreu num mundo ainda dominado pelo absolutismo e num país onde ainda era inexistente o proletariado. Essas circunstâncias (internacionais e locais) permitiram e exigiram o ímpeto revolucionário com o qual a burguesia francesa liderou a pequena burguesia e o campesinato na liquidação da reação feudal, e ainda como o movimento revolucionário espraiou-se por todo o continente europeu.

Já em 1848 eram explícitas as contradições entre a burguesia e o proletariado nos países mais avançados (França e Inglaterra), e a política burguesa em âmbito mundial perdera seu caráter subversivo, tendendo ao compromisso com a reação. Por outro lado, ainda que de forma embrionária, a presença do proletariado já se fazia sentir na Áustria e Prússia e, nestas circunstâncias, a burguesia desses países mostrou-se incapaz de liderar uma revolução popular e inclinou-se para uma política de compromisso com a reação feudal. O proletariado, por sua vez, era ainda política e socialmente muito débil para avançar em aliança com os camponeses.

Em inícios do século XX, já se conformara uma economia mundial capitalista, uma rede de relações financeiras e comer-

6 Cf. Lenin (1970b, p.550 ss.) e Trotski (1972, v.2, p.3).

ciais das quais participava a burguesia russa e, na ordem mundial, as contradições entre a burguesia e o proletariado tornavam-se agudas. Por outro lado, os movimentos revolucionários manifestavam-se num país onde já era marcante a presença de um proletariado organizado e a burguesia russa assumia posição subserviente ante o tzarismo. Por isso mesmo, Lenin e Trotski vão concluir que o proletariado era a única força capaz de realizar integralmente as tarefas históricas da revolução burguesa.

Nesse ponto, já se torna possível identificar as mediações históricas que são levadas em conta por Lenin e Trotski na análise da natureza do processo revolucionário na Rússia. Ambos começam precisando o marco histórico no qual está imerso esse processo, ou seja, as condições da dominação burguesa no plano mundial, o que constituiria uma primeira determinação histórica geral. Em seguida, são levadas em conta as particularidades locais da luta de classes, particularidades que evidentemente seriam determinadas pela natureza das estruturas sociais do passado do país.

Trotski (1971, v.I, p.59) sintetiza da seguinte forma sua posição crítica ante as análises dos mencheviques:

> para eles, a história de cada nação capitalista repete, com modificações mais ou menos importantes, a história de outra. Não percebem o processo, próprio de nossos dias, do desenvolvimento do capitalismo mundial que engloba todos os países aos quais se estende e que, pela união das condições locais com as gerais, cria um amálgama social cuja natureza não pode ser definida rebuscando lugares comuns históricos, senão somente por meio de uma análise materialista.

Portanto, a história não se reproduziria como se houvesse modelos, e a postura correta exige que se volte para o processo concreto que se desenvolvia no país, processo que aparece determinado por condições históricas tanto locais como gerais (desenvolvimento da economia mundial capitalista).

Lenin (1970e, v.I, p.622), posteriormente, iria fixar, de um ponto de vista metodológico, as mediações históricas a serem levadas em conta: "a teoria marxista exige de modo absoluto, para analisar qualquer problema social, que se o enquadre dentro de um marco histórico determinado, e depois, se se trata de um só país ... que se tenha em conta as particularidades concretas que distinguem este país dos demais dentro do marco de uma mesma época". Esclarecendo o que entende por marco histórico no que diz respeito à revolução burguesa, distinguirá *duas épocas do capitalismo*. A primeira, caracterizada pela liquidação do feudalismo e do absolutismo por meio de movimentos democráticos burgueses de massa. À esta época segue-se aquela em que os Estados capitalistas estão estruturados, na qual já é desenvolvido o antagonismo entre o proletariado e a burguesia, e que prima pela "ausência de movimentos democráticos burgueses de massa, quando o capitalismo desenvolvido, aproximando e amalgamando cada vez mais as nações já plenamente incorporadas ao intercâmbio comercial, põe em primeiro plano o antagonismo entre o capital internacional fundido e o movimento operário internacional" (ibidem, p.623).

Assim, na evolução da obra de Lenin, iam sendo identificadas mediações históricas que propiciavam a progressiva aproximação da realidade russa. A identificação da natureza do passado russo e dos movimentos concretos da evolução do capitalismo no país permitiu que Lenin pudesse negar a este processo a especificidade absoluta que a ele era atribuída pelos populistas e concluir não somente que o país era capitalista, como também que a revolução era burguesa. Entretanto, a afirmação de que o país era capitalista e que a revolução em curso era burguesa não implicava que a história russa devesse repetir a história europeia. Ao precisar o *marco histórico* e as particularidades locais da luta de classes, Lenin pôde concluir qual seria a diferença específica da revolução burguesa na Rússia: a possibilidade da liderança operária neste processo. Em síntese, existe uma história do capitalismo no plano mundial, que aparece como mediação histórica para a análise do capitalismo na Rússia, fato que não implica, evidentemente, que o capitalismo russo se movimente como um mero reflexo do capitalismo mundial, uma vez que a estrutura social de seu passado imprime certas características específicas a esse movimento.

Na mesma direção de Lenin e Trotski, caminha Gramsci ao criticar as análises da historiografia sobre o processo de unificação nacional da Itália. No *Risorgimento*, Gramsci (1974, p.67) identifica duas posições sobre a questão: 1. as que querem sustentar a origem autônoma do movimento nacional italiano e afirmar diretamente que a Revolução Francesa falsificou a tradição italiana e a desviou e 2. as que asseguram que o movimento nacional italiano depende intimamente da Revolução Francesa e de suas guerras. Gramsci nega, em primeiro lugar, a possível autonomia do movimento nacional italiano, pois este estava imerso num todo mais amplo, ou seja, o concerto das nações europeias. Entretanto, esse movimento não foi simplesmente um reflexo da Revolução Francesa, isto é, não se pode negar que tenha sido determinado também pelo passado da Itália.

Assim, Gramsci (1974, p.66) vai buscar as origem do *risorgimento* no "processo histórico pelo qual se transformou o conjunto do sistema europeu. Esse processo, entretanto, não é independente dos sucessos internos da península e das forças que nela têm sua sede". Dessa forma, a história da Europa e as *forças que tinham sua sede* na Península Itálica determinavam a natureza do movimento nacional italiano. Por isso mesmo, Candeloro (1974, p.57) pôde sistematizar que Gramsci buscava os determinantes históricos básicos do *Risorgimento* "em duas direções: na história italiana precedente e na história europeia contemporânea".

Entretanto, a mediação histórica geral ou a mediação das condições históricas internacionais, tal como apareciam nos trabalhos citados, ainda guardavam certa imprecisão. É claro que a caracterização das *circunstâncias internacionais* como um momento de análise dos processos sociais da Rússia e da Itália significava um avanço não somente ante as posturas que entendiam a evolução dos países atrasados como uma reprodução da história dos países avançados, como também ante as análises que viam as determinações *externas* simplesmente como falsificação ou desvio da evolução *original* dos países.

Assim, era necessário que se precisasse o sentido de expressões como *história europeia, marco histórico, desenvolvimento do capitalismo mundial* etc., já que o desenvolvimento do capitalismo não é um processo linear, um processo que tenha por referência simplesmente a cronologia dos acontecimentos e das transformações. Na verdade, aqui o objeto da análise era a própria história do capitalismo, o que exigia a elaboração de conceitos que permitissem a abordagem da cambiante realidade do mundo capitalista.

E quem dá o passo para resolver essas questões é Lenin. Evidentemente, já nas análises sobre a revolução de 1905, eram levadas em conta as transformações pelas quais passava o mundo capitalista, isto é, as mudanças que se processavam no *marco histórico* no qual se inseria a Revolução Russa. Entretanto, qual o peso, qual o significado dessas transformações para a história do capitalismo? Que diferenças específicas existiam entre o *marco histórico* de 1905 e, por exemplo, o *marco histórico* de 1848?

A exacerbação das contradições capitalistas no início do século XX e suas manifestações exteriores, como a Grande Guerra, possibilitaram que Lenin apreendesse claramente a natureza do *marco histórico* que vivia, ou seja, como na verdade o capitalismo ingressava em nova *fase*. Já Marx havia fixado etapas do capitalismo, pois é clara em sua obra a distinção entre o *período manufatureiro*, ou *era da acumulação primitiva*, e a etapa do capitalismo plenamente constituído. Portanto, o que Lenin faz é voltar-se para a tradição marxista e periodizar a evolução do capitalismo, o que aparece como um momento necessário na construção de sua história.

Para concluir que o capitalismo ingressava em nova etapa de sua história, Lenin parte da identificação da transformação estrutural pela qual passava o regime de produção nos países avançados, e situa a mudança básica no grau atingido pela concentração da produção. Após demonstrar como a livre concorrência engendrava organicamente o monopólio, Lenin (1970c, v.I, p.706) situa a evolução desse processo:

> 1. Décadas de 60 e 70, ponto culminante de desenvolvimento da livre concorrência. Os monopólios são ainda germens apenas perceptíveis. 2. Depois da crise de 1873, longo período de desenvolvimento dos cartéis, os quais constituem ainda uma exceção, não são ainda sólidos, ainda representam um fenômeno passageiro. 3. Auge de fins do século XIX, a crise de 1900 a 1903: os cartéis convertem-se em uma das bases da vida de toda economia. O capitalismo transformou-se em imperialismo.

Para identificar o *lugar histórico* do imperialismo, Lenin analisa como a monopolização da produção e do crédito implicava negação de propriedades fundamentais do capitalismo, e, assim, a etapa imperialista aparecia como fase superior do capitalismo, como uma era de transição para uma nova ordem social.

> O capitalismo se transformou em imperialismo capitalista unicamente ao chegar a um grau determinado, muito alto, de seu desenvolvimento, quando algumas das características fundamentais do capitalismo começaram a converter-se em suas antíteses, quando tomaram corpo e se manifestaram em toda linha os traços da época de transição do capitalismo a uma estrutura econômica e social mais elevada. (Lenin, 1970c, p.764)

O nível atingido pela socialização da produção e o caráter da apropriação capitalista, que seguia sendo privada, tendiam a tornar agudas as crises sociais. Assim, do ponto de vista da política, a nova era imperialista implicava ruptura com as formas de dominação da burguesia próprias da etapa concorrencial do capitalismo, e abria-se então uma etapa de revoluções em âmbito mundial. Nas palavras de Lenin (1970b, v.II, p.62): "um novo período objetivamente necessário desde que estalou a primeira guerra imperialista mundial, que abriu a era da revolução social".

Era a consideração de que o capitalismo ingressara em uma nova era que iluminava as posições defendidas por Lenin em 1917, em suas *Teses de abril*. Assim, o processo revolucionário é considerado como um elemento do novo marco histórico, da era imperialista do capitalismo, já que a Rússia era um elo da cadeia de países imperialistas, ainda que mantivesse posição de dependência ante o capital financeiro inglês e francês.

Entretanto, se a etapa histórica vivida pelo capitalismo mundial determinava, em última instância, a natureza dos movimentos revolucionários, esses movimentos eram também determinados pelas particularidades locais de luta de classes, pelo atraso da Rússia, que ainda não passara pela revolução burguesa etc., o que era, por sua vez, determinado pelo próprio passado do país. Assim, é levando em conta essas circunstâncias históricas que Lenin reafirma sua convicção de que o proletariado era a única força social capaz de realizar as tarefas históricas da burguesia, de atender às aspirações de paz e terra do povo russo.

Sintetizando os avanços sobre a questão das mediações históricas, vimos que Lenin, ao analisar a evolução econômica e social da Rússia, levava em conta tanto a etapa vivida pelo capitalismo em âmbito mundial como o passado do país, a estrutura social que precedeu o capitalismo. Podemos então afirmar que a evolução da Rússia era duplamente determinada: em primeira instância, pela estrutura social do passado russo; e em última instância, pela etapa vivida pelo capitalismo mundial.

Já vimos que a necessidade de levar em conta, como mediação histórica, a estrutura social que precede o capitalismo em cada país é condicionada pelo fato de que diferentes estruturas reagem de distintas formas sob o impacto do desenvolvimento capitalista. Vale dizer, diferentes estruturas econômicas, sob a ação do capital, produzem distintas dinâmicas sociais, distintos ritmos de transformações etc. Vimos, também, como a história do capitalismo foi periodizada em eras – da acumulação primitiva, concorrencial e monopolista, ou imperialista. Os cortes que delimitam as diferentes etapas do capitalismo são estabelecidos levando-se em conta as transformações qualitativas da estrutura produtiva. E são essas transformações que se levam em consideração, exatamente porque condicionam mudanças na dinâmica da acumulação e no próprio processo de luta de classes.

O conceito de etapa vivida pelo capitalismo mundial requer certos esclarecimentos. Como se sabe, é lei geral do capitalismo o desenvolvimento desigual, e no mundo capitalista convivem nações com distintos graus de desenvolvimento, cujas sociedades são diferencialmente complexas. Dada a natureza expansiva do capitalismo, em qualquer etapa de sua evolução conforma-se uma trama de relações internacionais na qual distinguem-se nações dominantes e países ou regiões subordinados.

Não poderíamos periodizar o capitalismo a partir dessas relações, pois não existe um sistema de relações internacionais dotado de movimento próprio, ou seja, a natureza e o ritmo dos movimentos da relações internacionais são determinados, em última instância, pelo processo de acumulação nas nações dominantes, que são aquelas mais desenvolvidas do ponto de vista capitalista. Ora, se a natureza das relações internacionais é determinada pelos movimentos da acumulação nas nações dominantes, a periodização deve ser realizada exatamente levando em conta o grau de avanço do capitalismo nessas nações mais desenvolvidas.

Portanto, o ponto de partida a ser considerado, quando se fala em desenvolvimento do capitalismo mundial, é o marco nacional dos países mais avançados. Evidentemente que a análise não poderia deter-se neste ponto, pois o próprio movimento da acumulação nos diferentes países, mesmo naqueles dominantes, é por sua vez afetado, sobredeterminado pela dinâmica das relações internacionais. Portanto, economias nacionais e relações econômicas internacionais formam um todo orgânico, e a evolução de cada país não pode ser compreendida sem se levar em conta a trama de relações internacionais das quais participa. Por outro lado, não se pode também deduzir o movimento das economias nacionais da natureza das relações internacionais de uma época determinada, vale dizer, a evolução das economias nacionais não é mero reflexo das relações internacionais.[7]

Sintetizando as conclusões deste capítulo, vimos que a evolução do capitalismo em diferentes nações não constitui mera reprodução dos processos ocorridos nas nações avançadas. Vimos também que a evolução dos diversos capitalismos nacionais não é mero reflexo da economia mundial, ou seja, que as economias nacionais guardam certas especificidades. Por outro lado, indicamos que a gênese do capitalismo em cada nação é determinada pelas *circunstâncias históricas* nas quais este processo está imerso. Vale dizer, a formação do capitalismo em cada nação é determinada, em primeira instância, pelo passado, pela estrutura econômica e social que precede o capitalismo; mas esse processo é também determinado, em última instância, pela etapa vivida pelo capitalismo em âmbito mundial.[8]

---

7 "Para os neoclássicos, assim como para os defensores da ideologia 'globalista' propagada pelas multinacionais e transmitida pelos meios de comunicações, há um processo de unificação das relações econômicas de direção única. A absoluta primazia atribuída aos sujeitos privados sobre todas as formas de organização coletivas encoraja a visão da nação como um mero remanescente histórico. A heterogeneidade espacial é concebida como algo exógeno ao impulso em direção à realização do equilíbrio geral do mercado, isto é, como uma disposição inicial dos recursos não escolhida pelos sujeitos econômicos, ou como um obstáculo ao comércio de fatores de produção e produtos ... Este artigo se baseia em diferentes premissas ... ele se baseia na primazia da dimensão nacional e entende a economia mundial como um sistema de interações das formações sociais nacionais" (Aglietta, 1982).

8 "A periodização ... que aponta a direção do movimento da economia, esta complexamente determinada. Quer dizer, esta determinada em primeira

Assim, são as circunstâncias históricas (locais e internacionais) que determinam a especificidade dos processos de formação do capitalismo em diferentes nações. E aqui podemos concluir que as especificidades não são absolutas, isto é, não se trata de entender cada país como um caso particular. Na verdade, a identificação das circunstâncias históricas nos permite reduzir a multiplicidade dos capitalismos nacionais a certos *padrões* de formação do capitalismo em diferentes nações. Por isso mesmo, podemos denominar *capitalismo originário* (Inglaterra) o capitalismo que se conforma num mundo ainda imerso na era da acumulação primitiva e num país de passado feudal, *capitalismo atrasado* (Alemanha, França etc.) aquele que se constitui na etapa concorrencial do capitalismo em países de passado feudal e *capitalismo tardio* (países da América Latina) o que se forma na etapa monopolista do capitalismo, em nações de passado colonial.

A elaboração de padrões dos processos de constituição do capitalismo permite, assim, a superação do teoricismo dos modelos de desenvolvimento, sem resvalar, entretanto, no historicismo. Por outro lado, nossa concepção de história do capitalismo não se confunde com abordagens baseadas num evolucionismo linear, à maneira de Gerschenkron (1968). Como é sabido, esse autor elabora um conceito de atraso que se funda em certas características (maiores escalas de produção, maior participação do Estado etc.) que se manifestam de maneira cada vez mais acentuada nos processos de industrialização, à medida que o capitalismo vai evoluindo.

O evolucionismo linear que funda a noção de atraso de Gerschenkron, na verdade, fixa simplesmente determinadas mudanças de grau em certos aspectos dos processos de industrialização. Ao não periodizar a história do capitalismo, o evolucionismo linear mostra-se incapaz de apreender como são con-

instância por 'fatores internos' e, em última instância, por 'fatores externos'" (Mello, 1982, p.176).

formadas estruturas qualitativamente distintas nos diversos processos de constituição do capitalismo. Em outros termos, para que se possam apreender as transformações estruturais nos diversos processos de industrialização, é necessário que seja elaborado o conceito de etapa do capitalismo. Esse procedimento, ao reter as transformações qualitativas do regime capitalista em âmbito mundial, permite a construção de padrões dos processos de industrialização, padrões que podem ser fixados exatamente porque as transformações qualitativas foram explicitadas na elaboração das fases de evolução do capitalismo. E são essas transformações, juntamente com a estrutura social vigente no passado do país, que determinam a conformação de estruturas diferenciadas nos diversos processos de constituição do capitalismo.

As considerações de caráter metodológico deste capítulo devem agora ser complementadas com a própria elaboração de padrões dos processos de constituição do capitalismo. Portanto, a seguir trataremos dos padrões de industrialização originário e atrasado.

# Parte II

# 4
# O capitalismo originário

O capitalismo constituiu-se em sua plenitude e de forma pioneira na Inglaterra, capitalismo nacional ao qual denominaremos *originário*. Originário e caso singular, pois a Revolução Industrial, ao mesmo tempo que significou a implantação da produção fabril na Inglaterra, marcou, também, pela primeira vez na história, a plena constituição do próprio regime especificamente capitalista de produção. Discutiremos aqui as condições essenciais do processo de industrialização inglês, vale dizer, analisaremos as condições para que se processasse o último momento da constituição do capitalismo – a industrialização – num mundo ainda imerso no processo de acumulação primitiva.

## Formação do Estado nacional e capitalismo

No capítulo anterior, introduzimos a problemática das diferenças específicas na constituição dos diversos capitalismos nacionais, dando por suposta a existência dos Estados nacionais. Aqui impõe-se inicialmente a discussão da própria formação do Estado nacional como condição básica para o avanço do capitalismo.[1] As formas primitivas de capital (mercantil e usurária) que se desenvolviam na sociedade medieval tinham por hábitat a cidade,[2] e alimentavam-se na expansão da produção artesanal urbana e na mercantilização da produção agrária circunvizinha e, nesse processo, foi sendo estabelecida a malha de circuitos mercantis locais e de longa distância, que abarcava a Europa e estendia-se também por outros continentes.

A base política e mesmo militar para o florescimento do comércio e da usura foi dada, portanto, em seu início, pelo governo municipal. A mercantilização da economia e o processo de acumulação iam diferenciando a sociedade urbana, dando origem a um patriciado, saído das camadas enriquecidas da burguesia mercantil e usurária, que passa a dominar o poder municipal. Assim, o governo municipal pôde implementar uma política econômica que potenciava a acumulação de capital[3] e mesmo organizar o poder militar que garantia os interesses da burguesia nascente na expansão mercantil local e de longa distância. Entretanto, a cidade, como base de poder político e militar da burguesia, foi se tornando cada vez mais inadequada ante as travas que iam se antepondo ao avanço do capitalismo. A expansão do comércio de longa distância, cujos circuitos eram sempre estabele-

1 "E consequentemente é o Estado nacional a ele ligado que proporciona ao capitalismo as oportunidades de subsistir" (Weber, 1944, p.1047).

2 Sobre o desenvolvimento do comércio e das cidades na era feudal, cf. Pirenne (1965 e 1977) e Lopez (1976).

3 Sobre a política econômica das cidades medievais, cf. Heckscher (1943, p.508 ss.).

cidos e mantidos pelas armas, exigia recursos militares e financeiros cada vez mais incompatíveis com as disponibilidades do poder municipal. Por outro lado, o crescente poder das cidades ia encontrando forte oposição da aristocracia feudal, cujos privilégios entravavam a livre circulação de mercadorias; e, finalmente, artesãos e jornaleiros, cujos interesses eram ameaçados pelo processo de acumulação de capitais e pela política municipal dominada pelo patriciado, reagem e as revoltas populares manifestam-se nas principais cidades da Europa a partir do século XIV.

Na verdade, a expansão do capital comercial baseada na organização política municipal ia encontrando seus limites, e as dificuldades e turbulências da vida urbana eram expressão e elemento de uma ruptura social mais profunda, a crise geral do modo de produção feudal dos séculos XIV e XV, crise que é marcada por agudas lutas sociais das quais participam a nobreza, o campesinato, o clero, a realeza, a burguesia nascente e o artesanato urbano. Não caberia aqui discutir as cambiantes e complexas alianças entre esses estamentos e classes de uma sociedade em transição, mas simplesmente apontar que o encaminhamento político dessa profunda crise é dado pela formação dos Estados nacionais marcados pelo absolutismo, os quais centralizam o poder, rompendo com os particularismos feudais.[4]

A ação da burguesia mercantil e usurária tem um papel marcante nas transformações progressivas da natureza social da economia que permitiram a centralização do poder. A circulação mercantil e a acumulação de capitais nas mãos de comerciantes

---

4 "A formação das monarquias absolutistas (unificação territorial, centralização política) foi de fato uma resposta à crise; ou melhor, foi o encaminhamento político das tensões de toda ordem. Efetivamente, o Estado centralizado, de um lado, promove a estabilização social interna (num novo equilíbrio de forças agora subordinadas ao rei), de outro, estimula a expansão ultramarina encaminhando a superação da crise nos vários setores" (Novais, 1979, p.64). Para a formação dos Estados nacionais, ver Anderson (1979), Strayer (1979) e Romano & Tenenti (1977).

e banqueiros cumprem papel fundamental na unificação territorial e na centralização do poder, pois são condições básicas para a implantação do sistema tributário e da dívida pública, o que, por sua vez, permite a formação da burocracia civil e militar, suportes do Estado absolutista.[5] A superação do localismo urbano e dos particularismos feudais mediante a formação dos Estados nacionais entrega à burguesia nascente uma nova base, a nação, permitindo ao capitalismo vencer o mesquinho horizonte municipal, e tornando-se agora um capital nacional. Os interesses da burguesia e do rei tendiam à convergência, ainda que de forma contraditória, pois a expansão mercantil é base tanto para a valorização do capital como para a exação fiscal e para o incremento da dívida pública. A centralização do poder político nas mãos do rei, por sua vez, poderia servir de ponto de apoio político e militar para a expansão dos circuitos mercantis dentro e fora das fronteiras nacionais.

Como vimos na primeira parte deste trabalho, o crescimento da produção mercantil no período manufatureiro é lento, dadas as bases técnicas vigentes, o que limita a valorização do capital comercial e usurário. Nessas condições, a expansão da mercantilização que alimenta a valorização do capital de cada cidade ou nação poderia ser realizada de duas formas: pela criação de novos circuitos mercantis ou pela captura de circuitos já estabelecidos e dominados por outros capitais. Ante essas alternativas, erguem-se poderosas barreiras: da sociedade que resiste à ação dissolvente do comércio, ou das nações e cidades que controlam circuitos já estabelecidos. Diante dessas resistências,

---

5 "O Estado moderno surge como filho da produção mercantil. Quando o produto do trabalho converte-se em mercadoria e transforma-se em dinheiro, pode uma parte do produto do trabalho da sociedade, na forma monetária do imposto, manter economicamente o Estado e possibilitar que este crie um exército de mercenários e um corpo de funcionários pagos com o dinheiro que o torne independente do vínculo feudal" (Bauer, 1979, p.169).

a burguesia nascente deve buscar apoio político, já que a valorização do capital não estava garantida pelos meros mecanismos econômicos. Em outras palavras, a luta do capital comercial pela mercantilização da economia e a concorrência com outros capitais não se dão no âmbito puramente econômico, pois transformam-se em disputas políticas e militares, e daí a necessidade de apoios externos, representados, num primeiro momento, pelo poder municipal e, posteriormente, pelo Estado absolutista.

Entretanto, com a formação dos Estados nacionais, a burguesia mercantil ganha base política, militar e econômica qualitativamente superior àquela representada pelo poder municipal. De um ponto de vista político, se a burguesia empalmava o governo municipal, este era uma ilha de poder em meio a um mundo hostil dominado pela aristocracia feudal, sobre o qual as cidades não podiam impor suas regras. A subordinação ao rei das forças sociais em luta evidentemente podia beneficiar a burguesia, pois somente ela dispunha de recursos financeiros para atender às crescentes demandas do Estado, o que tendia a inclinar a balança do poder a seu favor, em detrimento da nobreza.

De um ponto de vista econômico, enquanto a base urbana garantia ao capital monopólios sobre mesquinhos mercados municipais ou sobre exíguas áreas rurais, agora o Estado absolutista pode oferecer aos mercadores monopólios sobre um mercado nacional. Enquanto os parcos recursos municipais e da empresa comercial medieval permitiram somente tímidos ensaios de colonização em ilhas mediterrâneas, a centralização de recursos dos novos Estados foi capaz de implantar e manter um sistema colonial, que abarcava todos os continentes, sistema que é dominado pelo capital comercial. Enquanto a expansão mercantil marítima das cidades pôde dominar somente o Mediterrâneo, o Mar do Norte e o Báltico, a aventura ultramarina dos novos Estados levou navios europeus a singrarem todos os oceanos, e a expansão mercantil a partir dos descobrimentos, pela primeira vez na história, conformou um mercado mundial.

## O antigo sistema colonial e o mercado mundial

No âmbito interno, a submissão da nobreza ao rei foi condição para a eliminação das alfândegas locais, passo necessário para a formação do mercado nacional. Foi essa centralização do poder que permitiu ainda o estabelecimento da alfândega nacional, elemento essencial do sistema tributário e poderoso instrumento da política mercantilista. Finalmente, a centralização do poder e a criação de burocracia especializada garantiram a implantação de nova ordem legal, baseada em nova concepção do direito adequada às transformações da sociedade e aos interesses mercantis.[6] E, dando base à soberania dos novos Estados, foi formada uma burocracia militar, que, além de avalizar a ordem interna, constitui condição para a expansão ultramarina.

No âmbito externo, a formação do Estado nacional permitiu a expansão ultramarina, a qual, como apontou Fernando Novais (1979), aparece como momento fundamental para a superação das tensões sociais da crise do feudalismo, já que constituía empresa na qual os setores em pugna estavam interessados. A expansão marchava sempre pela luta armada, e a nobreza podia então receber cargos e prebendas pelos serviços prestados nos campos de batalha. O estabelecimento de novos circuitos mercantis abria inéditas perspectivas de lucros para a burguesia mercantil, oferecia ao rei novas fontes para a exação tributária e ainda ampliava mercados para a esfera da produção europeia. Em suma, o acirramento da concorrência entre nações, a estreiteza dos circuitos mercantis europeus, as tensões sociais da crise feudal, a centralização de recursos financeiros e militares nas mãos do rei, todos esses fatores exigiram e permitiram a expansão sistemática para fora das fronteiras europeias, e, nesse movimen-

6 Sobre a nova concepção do direito desenvolvida contemporaneamente à consolidação dos Estados absolutistas, ver Weber (1942, p.285 ss.).

to, vai sendo constituído o mercado mundial, com sua peça central, o antigo sistema colonial.[7]

A expansão ultramarina, de início meras expedições de pilhagem, evoluiu para o estabelecimento de feitorias, que permitiam fluxos renovados de abastecimento mercantil, e estas, num primeiro momento, constituíram a organização mais adequada à valorização do capital comercial. Entretanto, a feitoria somente podia encaminhar para o comércio certa produção tradicional, e não necessariamente os artigos mais cobiçados pelos europeus. Por outro lado, mostrava-se incapaz de garantir a necessária escala e regularidade da oferta exigida pelo capital comercial, e este não teve alternativas senão invadir a esfera produtiva, organizando a produção colonial de acordo com seus interesses. Assim, a sede de lucros que anima o capital mercantil a subordinar a esfera produtiva na metrópole, dominando a pequena produção independente, organizando o *putting-out* e impulsionando a manufatura, leva-o a estabelecer no Novo Mundo a grande produção colonial fundada no trabalho compulsório.

Os impulsos do processo de acumulação primitiva explicam não somente a gênese, mas a própria dinâmica da produção colonial.[8] A natureza material do produto colonial é determinada pela demanda real ou passível de ser criada na Europa, ou seja, produz-se aquilo cuja demanda permita a realização do lucro mercantil. Com este mesmo fim, deve-se produzir em larga e crescente escala e a preços adequados, o que é conseguido mediante a organização da produção realizada com trabalho compulsório. A colônia não é somente fornecedora de mercadorias, mas também mercado comprador dos produtos ofertados pelo

7 Para a formação e expansão do mercado mundial nos séculos XVI e XVIII, cf. Braudel (1979), Wallerstein (1974 e 1980) Novais (1979, cap.1 e 2) e Davis (1976).

8 Essas rápidas considerações sobre o sistema colonial são baseadas em Novais (1979, cap.2).

comércio europeu. Mas, como projeto mercantil, a colônia deve não somente permitir a valorização do capital mercantil, mas sua máxima valorização, daí a legislação e o aparato militar garantindo o exclusivo, ou seja, reservando a produção e os mercados coloniais para os agentes metropolitanos. A máxima do comércio – *comprar barato e vender caro* – é plenamente realizada, e o lucro mercantil é extraído às expensas de produtores e consumidores tanto das colônias como das metrópoles, num processo que tem por base a violência extraeconômica do trabalho compulsório e da expropriação bárbara de africanos e indígenas. E mais uma vez, essa expansão dos circuitos mercantis serve de suporte para a ampliação da exação fiscal para os governos metropolitanos.

A conformação do antigo sistema colonial aparece como momento essencial para o avanço do capitalismo na Europa. A valorização do capital comercial é dinamizada pela nova malha de circuitos entre colônias e metrópoles, ao mesmo tempo em que a entrada de produtos coloniais estimula o comércio entre as próprias nações europeias. O mercado colonial serve de alavanca para o desenvolvimento da produção mercantil das metrópoles, particularmente da produção manufatureira. Finalmente, a entrada maciça de metais preciosos da América vem permitir a superação da *depressão monetária* que dificultava a circulação mercantil da Europa na fase de crise do feudalismo.[9]

Assim, os descobrimentos e a corrida colonial marcam o surgimento do mercado mundial. Utilizamos o conceito de mercado mundial não somente pela regularidade com que são mantidas as trocas, ou ainda porque agora todo o globo participa do comércio, que movimenta valores extremamente superiores aos do comércio medieval. Na verdade, o mercado mundial conforma uma totalidade orgânica, pois não se trata simplesmente de es-

9 Sobre esse último ponto, ver Vilar (1980, cap.III).

tabelecimento de circuitos comercias bilaterais entre Europa e outros continentes, mas sim da constituição de fluxos mercantis interdependentes, já que seria impossível o desenvolvimento de determinados circuitos sem o avanço de outros, num processo de mútua estimulação. Concretamente, o comércio entre metrópoles e colônias era equilibrado pelo fornecimento de escravos enviados às colônias juntamente com produtos europeus. O fornecimento de escravos, por sua vez, era viabilizado pela oferta de produtos coloniais (tabaco, aguardente etc.) na África, o que evidentemente conformava uma cadeia de fluxos dependentes entre metrópoles e colônias, feitorias africanas e metrópoles, e ainda colônias e feitorias. De maneira semelhante, o comércio dos europeus com o Oriente, deficitário para os primeiros, dependia, para seu equilíbrio, dos metais preciosos da América, e os produtos orientais, por sua vez, eram também vendidos nas colônias americanas. Em suma, o mercado é mundial não somente porque grandes volumes de mercadorias são transacionados entre os cinco continentes, mas porque é composto por fluxos comerciais interdependentes, o que lhe imprime uma dinâmica específica.

Os novos elementos introduzidos em nossa análise, Estado nacional, colônias, mercado mundial, colocam a questão da natureza das relações que estabelecem entre si. Como vimos, as colônias significaram a conquista do mundo para o comércio europeu, uma poderosa alavanca para a valorização do capital mercantil e fonte de recursos tributários para os novos Estados, e, nesse sentido, a expansão colonial é um desdobramento do processo de acumulação primitiva. Por outro lado, este processo, que resultou na Revolução Industrial, somente pôde se desenvolver até suas últimas consequências dada a existência de colônias. Assim, o sistema conformado por metrópoles e colônias deve ser analisado como uma única totalidade, constituída por polos dominantes cujos movimentos explicam a gênese e o desenvolvimento dos polos dominados, os quais, por sua vez, são elementos essenciais dos processos que se desenvolvem nas metrópoles.[10] Portanto, as economias coloniais são reflexas, e suas contradições internas são subordinadas, sendo equivocadas as análises que têm por objeto somente a realidade colonial, recortada do meio social que lhe dá sentido: o meio do capitalismo nascente europeu.

Vejamos agora a natureza das relações entre as nações europeias. O polo dominante não é homogêneo, já que é conformado por nações dominantes e por nações que se inserem de forma subordinada no mercado mundial. Portanto, o que se deve precisar são essas relações de dominação-subordinação. Se o que caracteriza a vida econômica da Europa nos séculos XVI a XVIII é o processo de acumulação primitiva e se esse processo é dominado pelo capital comercial, fica claro que a relação de hegemonia-subordinação deve ser caracterizada pela posição relativa ocupada por cada nação ante a apropriação dos lucros comerciais no mercado mundial.

Os circuitos mercantis desenvolviam-se em meio à violenta concorrência entre os capitais comerciais, os quais, na medida em que se tornavam capitais nacionais, transformavam a concorrência econômica em lutas políticas, militares e econômicas entre nações. Assim, violenta belicosidade caracterizava as relações internacionais, e as disputas, progressivamente, passavam a ter por objetivo o domínio de circuitos mercantis. Dessa forma, a posição dominante de algumas nações é resultado não somente de lutas vitoriosas no campo político e militar, mas também da luta econômica, ou seja, de sua capacidade de financiar a produção local e colonial, de financiar o comércio e a distribuição de produtos coloniais, dos conhecimentos de mercados comprado-

10 Na formulação de João Manuel Cardoso de Mello (1982, p.42): "o que há, portanto, é uma única totalidade, ou melhor, um único processo, em que o 'sentido' e os rumos são determinados pelas contradições que animam as economias metropolitanas".

res e vendedores, dos avanços de sua produção nacional etc. Portanto, do ponto de vista das relações internacionais, o fundamental é a luta pelo controle das fontes do lucro comercial, e esta é uma luta entre nações europeias, pois a concorrência entre as distintas colônias é transformada em concorrência entre metrópoles, já que a produção colonial é dominada e distribuída pelo comércio europeu. Concluindo, as condições nacionais para o avanço do capitalismo dependem dessa aguda e sangrenta luta em âmbito internacional em torno das fontes do lucro comercial.

Entretanto, a dinâmica do mercado mundial, tomada isoladamente, é incapaz de explicar as cambiantes posições de dominação-subordinação entre as nações europeias nos séculos XVI a XVIII e, portanto, por si mesma não pode dar conta dos avanços e retrocessos no processo de acumulação primitiva de cada nação. Em outras palavras, a problemática que trata das condições necessárias para o surgimento do capital industrial na Inglaterra e dos bloqueios e atrasos sofridos por outras nações deve ser explicada não somente pela dinâmica do mercado mundial, mas também pela forma específica de encaminhamento das lutas sociais da crise do feudalismo em cada país. Estes determinantes locais são essenciais para que se possa explicar como as diferentes nações captam, de forma mais ou menos integrada, os impulsos derivados da expansão do mercado mundial, na gestação das condições para o surgimento do capital industrial.

## A decadência das cidades alemãs e italianas

Neste marco fica claro o porquê da perda de posição das cidades alemãs e italianas no comércio internacional.[11] Essas eco-

11 Como formula Lukács (1976, p.32): "os pequenos príncipes, como vencedores usufrutuários das lutas de classes, foram os encarregados de estabilizar o desmembramento da Alemanha. E assim, como consequência da der-

nomias urbanas, florescentes na era feudal, a partir da consolidação dos Estados nacionais e da corrida colonial, progressivamente foram sendo condenadas a uma inserção subordinada no mercado mundial e à decadência econômica. Evidentemente esse processo não afeta de maneira uniforme as cidades italianas e alemãs, pois nestas últimas a decadência econômica já era manifesta no século XVI, enquanto nas cidades italianas, que ainda tomaram parte na expansão comercial desse século, a decadência somente será manifestada na crise do século XVII.

Portanto, onde as lutas sociais da crise do feudalismo resultaram em vitória das forças particularistas – cidades, principados –, ante as forças unificadoras, o avanço do capitalismo é retardado ou mesmo bloqueado. No plano externo, a estreita base municipal torna este capitalismo extremamente vulnerável ante a agressiva concorrência do capital comercial das novas nações, e as cidades alemãs e italianas não somente não foram capazes de manter o domínio que exerciam sobre determinados circuitos mercantis, como ainda mostraram-se incapazes de participar da corrida colonial. No plano interno, a vitória das forças particulares impede a formação do mercado nacional, base fundamental para o avanço do capitalismo. Na verdade, esses casos expressam ainda os limites da atuação do capital comercial, o qual, após cumprir papel progressista na mercantilização da economia, tende a assumir posição conservadora, incapaz de revolucionar as estruturas sociais do passado. O patriciado urbano tende a tornar-se rentista, comprando terras e assimilando o

---

rota da primeira onda revolucionária (da reforma e da guerra camponesa), da mesma maneira que na Itália por outras razões, a Alemanha viu-se convertida em um impotente conglomerado de pequenos Estados formalmente independentes e, como tal, em objeto ou butim da política do mundo capitalista então nascente, das grandes monarquias absolutas". Ainda sobre o bloqueio do capitalismo nas cidades alemãs e italianas, cf. Anderson (1979, pt.1, cap.6, pt.2, cap.3), Braudel (1979, cap.3), Engels (1951), Romano (1974) e Cippolla (1952).

modo de vida nobre. O capital comercial tende a transformar-se em capital usurário e dirige-se para as novas economias dinâmicas; emigram artesãos e trabalhadores qualificados e a vida urbana regride e estiola-se.

## O Leste Europeu e a segunda servidão

Não basta, entretanto, a formação do Estado nacional para que avance o capitalismo, pois é necessário ainda que a monarquia mantenha certo grau de solidariedade com os interesses burgueses. Assim, na Rússia, Polônia e Prússia,[12] o fortalecimento da nobreza perante os camponeses e a burguesia, nas lutas da crise do feudalismo e da unificação nacional, retarda o desenvolvimento do capitalismo. A vitória da nobreza sobre os camponeses leva à implantação de novo tipo de servidão, o que, juntamente com os avanços da mercantilização, permitiu à aristocracia estabelecer a grande produção agrícola de exportação, articulando-se com o mercado mundial. A nova servidão legalmente implantada impedirá a emigração dos camponeses, bloqueando o desenvolvimento das cidades e do artesanato urbano. A débil burguesia foi tornando-se incapaz de fazer valer seus interesses diante do poder central, e este sacrificou o capital nacional fazendo concessões e permitindo que companhias estrangeiras dominassem o comércio de exportação, estreitando, portanto, as bases de valorização do capital mercantil nacional, numa política que Malowist denomina *antimercantilista*.

Essas economias nacionais passam, portanto, a manter uma inserção subordinada no mercado mundial, não porque exportem produtos primários, mas porque os lucros propiciados pela mercantilização são, em grande parte, apropriados pelo capital

---

12 Cf. Anderson (1979, pt.2, cap.2, 4 e 6), Wallerstein (1974, cap.2 e 6), Braudel (1979, cap.5, p.380 ss.), Malowist (1959 e 1966) e Brenner (1976).

comercial estrangeiro que domina o comércio exterior. Esse tipo de articulação com o mercado mundial evidentemente retarda o processo de acumulação primitiva do capital nacional, num movimento que é reforçado pelo fato de que o excedente que permanece no país é apropriado como renda pela aristocracia rural exportadora, renda destinada ao consumo suntuário de bens importados e não à acumulação.

Dois pontos devem ser discutidos sobre essas economias do Leste Europeu. O termo *segunda servidão*, consagrado pelo uso, que se refere às novas relações entre proprietários de terras e camponeses, deve ser utilizado com o cuidado de não confundi-lo com a servidão feudal. Essa segunda servidão é estabelecida pela reação senhorial no meio social do capitalismo nascente europeu, fundando uma produção mercantil articulada com o mercado mundial, o que evidentemente imprime às relações entre senhores e servos uma dinâmica completamente distinta daquela vigente na estrutura produtora de valores de uso da era feudal.[13]

Em seguida, as semelhanças formais – produção primária para exportação, trabalho compulsório etc. – não nos permitem afirmar que as nações bálticas tenham se tornado colônias europeias, à semelhança das colônias do Novo Mundo. A diferença básica é que no Báltico existiam Estados nacionais, enquanto as colônias americanas constituíam meros apêndices econômicos, sociais e políticos das metrópoles. Enquanto, no Leste Europeu, uma reação senhorial ativa implantou a produção primária de exportação, nas colônias, sobre um vazio social, o capital mercantil europeu pôde fundar uma sociedade escravista cuja produção era organizada para atender aos interesses metropolitanos.

Por mais frágeis que fossem, os Estados do Leste Europeu, ao participarem do concerto europeu, eram obrigados a manter

---

13 Por isso mesmo, Wallerstein (1974, p.91) propõe a expressão *coerced cash crop* para caracterizar a relação social da segunda servidão.

exércitos, o que exigia certo desenvolvimento nacional do artesanato e da manufatura fornecedores das forças armadas. A própria existência do Estado permitiu, em certos casos, o desenvolvimento de políticas mercantilistas, políticas que, se visavam primordialmente ao fortalecimento da produção como questão de segurança nacional, indiretamente eram favoráveis aos interesses burgueses. Assim, o desenvolvimento do capital comercial que operava dentro das fronteiras dos Estados do Leste Europeu foi limitado, mas não legalmente proibido, como nas colônias americanas, fato que permitiu lento avanço da divisão social do trabalho, da indústria doméstica rural etc., condições para que, por exemplo, Rússia e Prússia se industrializassem no século XIX, o que foi impossível no Novo Mundo.

E, se a Polônia transformou-se em presa fácil para os Estados nacionais mais fortes, isso se deve à fragilidade constitutiva de seu Estado nacional, que sempre se mostrou incapaz de submeter os grandes magnatas territoriais. Essa fragilidade foi encoberta no período em que eram enfrentados desarticulados poderes locais, o que permitiu mesmo um movimento expansivo da Polônia na era feudal. Posteriormente, entretanto, quando já haviam sido constituídos Estados nacionais coesos, a fragilidade do Estado polonês torna-se manifesta e o país não pôde resistir aos ataques externos. Entretanto, não se pode simplesmente atribuir essa debilidade do poder central ao tipo de articulação com o mercado mundial, ou seja, o crescente poder da nobreza perante a burguesia, os camponeses e o poder central não é um resultado necessário da especialização na produção primária de exportação.

Na Suécia, por exemplo, a dominação mercantil estrangeira exerceu-se com maior vigor que na Polônia, pois os holandeses controlavam diretamente as atividades de exploração florestal e a mineração, e, assim, a exportação de primários articulava estreitamente a economia sueca ao mercado mundial. Entretanto, no encaminhamento das lutas sociais, a realeza submete a nobreza, a qual mostrou-se incapaz de impor a servidão aos camponeses. Dessa forma, o Estado sueco pôde, a partir do século XVII, implementar ativa política de defesa de interesses mercantis nacionais e realizar certo expansionismo externo, o que imprimiu aos destinos do país direção completamente distinta dos caminhos seguidos pela Polônia.

Podemos então concluir que a articulação mercantil com o exterior pela exportação de primários pode fortalecer o campesinato ou a nobreza, e o resultado desse processo não é determinado pela própria articulação com o mercado mundial, mas depende da força relativa que cada uma dessas classes vá ganhando ou perdendo nas lutas sociais.

Em síntese, no Leste Europeu, as lutas de classes da crise do feudalismo resultaram em vitórias da nobreza perante os camponeses e a burguesia nascente, e esse resultado somente pode ser explicado pelas particularidades locais da estrutura social. São essas vitórias da nobreza que reafirmam a fragilidade da vida econômica da região e condicionam a natureza da política que passa a ser implementada pelos Estados nacionais, ou seja, uma política contrária aos interesses da burguesia. Esse processo interno e a agressiva ação do capital comercial de outras nações determinaram a inserção subordinada dos países do Leste Europeu no mercado mundial, o que, por sua vez, reforçava o atraso local ante outras nações europeias, já que os estímulos para o processo de acumulação primitiva são captados pelas economias dominantes no mercado mundial.

## Portugal e Espanha – auge e declínio

A formação do Estado nacional e certa solidariedade entre os interesses burgueses e o poder são condições necessárias para o desenvolvimento de certa fase do capitalismo, mas insuficientes para garantir o surgimento do capital produtivo. Vale dizer, o desenvolvimento do grande capital comercial por si só não garante a continuidade do processo de constituição do capitalismo, e Portugal e Espanha[14] ilustram bem essa limitação. Apesar de esses Estados apoiarem a expansão ultramarina com seus interesses comerciais subjacentes e de assumirem posição dominante no mercado mundial ao longo do século XVI, a partir de determinado momento, entretanto, passaram a sofrer acentuado processo de estagnação econômica e social, e foram sendo relegados a uma situação subordinada ante outras nações.

As razões dessa estagnação podem ser encontradas na fragilidade da burguesia mercantil perante a nobreza e a realeza,[15] e ainda nas debilidades da base produtiva nacional. Assim, por exemplo, a própria expansão ultramarina foi empresa patrocinada pelo Estado, na qual participavam de maneira dominante a nobreza e o clero, o que relegava a burguesia mercantil a posição secundária. Por isso mesmo, Vilar (1982b, p.262) pôde afirmar, com certo radicalismo, que "em Castela as classes dirigentes realizaram a conquista do Novo Mundo do mesmo modo que fizeram a reconquista hispânica: à maneira feudal". Essa relação de forças do absolutismo ibérico deriva da precocidade não somente do processo de centralização do poder, mas também da expansão ultramarina; e foram processos precoces tanto em relação aos movimentos colonizadores de outras nações como em relação às precárias forças acumuladas pela burguesia mercantil. Em outras palavras, ao deslanchar-se a expansão ultramarina, a burguesia

---

14 As considerações a seguir sobre Portugal e Espanha são baseadas fundamentalmente em Novais (1979, cap.1, p.200-11) e também em Vilar (1982b). Cf. ainda Anderson (1979, pt.1, cap.3), Ortiz (1973), Sérgio (1972a), Sideri (1978), Wallerstein (1974, cap.4) e Hamilton (1958).

15 "É pois na configuração peculiar que assumiu em Portugal (e de resto, na Espanha também) a formação social do Antigo Regime (esta combinação de sociedade estamental com poder centralizado, tendo na base o capital comercial) que se devem buscar os motivos de esclerosamento" (Novais, 1979, p.109).

mercantil não havia se fortalecido o suficiente para comandar esse movimento, tal como posteriormente ocorreria em Inglaterra e Holanda, sendo, portanto, obrigada a sujeitar-se à posição subordinada.

Por outro lado, essa forma do absolutismo de Portugal e Espanha ilustra a tendência do capital comercial em conviver com estamentos e classes resultantes da crise do feudalismo e sua incapacidade em destruir as formas pretéritas de organização da produção. Assim, na Península Ibérica, a produção camponesa e o artesanato corporativo permaneceram intactos apesar do avanço do capital comercial, o que significa, por sua vez, que a esfera produtiva foi incapaz de ser revolucionada por iniciativa de elementos saídos do artesanato e do campesinato. E isso em razão da forte presença da nobreza, que entravava a circulação mercantil, dos monopólios comerciais, que sufocavam a produção, e ainda da incapacidade dos setores produtivos em impor políticas protecionistas.

É, portanto, por meio dessa relação de força que podemos explicar a forma que vai assumindo o circuito econômico ibérico. A ação do grande comércio, dadas as resistências internas, projeta o processo de mercantilização para fora das fronteiras nacionais, e não havia, portanto, interação ou simetria entre a acumulação de capitais pelo comércio e usura e o desenvolvimento da produção mercantil nacional. A expansão colonial garantia a contraditória convivência da burguesia mercantil com a nobreza, pois permitia não somente o aumento dos lucros comerciais, mas ainda a crescente exação fiscal do Estado, o que, por sua vez, permitia a complacente distribuição de cargos, favores e prebendas à nobreza e ao clero. E mais, era o butim colonial que fornecia recursos para a importação ou contrabando de artigos consumidos internamente, dadas as insuficiências da produção nacional, o que, segundo Vilar (1982a, p.269), referindo-se à Espanha, indicava "o divórcio entre a sua maneira de viver e sua maneira de produzir".

Era clara, portanto, a fragilidade da estrutura econômica ibérica. Grande parte do excedente produzido pelas colônias e pela produção mercantil nacional era devorada na manutenção de gigantesca burocracia, ou ainda consumida como renda pela nobreza e pelo imenso clero. O capital usurário especializava-se na manutenção da caótica dívida pública; a burguesia mercantil, na fase de expansão ultramarina, podia manter certo ritmo de acumulação, mas, ao desacelerar-se o processo de colonização, tendia a desviar seus lucros para inversões imobiliárias e passava a viver como rentista, num processo que era reforçado pela impossibilidade da esfera produtiva de absorver investimentos de capitais. A fragilidade da produção nacional e os ganhos coloniais permitiam e exigiam a importação de produtos manufaturados estrangeiros, e assim as economias ibéricas não assimilavam de maneira integrada os impulsos dinâmicos derivados de expansão ultramarina, no processo de acumulação primitiva. Por outro lado, as importações faziam que esses impulsos fossem fertilizar a produção mercantil de outras nações europeias, e com isso Portugal e Espanha iam sendo transformados em meros entrepostos.[16]

---

16 As contradições do desenvolvimento português (e o processo assemelha-se ao de Espanha) são lapidarmente apontadas por Godinho (1971, p.62): "O Estado mercantilizou-se, mas não se organizou como empresa comercial. O cavaleiro deixou-se arrastar pela cobiça, mas não soube tornar-se mercador e arruinou-se nos gastos demasiados. O mercador quis ser, ou viu-se forçado a pretender ser cavaleiro, e a hipertrofia do Estado-negociante obstou ao desenvolvimento de forte burguesia mercantil e industrial. Descobriu-se a necessidade da poupança, mas desviou-se para a colocação imobiliária, sem fomentar o investimento. O dinheiro da expansão irá sobretudo para as igrejas multiplicadas, no deslumbramento da talha, e para os solares a polvilhar a província – e o solar e a igreja ainda serão os polos da construção urbana, fora disso assaz modesta. O investimento, quando se deu, inscreveu-se nos quadros senhoriais-cavaleiro mercador, senhorio capitalista, Estado mercadista-senhorial definem talvez a fugidia, cambiante, tão emaranhada realidade desses dois séculos".

Se ao longo da expansão ultramarina essa fragilidade de economias ibéricas foi encoberta, após findar o processo de colonização, o esclerosamento econômico e social de Portugal e Espanha manifesta-se de forma brutal, caracterizando o fenômeno que Fernando Novais (1979, p.200-11), seguindo Marx, denominou de "cristalização do capital comercial". Dessa forma, na Península Ibérica, a burguesia mercantil, incapaz de moldar a sociedade à sua imagem, assimilava o modo de vida nobre, tornando-se rentista; a burguesia usurária arruinava-se com as bancarrotas do Estado; o gigantesco clero e a populosa nobreza viviam parasitariamente; legiões de vagabundos sobreviviam de esmolas, na impossibilidade de encontrarem empregos na produção; e a nação transformava-se em entreposto. Como agudamente analisa Vilar (1982b, p.261):

> aridez, desflorestação, decadência agrícola, emigração, expulsões, excesso de mãos mortas, de esmolas e de vocações eclesiásticas, vagabundagens, desprezo pelo trabalho, mania nobiliária, fraquezas dos favoritos e dos reis: estas *causas da decadência* são demasiado numerosas para não adivinhar nelas a imbricação de causas-efeitos, a *crise geral* em que são solidárias uma impotência política, uma incapacidade produtiva e uma putrefação social.

A fragilidade da economia ibérica, manifesta ao findar o movimento expansivo ultramarino, tornava Portugal e Espanha cada vez mais vulneráveis na arena europeia. Guerra e tratados arrancam concessões aos governos ibéricos, que iam sacrificando os interesses do capital mercantil da região, entregando o comércio exterior a estrangeiros. E somente a rivalidade anglo-francesa, no século XVIII, permitiu às nações ibéricas a manutenção de suas colônias, e assim mesmo foi exigida crescente participação estrangeira no comércio colonial e no fornecimento de produtos consumidos no Novo Mundo. Enfim, Portugal tornado *reino cadaveroso* no dizer de Sérgio (1972b, p.25) e Espanha decadente perdem progressivamente o controle sobre os circuitos mercantis que haviam sido estabelecidos no século XVI e passam a assumir posição subordinada no mercado mundial.

Muitas vezes, o expansionismo da Espanha na Europa no século XVI é apontado como causa de sua decadência. No entanto, essa proposição elude a questão essencial, pois o que deve ser explicado é exatamente por que o Estado espanhol manteve esta política imperial, contrária aos interesses burgueses. Em outras palavras, somente podemos explicar a perseguição da miragem imperial por parte da realeza, pela fragilidade da burguesia espanhola e pela marcante presença da nobreza na política nacional; e, para esta última, não eram miragens os postos de vice-rei, os altos cargos burocráticos do império, os comandos dos exércitos etc. Assim, se o caráter extemporâneo dessa política a condenava ao fracasso, a nobreza espanhola, entretanto, alcançou a glória imperial no século XVI. Da mesma maneira, a extemporaneidade da cavalaria, em meio ao capitalismo nascente, não impediu D. Quixote de abandonar a Mancha em suas aventuras, para fazer reconhecida sua nobreza, e mesmo Sancho pôde receber sua ilha para governar.

## Holanda e a "cristalização do capital comercial"

Talvez o exemplo mais claro do processo de *cristalização do capital comercial*, ou dos limites do *negócio feudal*,[17] seja dado pelo desenvolvimento da Holanda,[18] no qual não se manifestaram com vigor os interesses da nobreza. A burguesia imprimiu à política nacional uma direção adequada a seus interesses, e a marinha

17 O conceito "cristalização do capital comercial" é analisado, como já indicamos, por Novais (1979). Hobsbawm (1971c), por sua vez, usa o termo "negócio feudal" para referir-se às atividades do capital comercial e usurário que são incapazes de revolucionar as estruturas produtivas.

18 Sobre a Holanda, cf. Braudel (1979, cap.3), Davis (1976, cap.11) Wallerstein (1980, cap.2, 3 e 6) e Wilson (1958, p.254-69).

holandesa alcançou posição dominante no mercado mundial no século XVII. A partir do último quartel desse século, apesar de a Holanda não entrar em abrupta decadência, passou a sofrer, entretanto, uma paulatina perda de posição relativa no comércio internacional, sendo suplantada pela Inglaterra e França ao longo do século XVIII.

A posição dominante da burguesia holandesa, na direção dos negócios nacionais, implicou crescente fortalecimento do capital mercantil e usurário. No âmbito interno, a burguesia mercantil e bancária subordinava as outras forças sociais e, no externo, foi capaz de transformar Amsterdã não somente em ponto nodal do mercado mundial, como ainda em principal centro financeiro da Europa. O capital comercial, crescentemente fortalecido, vai rompendo os limites à sua valorização, impostos pela esfera da produção, e a Holanda vai se tornando o país do comércio intermediário. Em outras palavras, na medida em que a esfera da produção nacional mostrava-se incapaz de acompanhar o ritmo do desenvolvimento comercial, este passava paulatinamente a buscar sua valorização, intermediando a circulação mercantil entre outras nações e regiões. Esse processo fortalecia o comércio ante a esfera produtiva, a qual sempre foi incapaz de impor políticas protecionistas quando seus interesses entravam em conflito com os do capital mercantil.

Portanto, a raiz da relativa debilidade da Holanda no século XVIII pode ser encontrada na assimetria do seu até então florescente e dominante comércio, em contraposição ao limitado desenvolvimento de sua produção, vale dizer, num capital comercial que tendia a tornar seu processo de valorização independente da produção nacional. Evidentemente havia estímulos ao desenvolvimento da produção, mas esta era completamente dominada pelo comércio, o que pode ser ilustrado pelo fato de que os setores mais desenvolvidos eram precisamente os da indústria de acabamento (*finishing industries, trafieken*), ou seja, eram atividades estabelecidas por comerciantes, as quais constituíam praticamente simples momento da rotação do capital comercial. Na verdade, estavam ausentes as condições para o pleno desenvolvimento de forma capitalista de organização da produção, e as atividades artesanais e manufatureiras da Holanda enfrentavam falta de mão de obra, emigração de trabalhadores especializados, tendência à alta de salários etc. E a essas debilidades estruturais agrega-se a fragilidade política dos artesãos e pequenos capitalistas da esfera produtiva, incapazes de fazer valer seus interesses perante o comércio.

Essas debilidades da esfera produtiva, entretanto, até fins do século XVII, não impediram o avanço do comércio holandês, já que internamente pôde haver uma expansão extensiva da produção, ou seja, uma expansão sem revoluções da esfera produtiva. Por outro lado, contando com apoio político, o comércio podia projetar o desenvolvimento mercantil para fora das fronteiras nacionais e valorizar-se nessa ação de intermediação. E, assim, o país ganha posição dominante não somente nos circuitos mercantis da Europa, mas também no comércio colonial. Entretanto, o sucesso da expansão dependeu ainda das nações concorrentes, ou seja, a Holanda foi bem-sucedida enquanto disputava a supremacia com Portugal e Espanha, nações que, então, possuíam débil base produtiva e que não mantinham política externa tão unilateralmente favorável ao comércio como os holandeses.

Entretanto, a partir de meados do século XVII, França e Inglaterra passam à ofensiva no mercado mundial, implementando agressiva política mercantilista, que protegia não somente o comércio, mas também a produção, e desde então a Holanda não mais conseguiria manter sua posição dominante. O comércio intermediário holandês sofre rude golpe não somente com os atos de navegação da Inglaterra e com as medidas equivalentes adotadas pelos franceses, mas também com as políticas mercantilistas de outras nações europeias que tendiam a eliminar os intermediarismo no comércio externo. Como já fizemos referência, a Holanda não entra em abrupta decadência, mas a partir de então não mais foi capaz de acompanhar o ritmo de desenvolvimento do comércio internacional da França, e principalmente da Inglaterra, o que evidentemente a condenava a futura decadência. E isso pela própria natureza da política de França e Inglaterra, a qual, se num primeiro momento simplesmente debilitava o comércio holandês por meio de legislação protecionista, a longo prazo tendia a fortalecer as economias desses países, tornando-as superiores também no plano militar.

Se a debilidade da esfera produtiva tornava a Holanda incapaz de manter sua posição relativa no comércio mundial, essa incapacidade, por sua vez, levaria a um esclerosamento da economia nacional. Na medida em que os lucros não podiam mais ser ampliadamente reinvestidos no comércio internacional, já que a participação da Holanda não se expandia o suficiente para tal, deveriam encaminhar-se para outras aplicações. Não se dirigiram para investimentos em terras, tal como na Espanha, e, por outro lado, a esfera produtiva mostrava-se incapaz de absorver rentavelmente o investimento capitalista. Assim, os lucros derivados das atividades comerciais não tiveram alternativa senão transformar-se em capital a juros, destinado a financiamentos externos. Dessa maneira, Amsterdã, no século XVIII, transformou-se em centro financeiro do mundo e suas exportações de capitais financiaram o comércio e as dívidas públicas de outras nações, principalmente a dívida da Inglaterra, país que absorve maiores volumes de capitais holandeses no século XVIII. Ora, a exportação de capitais dinamizava o processo de acumulação primitiva de outros países, reiterando evidentemente o atraso relativo da Holanda perante seus concorrentes.

Até aqui analisamos como o processo de acumulação do capitalismo comercial, que progressivamente impulsiona a mercantilização da produção, constitui momento inicial da gênese do capitalismo. Por outro lado, esse processo, considerando a violenta concorrência no âmbito europeu e as crescentes exigências financeiras e militares da expansão colonial, somente pôde avançar onde as bases do capital comercial se tornaram nacionais. Entretanto, o caráter conservador do capital comercial, após deslanchar a mercantilização da produção, indica que, para a continuidade do processo de constituição do capitalismo, outras determinações devem ser levadas em conta, ou seja, "fatores muito distintos, alheios ao desenvolvimento do capital comercial" (Marx, 1949, v.III, p.321). E foi na Inglaterra[19] que se fez presente o conjunto das condições prévias para o surgimento da grande produção mecanizada.

## Crise do feudalismo e particularidades do absolutismo inglês

As raízes da forma específica que assumiu o absolutismo na Inglaterra[20] devem ser buscadas no modo como se encaminharam as lutas sociais da crise do feudalismo nesse país. A nobreza inglesa saiu politicamente debilitada e militarmente vencida nas lutas dos séculos XIV e XV. Foi duramente batida na Guerra dos Cem Anos, e, em seguida, a Guerra das Duas Rosas dizima fisicamente e enfraquece politicamente as fileiras nobres. Em fins do século XV, o poderio real já havia conseguido dissolver as hostes feudais e destruir as fortalezas dos grandes barões, aos quais não restou alternativa senão a submissão ao rei.

Mas a nobreza não perde forças somente diante do rei, já que em suas lutas contra os camponeses é obrigada a fazer concessões.[21] Ao longo do século XIII e parte do XIV, sob o impacto da

---

19 Essa exposição sobre a constituição do capitalismo na Inglaterra baseia-se fundamentalmente em Dobb (1971) e Mantoux (1962). A bibliografia sobre temas específicos será indicada ao longo da exposição.

20 Sobre o absolutismo inglês, cf. Anderson (1979, pt.1, cap.5) e Moore (1973, pt.1, cap.I).

21 Sobre a liberação da servidão na Inglaterra, cf. Dobb (1971, cap.2), Duby (1977) e Hilton (1958).

crescente demanda de lã pela Flandres, os grandes proprietários rurais ingleses ensaiam o estabelecimento da grande produção agrícola baseada no trabalho servil, vale dizer, tentavam articular-se ao comércio, estabelecendo, sob seu comando, a grande produção para exportação. Entretanto, em suas tentativas de ampliar direitos feudais, em detrimento da pequena produção, os grandes proprietários encontraram feroz resistência dos camponeses, abrindo-se então luta secular e violenta, que culminou com a generalizada revolta camponesa de 1381. Nesse processo, a nobreza foi obrigada a recuar, fazendo concessões, e assim, em meados do século XV, os laços feudais estavam praticamente rompidos, e predominava no campo inglês a classe dos camponeses livres.

Na verdade ocorria na Inglaterra uma radical dissolução da sociedade medieval e uma das dimensões dessa dissolução é dada pela Reforma, a qual debilitou violentamente um dos pilares do feudalismo, o clero, ao expropriar os bens imóveis da Igreja, expropriação que beneficiou o rei e não os grandes príncipes, como na Alemanha. Por outro lado, a Reforma confirmou e reiterou o crescente poder do rei, a centralização política e administrativa, a afirmação da nacionalidade, pois significou uma ruptura com Roma, com seu papado presa da influência política de França e Espanha, e sobre o qual a Inglaterra teria reduzida capacidade de ingerência.

Finalmente, ao recuo da nobreza e do clero, correspondia um crescente poderio da grande burguesia mercantil que ia dominando o comércio exterior, fato que é ilustrado pela expulsão dos comerciantes italianos no século XV e dos alemães da Hansa no século XVI (Wallerstein, 1974, p.229).

Essas rápidas considerações sobre a Inglaterra já nos advertem para os distintos caminhos seguidos por essa nação. A nobreza inglesa foi obrigada a liberar o campesinato e submeter-se ao rei, o qual tendia a proteger a burguesia mercantil nacional, expulsando comerciantes estrangeiros. Já na Polônia, a nobreza instaurou a servidão legal, impediu o fortalecimento do Estado e expulsou os comerciantes nacionais, permitindo que o comércio exterior fosse dominado pelo capital mercantil estrangeiro.

Por outro lado, enquanto a nobreza inglesa foi derrotada nos campos feudais da França e destroçou-se posteriormente em lutas intestinas, em Castela atuava uma nobreza triunfante na Reconquista, e vitoriosa na expansão ultramarina. Enquanto o clero inglês é expropriado, perdendo as terras de seus mosteiros e abadias, o clero ibérico, retemperado nas lutas contra os infiéis, podia ingerir-se nos negócios nacionais pela Contrarreforma e pela Inquisição.

Essa forma de encaminhamento das lutas sociais da crise do feudalismo marcou profundamente a evolução econômica e social da Inglaterra. O recuo da nobreza perante os camponeses[22] e o consequente afrouxamento dos laços servis permitiram, a partir de meados do século XV, que predominasse no campo a classe de camponeses livres, que se dedicavam à pequena produção independente. Por outro lado, o enfraquecimento político e econômico da antiga nobreza permitiam profundas mudanças da natureza social das classes dominantes no campo. Ao longo do século XVI, o Estado, ante suas dificuldades financeiras, ia vendendo as terras de domínio público (da realeza) e ainda as terras expropriadas dos mosteiros, ao mesmo tempo em que a antiga nobreza, que se arruinava com a inflação e com seus gastos suntuários, muitas vezes era obrigada a desfazer-se de suas propriedades.[23]

---

22 Sobre a evolução da sociedade rural na Inglaterra, ver Dobb (1971, cap.2, 3 e 6), Mantoux (1962, cap.III), Tawney (1958, p.173-206), Habakkuk (1965, p.649-63) e Brenner (1976).

23 "Os bens dos conventos extintos, as terras reais, assim como numerosas propriedades privadas – em alguns condados, quase um terço das casas solarengas na época de Isabel e mais de um terço de 1601 a 1640 – mudaram de dono" (Jeannin, 1970, p.90).

Essas terras eram vendidas fundamentalmente a novas classes de comerciantes e usurários que se enriqueciam nas cidades, mas também alguns camponeses acomodados puderam se beneficiar desse processo por meio de aquisições em segunda mão, ou seja, comprando terras dos grandes especuladores que tinham acesso ao rei. Assim, a natureza da classe terratenente inglesa ia sendo transformada, fortalecendo-se em seu seio a chamada *gentry*, de origem nobre ou burguesa, com suas médias propriedades, enquanto se enfraquecia progressivamente a antiga nobreza, desfalcada de seus imensos domínios. Ora, a direção desse movimento somente foi possível, em primeiro lugar, pelas debilidades da alta nobreza, pois caso contrário ela mesma seria a beneficiária desse processo de transferência de propriedades, tal como ocorreu na Alemanha quando da expropriação dos bens eclesiásticos. Em segundo lugar, o destino das terras indica não somente a crescente força e riqueza das novas classes médias urbanas, mas também, pelo fato de as terras serem vendidas, o alto grau de mercantilização a que atingira a economia inglesa. Na verdade, essas vendas revelaram que a própria terra ia se tornando uma mercadoria, o que é signo não somente da dissolução da sociedade feudal, mas também do avanço da mercantilização que enriquecia a burguesia e tornava o investimento em terras interessante do ponto de vista econômico, dada a expansão dos mercados.

Entretanto, forças poderosas tendiam a solapar essa sociedade de camponeses (*yeomen*) e da nova nobreza (*gentry*). A liberação da servidão por si só não significa uma ruptura com a organização comunal da produção própria do feudalismo, a qual tendia a bloquear o progresso técnico e o investimento capitalista no campo. Assim, a descontinuidade das glebas, o instituto dos *open fields* e dos *common fields* etc. resultavam em uma organização da produção ainda submetida a decisões comunais, baseadas no costume. Ora, o grau de mercantilização da produção agrária era avançado na Inglaterra em fins do século XV e ao longo do XVI. Nessas condições, existiam poucas possibilidades para que o aumento da produção mercantil se realizasse extensivamente, ou seja, pela transformação da economia de subsistência, a qual, mediante sua articulação ao mercado, passasse a produzir valores de troca. A pressão da crescente demanda impunha, portanto, que se realizassem transformações no modo de organização produtiva do campo, vale dizer, mudanças que tornassem contínuas as glebas, sob a forma de propriedade privada, de maneira que tornasse possível o desenvolvimento da grande produção, apta a absorver o investimento capitalista.

Essas transformações seriam levadas a cabo pelos cercamentos, que são impulsionados a partir de movimentos da própria sociedade rural. A progressiva articulação da pequena produção parcelar com os mercados tendia a provocar uma diferenciação entre os camponeses que se enriqueciam, os *kulaks*, e camponeses que, pelas mais variadas razões, tornavam-se cada vez mais pobres, muitos dos quais perdiam ou eram obrigados a vender suas terras, passando a engrossar as fileiras proletárias. Evidentemente a forma comunal de organização da produção ia se tornando um entrave ao enriquecimento dos camponeses acomodados e estes passam a apoiar os movimentos dos cercamentos, que resultariam em oferta para arrendamento, a preços de mercado, de grandes glebas consolidadas de propriedade nobre.

Por outro lado, os grandes proprietários da antiga nobreza ou da *gentry*, prejudicados com a perda de renda real decorrente da inflação, passam a investir contra as formas tradicionais de arrendamento, o que tendia a solapar a organização comunal da produção. Em outros termos, a própria existência de camponeses enriquecidos criava uma demanda de grandes glebas para arrendamento, a preços competitivos e superiores àqueles pagos pelos arrendatários tradicionais, e era assim vital para os grandes proprietários a ruptura com os arrendamentos feudais. Ao mesmo tempo, muitos grandes proprietários, diante dos preços crescentes dos produtos agrícolas, passam eles próprios a estabelecer a grande produção agrária mercantil, o que evidentemente também contribuía para a destruição da produção comunal.

Estimulados pela crescente demanda de lã, os grandes proprietários iniciam o movimento dos cercamentos na segunda metade do século XV, e apesar de esse processo ser interdito por leis reais, avança por todo o século XVI. No século XVII sofre uma desaceleração e ao longo do século XVIII, então já contando com o apoio do Parlamento dominado pela *gentry*, vai liquidando a classe dos camponeses livres. Pelos cercamentos, as terras de propriedade camponesa ou do senhor tornavam-se glebas contínuas e os grandes proprietários que comandavam essa nova partição, usando de meios legais e ilegais e muitas vezes da violência, arruinavam os camponeses que ou perdiam suas terras, ou eram obrigados a vendê-las, ou ainda, frequentemente, ficavam com parcelas situadas nas piores terras. Por outro lado, a nobreza simplesmente atribuiu-se a propriedade dos *common fields*, expulsando sumariamente os camponeses pobres – *cottagers* – que neles viviam.

O movimento dos cercamentos altera profundamente a sociedade rural, e, como aponta Tawney (1958), a futura organização tripartite, típica do século XIX inglês, já se esboçava no século XVI, ou seja, iam sendo conformadas as classes dos grandes proprietários de terras rentistas, a dos arrendatários capitalistas, saídos das fileiras dos poucos camponeses enriquecidos, e a dos jornaleiros rurais. Por outro lado, como a massa de expropriados era grande, é esse processo que alimenta o mercado urbano de mão de obra assalariada, permitindo o desenvolvimento da manufatura. Mas, na medida em que a demanda de trabalho não mantinha a mesma intensidade que a expropriação no campo, o movimento dos cercamentos implicou o surgimento de grandes contingentes de mendigos, vagabundos etc., duramente perseguidos pela legislação.

Essas progressivas transformações sociais no campo é que permitiram a chamada revolução agrícola do século XVIII. As propriedades tornadas privadas e contínuas possibilitaram que grandes proprietários e arrendatários capitalistas passassem a utilizar novas técnicas que aumentavam a produção e a produtividade, ou, em outras palavras, a produção agrícola tornava-se apta a absorver o investimento de capital. O crescimento da produção permitia que a agricultura atendesse à demanda de matérias-primas e de alimentos das cidades, e assim o campo vai constituindo importante mercado consumidor da produção urbana.[24]

Entretanto, coloca-se a questão de como foi possível esta peculiar destruição da agricultura comunal na Inglaterra. Como já fizemos referência, em fins do século XIII e início do XIV, surgia entre os grandes proprietários a tendência a estabelecer a grande produção dominial mercantil. Com esse fito, a nobreza atuava no sentido de aumentar as cargas feudais e procurava cercear a liberdade dos camponeses. Nesse movimento, entretanto, encontra decidida resistência tanto dos camponeses pobres, para os quais o aumento das rendas feudais era insuportável, como também daqueles camponeses acomodados que não aceitavam as restrições a sua liberdade de movimentos, à liberdade de comprar e vender no mercado, de comprar e vender terras etc.[25] As condições sob as quais se processaram os cercamentos a partir de meados do século XV foram completamente distintas, pois os camponeses se apresentavam divididos, já que os produtores acomodados apoiavam os cercamentos, interessados no processo de consolidação das glebas.

---

24 "A expropriação e expulsão de uma parte da população rural não somente retira dos trabalhadores seus meios de vida e seus materiais de trabalho e os torna disponíveis para que o capital industrial os utilize, mas ainda cria o mercado interior" (Marx, 1949, v.I, p.635).

25 Sobre a união dos camponeses contra a nobreza inglesa nesse período, cf. Hilton (1958, p.78).

Por outro lado, a antiga nobreza, desfalcada numericamente e enfraquecida politicamente, foi se tornando cada vez mais incapaz de agir como aristocracia, e progressivamente sofreu influência dos novos proprietários de origem burguesa. Em outras palavras, a antiga nobreza já não mais podia agir como a aristocracia que, diante de crises, sempre tratava de simplesmente aumentar as rendas feudais. Por seu turno, a *gentry* era uma nova nobreza aburguesada, cujos interesses tendiam à convergência com os interesses das *classes médias* urbanas, das quais recebeu apoio político e ideológico para os cercamentos. Como afirma Marx (1949, v.I, p.611): "a antiga aristocracia havia sido devorada pelas guerras feudais, e a nova era já uma filha dos tempos, de tempos nos quais o dinheiro é a potência das potências".[26]

Em suma, um conjunto de circunstâncias concorreu para tornar possível o movimento dos cercamentos: a crise da antiga aristocracia, a natureza social da *gentry* com suas ligações econômicas e sociais com as *classes médias* urbanas, o crescente grau de mercantilização da produção e a diferenciação entre os camponeses, o consequente apoio dos camponeses enriquecidos, que ao mesmo tempo eram aqueles que podiam pagar rendas mais elevadas, a progressiva transformação da própria terra em mercadoria, a expansão dos mercados interno e externo. Na verdade, no *longo século XVI* ocorria na Inglaterra profunda diferenciação social, e a derrota das forças conservadoras nos movimentos revolucionários de meados do século XVII é reflexo dessas transformações e ao mesmo tempo condição para o futuro avanço do capitalismo.

---

26 Mantoux (1962, p.169) por sua vez atesta: "o que transforma os campos ingleses, o que determina as *enclosures*, a divisão das terras comuns, a monopolização das terras, é o espírito comercial aplicado à agricultura".

Uma vez mais advertimos para as diferenças específicas da evolução inglesa em relação a outras nações europeias.[27] No Leste Europeu, na Prússia, Polônia e Rússia, também houve consolidação das propriedades agrícolas, mas por meio de um processo completamente distinto. Nesses países a nobreza expandiu as terras dominiais em detrimento das parcelas camponesas e estabeleceu a grande produção articulada ao mercado, num processo que, se desapropriou parcialmente os camponeses pela violência, não eliminou, entretanto, a produção parcelar. Assim, esse sistema de organização da produção denominado *gutherrschaft* permitia a convivência da grande exploração senhorial, estabelecida pela apropriação das terras comuns e da parte das glebas camponesas, com a pequena produção. Entretanto, diferença cabal, a servidão foi implantada legalmente, as cargas feudais foram aumentadas, a grande exploração era movida com o trabalho servil, e a articulação com o mercado era estabelecida fundamentalmente pelo topo da pirâmide social. Esse tipo de organização da produção, como vimos, bloqueava a diferenciação da sociedade, pois a relação servil funcionava como um entrave à inovação técnica no campo e impedia o rápido desenvolvimento urbano; enfim, surgiram a leste do Elba relação social e forma de organização da produção que tornaram o desenvolvimento do capitalismo na região lento e penoso para a grande massa do povo.

A evolução da sociedade rural francesa aparentemente seguia a mesma direção que a inglesa, pois os laços servis enfraqueceram-se na crise do feudalismo, e comerciantes, usurários e nobreza de toga de origem burguesa compravam terras da antiga aristocracia. Entretanto, as diferenças são marcantes, pois apesar de surgir entre os grandes proprietários a tendência em avançar sobre as terras comuns e sobre as parcelas camponesas, estabelecendo a grande exploração dominial sob seu controle direto

---

27 Sobre a evolução das formas de organização da produção agrária na Europa, ver De Maddalena (1976) e Kellenbenz (1978, pt.1, cap.2).

ou pelo arrendamento, esta não foi, entretanto, a direção dominante do processo de transformação agrária na França. A solução típica encontrada pelos grandes proprietários ante a redução de suas rendas pela inflação foi, por um lado, o aumento de cargas pela restauração de esquecidos direitos feudais e, por outro, o estabelecimento do sistema de *métayage*, ou seja, a parceria, pela qual o proprietário recebia parte do produto da exploração camponesa em espécie.

Essa evolução é explicada por várias razões. Em primeiro lugar, o clima ideológico e político do antigo regime francês levava os novos proprietários de origem burguesa a adquirir hábitos da antiga nobreza, cuja tendência sempre fora a de aumentar as cargas feudais. Assim, à diferença da Inglaterra, onde a nobreza rural se aburguesa, na França os novos proprietários assimilam os costumes da velha nobreza. Por outro lado, o mais baixo grau de mercantilização da produção do campo e a menor diferenciação social e econômica entre os camponeses não permitiam a solução típica da Inglaterra, ou seja, a generalização do arrendamento capitalista, pois como afirma Bloch (1979): "entre os camponeses nem sempre era fácil encontrar sequer um pequeno arrendatário, capacitado economicamente para os investimentos necessários".[28]

E onde surge o arrendamento capitalista na França, o empresário não era um camponês enriquecido, mas geralmente era o arrendatário de censos e cargas devidas pelos camponeses, acumulando essas funções com a direção da grande empresa capitalista. Finalmente, assim como na Inglaterra antes dos movimentos revolucionários, na França do antigo regime os camponeses gozavam de certa proteção pelos tribunais reais, contra as arbitrariedades da nobreza. Dessa forma, enquanto na Inglaterra de fins do século XVIII a classe dos camponeses já está praticamente extinta, na França, apesar de manifestar-se com maior

28 Ainda sobre a sociedade agrária francesa, ver Moore (1973, cap.II).

vigor no século XVIII a tendência aos cercamentos, em vésperas da Revolução o sistema da pequena exploração camponesa (*Grundherrschaft*) ainda era dominante.

Mas, na Inglaterra, as forças dissolventes da sociedade feudal não autuaram somente contra a organização comunal da produção agrária, pois a forma típica da produção urbana, o artesanato organizado sob o regime corporativo, também sofreu golpes nos dois séculos que antecedem a Revolução Inglesa.[29] Os monopólios corporativos, as normas reguladoras de preços, do aprendizado, das técnicas de produção e da qualidade do produto tendiam a cristalizar a estrutura produtiva, bloqueando não somente o surgimento de novas técnicas, mas também tornando impossível o rápido aumento da produção, e, por essas razões, o artesanato corporativo entrava em conflito com os interesses do grande capital comercial. Entretanto, apesar das lutas constantes entre corporações e comerciantes, estes últimos, encastelados em suas posições de poder junto ao governo municipal ou nacional, garantiam seus monopólios e privilégios, e subordinavam o artesanato urbano sem destruir, entretanto, a organização corporativa.

Na Inglaterra, o rápido avanço da produção mercantil de fins do século XV e ao longo do XVI permitiu certa diferenciação do capital comercial. A própria vigência de monopólios das grandes companhias privilegiadas ampliava de tal maneira os diferenciais entre preços de compra e venda que tornava irresistível o surgimento de pequenos comerciantes que não gozavam de privilégios. Pois bem, esse novo capital comercial, oprimido pelos monopólios, vai investir numa linha de menor resistência, ou seja, vai lutar contra o poder corporativo, implantando a produção artesanal no campo, por meio do sistema de *putting-out*. Nesse processo, esses novos mercadores-produtores surgidos

29 Sobre o enfraquecimento das corporações na Inglaterra, ver Dobb (1971, cap.3 e 4), Mantoux (1962, pt.1, cap.I e II) e Heckscher (1943, pt.1, cap.6).

com a indústria doméstica rural tiveram o apoio da *gentry* e dos *yeomen*, elementos da sociedade rural interessados na produção mercantil.

O sistema do *putting-out* representou papel fundamental para o futuro avanço do capitalismo, pois implicava não somente a queda do poder gremial, mas constituía também poderoso meio de aumentar a produção mercantil e de acumular capitais nas mãos dos mercadores-produtores. Com essa nova forma de organização, o capital mercantil apoderava-se da produção, o que permitia aumentos de produtividade por meio de certa divisão técnica do trabalho e de progressiva especialização dos produtores; e, na medida em que desenvolvia-se no campo, permitia ainda que camponeses e suas famílias combinassem a faina agrícola com a atividade artesanal, reduzindo, portanto, os custos de mão de obra em relação aos custos do artesanato corporativo. E assim, a Inglaterra, principalmente na indústria têxtil, pôde produzir novos tipos de artigos, de qualidade inferior àquela do artesanato medieval, porém mais baratos e adequados ao mercado consumidor de massas, que se esboçava a partir do século XVI. Vale dizer, não se tratava mais de produzir bens de luxo para as altas camadas feudais, mas sim de atender ao novo mercado de massas que começava a expandir-se com o desenvolvimento mercantil e com a progressiva divisão social do trabalho.

Mas a organização gremial sofreu também ataques de elementos saídos de suas próprias fileiras. O desenvolvimento mercantil ia provocando certa diferenciação entre os produtores artesanais urbanos, pois, com o afluxo de camponeses expropriados pelos cercamentos, certos mestres de ofício começam a desobedecer às regulamentações corporativas e passam a contratar trabalhadores mediante pagamento de salários. Dessa forma, as corporações inglesas sofriam ataques internos e externos que as enfraqueciam, e as tentativas de protegê-las pela legislação real, até 1640, mostraram-se incapazes de preservar os privilégios da produção artesanal urbana.

Evidentemente, em outras regiões da Europa, as regulamentações gremiais foram desafiadas pela indústria rural e por artesãos que tendiam a se transformar em pequenos capitalistas. Entretanto, nas cidades italianas e alemãs, as antigas corporações de ofícios haviam atingido tal desenvolvimento e solidez que resistiram secularmente aos ataques. Na França,[30] o absolutismo chamou a si a tarefa de regulamentar as corporações e criou poderosa burocracia para garantir o cumprimento da legislação. Essa ação tendia a homogeneizar nacionalmente o artesanato, criando corporações inclusive onde estas não existiam, durante a era feudal, e assim as novas atividades artesanais surgidas com o desenvolvimento mercantil eram regulamentadas corporativamente. Dessa maneira, os grêmios estenderam-se por todo o território nacional com tal interligação com a burocracia estatal que, no século XVIII, as iniciativas da realeza no sentido de revogar a legislação corporativa foram frustradas; e assim, apesar do avanço do *putting-out* no campo e do apoio oficial às manufaturas, o artesanato corporativo francês resistiu até a Revolução.

Na Inglaterra, entretanto, o menor desenvolvimento do artesanato e a reduzida expressão do particularismo urbano durante a era medieval resultaram em menor poderio e onipresença das corporações, as quais sofreram ataques desde o período de crise do feudalismo. Por outro lado, o apoio ao *putting-out* pela classe dominante no campo, a *gentry*, foi fundamental no século XVI, e assim as corporações iam perdendo o controle sobre as atividades artesanais tradicionais, e os novos ramos de produção já surgiam livres de suas peias. Finalmente, o enfraquecimento das corporações, os cercamentos e a migração dos camponeses expulsos para as cidades permitiram que a manufatura surgisse e se desenvolvesse nos cem anos que antecedem os movimentos revolucionários do século XVIII.[31]

30 Sobre as corporações na França, ver Heckscher (1943, pt.1, cap.5).

31 Sobre o surto manufatureiro na Inglaterra antes de 1640, ver Nef (1969).

Essa paulatina dissolução das formas de organização da produção típica do feudalismo – a agricultura parcelar comunal e o artesanato corporativo – ia se processando no bojo do rápido desenvolvimento do capital comercial.[32] A extensiva mercantilização da produção agrária, a disseminação do *putting-out* no campo, o processo de urbanização – principalmente o veloz crescimento de Londres no século XVI – são índices não somente de como se desenvolvia o mercado interno inglês, mas também das amplas oportunidades que iam se abrindo para o desenvolvimento do capital comercial.

A expansão externa, por sua vez, atrelada ao desenvolvimento interno do comércio, dava passos decisivos, pois a monarquia, ao expulsar os mercadores estrangeiros, permitia que paulatinamente o comércio exterior passasse a ser controlado pelos próprios ingleses. Mas o apoio do rei foi também essencial para a criação das companhias monopolistas de comércio exterior, que realizaram razoável movimento de expansão, desafiando as potências europeias. Desde o século XVI, as companhias privilegiadas concorriam com os holandeses no Báltico, com os italianos no Levante, mantinham comércio com a Rússia e posteriormente desafiavam o monopólio português no Oriente. Nas Américas, o contrabando e o corso eram estimulados pela monarquia inglesa, na luta contra o poderio espanhol.

A expansão externa no século que antecede 1640 foi momento fundamental para criar as condições para a vitória dos movimentos revolucionários. Durante a era feudal, o comércio exterior inglês era dominado por comerciantes dos Países Baixos, da Itália e da Alemanha, caracterizando, portanto, uma relação subordinada da Inglaterra no mercado externo, relação que os mercadores ingleses, apoiados pelo rei, conseguem ir alterando ao

---

32 Sobre o desenvolvimento do capital mercantil na Inglaterra antes de 1640, ver Dobb (1971, cap.3), Wallerstein (1974, cap.2 e 5), Davis (1976, cap.5 e 12) e Brenner (1972, p.361-84).

longo do século XVI. Os resultados dessa luta foram determinados tanto pelo passado recente da Inglaterra – as formas como se encaminharam as lutas sociais da crise do feudalismo – como pela dinâmica do mercado mundial.

É claro que nessa expansão externa foi fundamental o apoio da monarquia às grandes companhias monopolistas. O enfraquecimento da velha nobreza nas lutas sociais da crise do feudalismo permitia e exigia que o rei progressivamente buscasse o apoio dos grandes comerciantes e usurários, que eram exatamente os setores que dispunham dos recursos financeiros dos quais a monarquia era carente. Enquanto na Polônia a grande nobreza vitoriosa entrega o comércio exterior aos estrangeiros, em detrimento dos mercadores nacionais, na Inglaterra, a burguesia mercantil, beneficiada com a inclinação do poder real a seu favor, consegue a expulsão dos comerciantes estrangeiros.

Por outro lado, o reduzido peso político da velha nobreza livra a política externa inglesa das aventuras expansionistas na Europa. Vale dizer, os resultados desastrosos da Guerra dos Cem Anos e da Guerra das Duas Rosas, debilitando a velha nobreza, impediram que esta imprimisse à política externa uma direção adequada a seus interesses. E os interesses da grande nobreza sempre se inclinaram para as aventuras expansionistas do tipo feudal, tal como a Guerra dos Cem Anos, ou seja, guerras de conquistas territoriais em campos europeus. Dessa maneira, enquanto em Castela a monarquia estreitamente vinculada à nobreza lançava-se, na Europa, numa política imperial desastrosa para os interesses burgueses, na mesma fase, a Inglaterra, no dizer de Braudel, tornava-se uma ilha. Por outro lado, o expansionismo anterior aos movimentos revolucionários progressivamente assumia um caráter mercantil, ou seja, os interesses comerciais, ao longo do século XVI, ganhavam peso na direção da política externa inglesa.

Quanto à dinâmica do mercado mundial, a conjuntura expansiva do século XVI processava-se em meio a alterações nas relações de forças entre as nações europeias. Os centros comerciais tradicionais, as cidades alemãs e italianas, tornavam-se vulneráveis pela estreita base política e militar do seu poder municipal, e a Inglaterra, explorando essa fragilidade, podia ir estabelecendo circuitos mercantis internacionais que concorriam com os circuitos italianos e alemães, ao mesmo tempo que os expulsava dos portos ingleses. Portugal e Espanha, potências dominantes, não mantinham política europeia de clara defesa de seus interesses comerciais, ou seja, ao mesmo tempo em que defendiam ferozmente seus monopólios coloniais, não mantinham política que visasse à expansão de circuitos mercantis europeus sob seu controle. E a Inglaterra e sobretudo a Holanda podiam crescer comercialmente na Europa, explorando este viés da política exterior ibérica.

Entretanto, não é o desenvolvimento do comércio que torna peculiar a evolução da Inglaterra nesse período, mas sim o fato de que, ante os estímulos do comércio, a esfera produtiva reagia e alterava suas formas de organização. Como já expusemos anteriormente, a superação das travas impostas pela produção comunal do campo e pelo artesanato corporativo foi possibilitada por outros fatores que não o puro avanço da mercantilização, que é condição necessária, mas não suficiente, para que a esfera produtiva organize-se de maneira mais avançada.

E foi exatamente o caráter flexível e inovador assumido pela estrutura produtiva que permitiu um certo desenvolvimento orgânico do comércio e da produção mercantil nacional. As condições que possibilitaram esse tipo de desenvolvimento foram dadas pela evolução política e econômica do país ainda no período feudal. De um ponto de vista econômico, a inserção subordinada no mercado internacional e a dominação do capital estrangeiro sobre o comércio exterior indicam que, na Inglaterra, houve certa precedência do processo de mercantilização da produção agrária em relação ao desenvolvimento do capital mercantil nacional ligado à exportação. Portanto, desde seu início, o capital mercantil privilegiado foi obrigado a conviver com forte estrutura produtiva, que contava já com séculos de evolução mercantil. Por outro lado, no século XVI, a Inglaterra poderia ser considerada *late comer* no mercado mundial, pois os principais circuitos mercantis internacionais já eram dominados por outras potências. Ora, nessas condições, o capital mercantil inglês ligado ao comércio exterior dificilmente poderia se desenvolver pelo comércio intermediário, o que implicava, evidentemente, maior dependência da acumulação de capitais mercantis ante a produção nacional. E, de fato, somente no século XVIII criaram-se as condições para o avanço do comércio intermediário controlado pelos mercadores ingleses.

Mas o desenvolvimento relativamente simétrico do capital comercial e da produção mercantil é pleno de significado, pois, em primeiro lugar, resultava numa transformação social na qual os setores ligados à produção mercantil se fortaleciam economicamente, acompanhando o aumento do poderio da burguesia mercantil. A crescente importância da produção mercantil possibilitava que os setores a ela ligados pudessem defender seus interesses, sempre que estes fossem ameaçados pela ação do capital comercial. A história de Portugal, Espanha e Holanda destaca a peculiaridade da Inglaterra, pois nesses países, como já vimos, a acumulação do capital mercantil projetava em maior ou menor grau o processo de mercantilização da produção para fora das fronteiras nacionais, e, nesse movimento, fortalecia-se a burguesia mercantil em detrimento da esfera produtiva nacional.

Em segundo lugar, o desenvolvimento orgânico da produção e do comércio indica que na Inglaterra os impulsos dinâmicos da expansão exterior eram captados de maneira integrada pelo processo de acumulação primitiva, vitalizando a acumulação do capital comercial e impulsionando a produção mercantil. E, mais uma vez, a diferença com os países ibéricos é clara, pois, no dizer de Sérgio (1977, p.96), "toda a riqueza do Oriente passava apenas por Portugal, e ia fomentar o trabalho estrangeiro, que nos fornecia todas as coisas".

Finalmente, o desenvolvimento orgânico ocorrido na Inglaterra tendia a diferenciar a sociedade em determinada direção, o que foi acompanhado por crescentes tensões sociais, que resultaram nos movimentos revolucionários do século XVII.[33] A decisiva incorporação do campo na circulação mercantil e o desenvolvimento do *putting-out* e da mineração ocorriam em meio a lutas sociais nas quais fortaleciam-se a *gentry* e os camponeses acomodados, que progressivamente tornavam-se arrendatários capitalistas. Esse mesmo movimento empobrecia grande parte do campesinato e engrossava as fileiras proletárias com o aumento do número de jornaleiros rurais, dos assalariados da mineração e da manufatura urbana, e ainda fortalecia a camada dos mercadores-produtores do *putting-out*. Nas cidades, o enfraquecimento das regulamentações corporativas permitia a diferenciação no interior do artesanato, e alguns mestres tornavam-se pequenos capitalistas que utilizavam o trabalho assalariado. Ao lado do grande capital comercial detentor de privilégios, desenvolvia-se o pequeno capital comercial, tanto em Londres como nas cidades da província.

Essas transformações ocorriam no bojo da política do absolutismo inglês, que fora bem-sucedido nas tarefas a que se impusera, recebendo assim o apoio do Parlamento até fins do século XVI. O rei centralizou o poder político, subordinando os potentados feudais e dissolvendo seus exércitos; rompeu com Roma e desapropriou os bens da Igreja; permitiu o acesso à terra a membros da burguesia; e concedeu monopólios que impulsionaram o processo de mercantilização da economia. Socialmente, a monarquia apoiava-se na nobreza da corte e na grande burguesia mercantil e usurária. Entretanto, as transformações sociais impli-

33 Sobre a Revolução Inglesa, ver Hill (1977 e 1980). Para uma interpretação distinta, ver Trevor-Roper (1981b).

cavam emergência de novos setores mercantis que progressivamente iam entrando em conflito com a política do absolutismo.

Se a concessão de monopólios na esfera comercial e produtiva, numa primeira fase, impulsionou o desenvolvimento da produção mercantil, esse próprio desenvolvimento criava interesses que se viam ameaçados por essa prática, à qual a monarquia recorria de forma cada vez mais abusiva, na medida em que aumentavam suas dificuldades financeiras. Assim, eram prejudicados pelas companhias monopolistas: o capital comercial não privilegiado, os pequenos produtores do campo e da cidade, os mercadores-produtores, os capitalistas da nascente manufatura, a *gentry* e os arrendatários capitalistas. Se os favores à nobreza serviram, em determinados momentos, para neutralizar setores aristocráticos, agora apareciam como um abuso insuportável para aqueles que pagavam impostos. A defesa pela coroa das regulamentações corporativas e da produção comunal no campo impediu, num primeiro momento, uma insuportável ruptura no tecido social. No início do século XVII, entretanto, essa defesa dificultava o surgimento e o desenvolvimento de novas formas de organização da produção, manietando a ação da *gentry* e dos arrendatários capitalistas, dos mercadores-produtores e dos capitalistas da manufatura. Por outro lado, artesãos e camponeses, apesar de relativamente protegidos pela legislação real, nem por isso apoiavam a monarquia, já que eram prejudicados pelos monopólios e pela corrupção da corte.

## A Revolução e as políticas mercantilistas inglesas

A crise geral do século XVII[34] agravou esse quadro de tensões sociais, quando então precipitam-se os movimentos revo-

34 Sobre esse ponto, ver Hobsbawm (1971c, p.7-70).

lucionários, cuja natureza, entretanto, somente pode ser explicada pela estrutura social da Inglaterra, e não pela própria crise. Apesar de ter havido certo avanço da agricultura capitalista e da manufatura, em meados do século XVII, ainda era dominante a pequena produção, tanto no campo como na cidade. Pois bem, o caráter democrático e popular da Revolução Inglesa foi dado exatamente pela existência dessa imensa massa de pequenos produtores independentes que se alinhava ao lado do Parlamento. Entretanto, a simples existência de pequenos produtores não garantiria a aliança que se estabeleceu entre campo e cidade, nem o caráter nacional dos movimentos. Em outras palavras, devemos buscar outras razões para explicar por que a revolução não se perdeu em movimentos regionais ou em querelas particularistas, e também por que não se diluiu em revoltas camponesas ou levantes urbanos desconectados entre si.

O nexo social que interligava os amplos setores da pequena produção era dado pelo caráter mercantil dessas atividades. Assim, por exemplo, durante a era feudal as políticas monopolistas das oligarquias comerciais urbanas causavam revoltas entre os membros do artesanato, mas o campo geralmente mantinha-se alheio a esses movimentos, dadas suas rarefeitas relações mercantis. Ora, a decisiva incorporação do campo inglês na circulação mercantil aparece, portanto, como condição para sua aliança com a cidade, pois tanto produtores urbanos como rurais agora eram afetados, por exemplo, pelas práticas monopolistas das grandes companhias.

Por outro lado, a forma típica da evolução da sociedade rural inglesa tornava os interesses, tanto da *gentry* como dos arrendatários capitalistas, convergentes com as aspirações do comércio não privilegiado e dos capitalistas da manufatura. Evidentemente havia divergências de interesses entre estes estratos superiores – *gentry*, arrendatários capitalistas, pequeno comércio e manufatura – e a base dos camponeses, artesãos e assalariados, mas, dado o caráter pouco desenvolvido dessa diferenciação capitalista, essas divergências passavam a um segundo plano, e assim a *gentry*, dominante no Parlamento, pôde liderar todos esses setores prejudicados pela política do absolutismo.

Dessa maneira, nos movimentos revolucionários, colocavam-se ao lado do rei as oligarquias comerciais e financeiras, juntamente com a nobreza da corte e das regiões menos afetadas pela mercantilização da produção. Ao lado do Parlamento, alinhavam-se grande parte da *gentry* e dos *yeomen*, artesãos, pequenos produtores capitalistas, mercadores-produtores, pequenos comerciantes, enfim as classes mercantis e industriais não privilegiadas.[35] A vitória dessas forças teve implicações profundas, pois "do ponto de vista político a prerrogativa da realeza sofreu um golpe mortal, passando às mãos do Parlamento o controle do comércio e das finanças, da justiça e do exército" (Dobb, 1972, p.211). Esse deslocamento de poder para o Parlamento, dominado pela *gentry* interessada no avanço do capitalismo, foi condição para o estabelecimento de novas políticas, que afetariam de maneira desigual os distintos setores da sociedade. A alta nobreza enfraqueceu-se mais ainda, tendo ocorrido nova onda de desapropriações de terras, desta vez contra os proprietários realistas. O grande capital comercial continuou a subordinar a esfera de produção, mas desde então sua ação foi disciplinada, e a grande burguesia mercantil não mais continuou a gozar de privilégios e monopólios que prejudicavam a produção e o pequeno comércio. Os cercamentos, agora dirigidos pelo pró-

35 Na formulação de Hill (1980, p.150): "o principal apoio recebido pelo Parlamento procedia das cidades e das zonas industriais rurais, mas também havia luta dentro das cidades (Londres, Bristol, Norwich, Newcastle e muitas outras) entre as oligarquias (geralmente realistas) e os cidadãos comuns, amiúde aliados com os Yeomen e artesãos de fora das muralhas". Ou ainda: "O Parlamento venceu o rei porque pôde apelar para o apoio entusiástico das classes mercantis e industriais da cidade e no campo, para os pequenos proprietários rurais e a pequena nobreza progressista e para as massas mais vastas da população" (ibidem, 1977, p.11).

prio Parlamento, arrasaram a pequena produção parcelar e favoreceram a *gentry* e os arrendatários capitalistas. O abandono das regulamentações corporativas beneficiou os capitalistas de manufatura e apressou a dissolução do artesanato.

Como resultado da Revolução na Inglaterra, o capitalismo podia avançar, e grande parte dos pequenos produtores foi lançada na miséria, ao mesmo tempo em que surgiam formas superiores de organização da produção. Essa evolução da sociedade inglesa indica que os conflitos nessa etapa de gênese do capitalismo podem ser entendidos como lutas entre estamentos resultantes da crise do feudalismo – pequena produção camponesa, artesanato gremial, oligarquia comercial e financeira, nobreza de corte – e as novas *classes médias* resultantes do avanço da mercantilização da economia – *gentry*, arrendatários capitalistas, produtores capitalistas, mercadores-produtores, comerciantes não privilegiados etc.

Os movimentos revolucionários de 1640-1688 não são marco apenas para a história inglesa, pois constituíram a primeira revolução burguesa vitoriosa. Na medida em que os conjuntos de condições que tornaram possível essa vitória não se fizeram presentes em outros países, movimentos que se inclinavam na mesma direção foram condenados ao fracasso. Assim, as revoltas *comuneras* do século XVI na Espanha fracassaram quando não conseguiram romper seu caráter regional, já que somente tiveram o apoio das cidades da Meseta Castelhana. Por outro lado, o campo manteve-se alheio aos movimentos, e, nessas condições, as cidades revoltosas logo foram subjugadas e a revolta aplastrada, o que marcou profundamente o futuro da Espanha, pois esse movimento não desejava senão "uma monarquia cuja coluna vertebral fosse a burguesia urbana" (Ortiz, 1973, p.246).

Na França, os recrudescimentos das tensões sociais na crise do século XVII desaguaram na Fronda, que pôde ser controlada pelo absolutismo, pois se caracterizava por movimentos de incidência local com rarefeitas conexões entre cidade e campo. Já fizemos referência à pouca diferenciação econômica no interior do campesinato na França e também à tendência da burguesia a assimilar a maneira de vida nobre ao comprar terras. Nessas condições, faltavam à sociedade rural francesa elementos que pudessem liderar os camponeses, estabelecendo alianças com as cidades. A prática da monarquia da venda de cargos enfraquecia a burguesia, pois desviava recursos dos negócios para os cofres públicos, fortalecendo o absolutismo. A diferenciação entre os artesãos também era pouca, já que não existia forte tendência ao surgimento de pequenos capitalistas na produção, e a legislação do rei regulamentando as corporações dificultava a ação independente dos artesãos. Assim, somente no curso do século XVIII, a evolução rápida do capitalismo na França reforçou e desenvolveu de tal forma a facção não privilegiada da burguesia, que esta se libertou da influência de seus *irmãos mais velhos* (Porchnev, 1972, p.412).

Voltando agora à Inglaterra, aponta Tawney as transformações políticas ocorridas com o governo revolucionário: "antes de 1640 (o mercantilismo) havia sido uma política imposta pelo governo aos interesses comerciais; depois dessa data converteu-se, em crescente medida, numa política imposta pelos interesses comercias ao governo".[36] Assim, se a política do absolutismo visava antes de mais nada ao fortalecimento do próprio Estado, após a revolução tratava-se primordialmente de atender aos interesses burgueses. E o que estamos afirmando não entra em contradição com a observação feita anteriormente de que na Inglaterra o absolutismo inclinava-se a favor da burguesia, pois o rei, ao conceder monopólios, por exemplo, visava obter recursos para o Estado, embora essa prática beneficiasse tal ou qual grupo de comerciantes ou financistas. A mesma avaliação pode ser estendida à política tributária, à forma de administrar

36 R. H. Tawney, citado por Hill (1980, p.17).

a dívida pública, à condução da política externa, ou seja, a maneira da coroa atuar visava a seu próprio fortalecimento, mas tal ação, em geral, beneficiava grupos burgueses em detrimento da alta nobreza.

Entretanto, após 1640, tratava-se não mais de beneficiar um ou outro grupo burguês, mas sim de desenhar uma política que se apresentava como defensora do conjunto dos interesses das classes mercantis e industriais. A questão é que esses interesses não eram convergentes, pois a prática das companhias privilegiadas prejudicava todos os setores mercantis, e, por outro lado, os interesses de camponeses e artesãos eram contraditórios com as aspirações da *gentry*, dos arrendatários capitalistas, dos capitalistas da manufatura etc. Em outras palavras, não havia um denominador comum capaz de homogeneizar os interesses dos distintos setores mercantis.

A luta política tendia a encaminhar-se contra as práticas restritivas tanto da produção como do comércio. Se, por um lado, progressivamente são liquidados os monopólios da produção e do comércio, por outro, abandonam-se as leis que regulamentavam as corporações artesanais e as leis anticercamentos. Ora, é evidente que esta não era uma política que beneficiava o conjunto dos interesses mercantis, pois prejudicava tanto as grandes companhias privilegiadas como os artesãos, que progressivamente tendiam a se tornar assalariados da manufatura, ou trabalhadores subordinados do *putting-out*, enquanto os camponeses eram triturados na voragem dos cercamentos. Os beneficiários desse processo são a *gentry*, os arrendatários capitalistas, o comércio não privilegiado e os produtores capitalistas.

Por outro lado, a redução das práticas restritivas da produção e do comércio implicava crescente importância da concorrência, ou seja, a economia inglesa já estava madura para que os mecanismos de mercado paulatinamente passassem a regular internamente não somente as relações entre os distintos capitais individuais, como também entre os produtores independentes.[37] Como já fizemos referência, o encaminhamento das lutas revolucionárias, se ainda não transformava o comércio em mero agente da produção, representava, entretanto, um momento fundamental desse processo, pois, do ponto de vista econômico, apesar de a circulação continuar subordinando a produção, politicamente, a eliminação dos monopólios comerciais e da legislação restritiva tendeu a fortalecer de tal forma a esfera da produção mercantil que os seus interesses em geral passaram a prevalecer sobre os do comércio.[38] Dessa maneira, os movimentos revolucionários eliminaram os entraves políticos e institucionais que se antepunham à diferenciação da produção no sentido capitalista e, se as relações capitalistas somente se tornaram dominantes com a Revolução Industrial, isso se deveu à própria incapacidade da manufatura em destruir o artesanato e o *putting-out*.

A vitória do Parlamento e o controle que passou a exercer sobre o comércio, as finanças públicas e o exército permitiram a introdução de novos critérios na administração da dívida pública, da política tributária, da política protecionista, da política externa etc. As finanças públicas passaram a ser administradas com critérios burgueses, e o Parlamento, diretamente responsável pelos negócios públicos, pôde estabelecer um adequado sistema tributário,[39] o que permitiu que pudessem ser evitadas as práticas prejudiciais aos interesses burgueses, tais como a venda de monopólio ou, como na França, a venda de cargos.

A criação de moderno sistema de dívida pública, por um lado, libertava as finanças de sua unilateral dependência dos recursos

---

37 "Aqui não deve haver mal-entendidos. O livre comércio buscado era condicional e limitado, não concebido como princípio geral – à maneira do século XIX –, mas como propostas *ad hoc*, destinadas a eliminar certas restrições específicas que prejudicavam os queixosos" (Dobb, 1971, p.200).

38 "Em casos de conflito os interesses do setor manufatureiro prevaleciam normalmente sobre os do setor comercial e financeiro" (Hobsbawm, 1971b, p.87).

39 Sobre esse ponto, ver Braun (1975).

tributários, já que a renovação dos empréstimos garantia permanentemente receitas adicionais. Por outro, esse sistema revelou-se arma eficaz e poderosa nas frequentes guerras comerciais da época, quando então eram necessários volumosos recursos financeiros em períodos concentrados de tempo. Dessa maneira, o governo inglês pôde atender a seus compromissos com carga tributária relativamente reduzida, pois o sistema de dívida pública livrava a nascente burguesia da voracidade do fisco nos momentos de guerra.

Os prudentes critérios burgueses de administração da dívida pública e o crescente poderio do Estado inglês tornavam os títulos do governo atraentes aos aplicadores, o que determinou quedas expressivas nas taxas de juros pagas pelo governo e atraiu grandes volumes de capitais holandeses no século XVIII. Como apoio ao sistema de dívida pública, em 1694 é criado o Banco da Inglaterra. O banco não somente concedia créditos ao Estado, mas detinha também o monopólio da emissão de moeda escritural na região de Londres e, por certos mecanismos, controlava a ação dos bancos provinciais.

Dessa forma, os movimentos revolucionários golpeavam a antiga burguesia usurária. Na verdade, a criação do Banco da Inglaterra, com suas relações com os bancos provinciais, vinha libertar as atividades capitalistas dos juros escorchantes impostos pelo monopólio do crédito detido pelo capital usurário.[40] O Banco da Inglaterra marca assim o início da subordinação do capital a juros ante as atividades capitalistas, e seu caráter semioficial garantia a estabilidade ao moderno sistema de crédito que foi sendo criado no século XVIII. Esse sistema não somente liberava as atividades mercantis da necessidade de moeda metálica,

40 "Durante todo o século XVII, ressoa, invocando o exemplo da Holanda – e neste sentido se orienta a legislação –, o grito pela redução violenta da taxa de juros, para que o capital a juros se subordinasse ao capital comercial e industrial, e não o contrário" (Marx, 1949, v.III, p.563).

como também garantia créditos a baixas taxas de juros, potenciando assim a acumulação de capital.

Como já fizemos referência, no âmbito interno, a política pós-revolucionária na Inglaterra caracterizou-se pela limitação de privilégios e monopólios, reduzindo, portanto, a interferência do Estado e aumentando a importância da concorrência entre as distintas atividades mercantis. No campo das relações mercantis com o exterior, entretanto, a ação do Estado inglês assumirá um sentido oposto, implementando decidida e coerente política de proteção aos interesses mercantis nacionais contra a concorrência externa.[41] Os privilégios da oligarquia aliada ao rei e que controlava o comércio exterior constituíram um dos principais alvos dos revolucionários, mas o fundamental é que o próprio desenvolvimento mercantil havia permitido o surgimento de capitais mercantis autônomos, que progressivamente desafiam o privilégio das grandes companhias pelo comércio interlope. A vitória dos movimentos revolucionários reduziu drasticamente os privilégios das companhias,[42] e o comércio exterior passou a ser comandado pelo capital comercial nacional e não pelos interesses do rei ou de algumas companhias.

Assim, se a proteção gozada pelo comércio inglês antes de 1640 caracterizou-se por concessões que a realeza tendia a fazer à grande burguesia mercantil, após essa data, o país passou a contar com clara política protecionista dos interesses comerciais. Os atos de navegação de 1651-1660, concebidos como instrumentos de luta comercial contra a Holanda, na verdade representavam uma legislação contra o capital comercial estrangeiro e revelaram-se ponto de apoio fundamental para o desenvolvimento do comércio exterior e da marinha inglesa. Os atos pres-

41 Sobre a política protecionista na Inglaterra, ver Dobb (1971, cap.5), Heckscher (1943, pt.2, cap.IV) e Davis (1966).

42 A exceção é representada pela Companhia das Índias Orientais, a qual, de forma extemporânea, sobreviveu até o século XIX. Ver Dobb (1971, p.211).

creviam que somente poderiam aportar para mercadejar na Inglaterra navios ingleses ou naves da mesma nacionalidade que as mercadorias que traziam, o que constituiu um golpe contra o comércio intermediário holandês, ao mesmo tempo em que abria ao capital mercantil britânico novos circuitos mercantis.

Quanto à esfera produtiva, se antes dos movimentos revolucionários as tarifas alfandegárias eram simplesmente instrumento de arrecadação tributária, a partir de então, passaram a ser utilizadas como meio de proteção à produção. Houve, em geral, tendências à alta das tarifas de importação ou mesmo à proibição da entrada de certos produtos. Por outro lado, reduziram-se ou eliminaram-se tributos à exportação, com exceção daqueles que incidiam sobre a saída de certas matérias-primas. Essa política foi essencial para a prosperidade da produção nacional, pois, à diferença do período posterior à Revolução Industrial, quando os ingleses produziam com níveis de produtividade extremamente superiores aos das outras nações, nessa época as diferenças de produtividade eram mínimas. Por isso mesmo, a política comercial agressiva de uma nação poderia arruinar a produção artesanal e manufatureira de outra, na ausência de políticas protecionistas. Assim, o *protecionismo solidário*, como chamou Hecksher à política da Inglaterra, pois defendia não somente a produção manufatureira como também a produção agrícola, incrementava a rentabilidade das atividades produtivas nacionais, e foi poderosa alavanca para o avanço do capitalismo no campo e na cidade.

Evidentemente a fixação de leis e das políticas protecionistas envolvia conflitos entre o comércio e a produção, mas esta, tal como antes de 1640, sempre fez valer seus interesses. Assim, em fins do século XVII e início do XVIII, ante a crescente invasão de têxteis de algodão indianos, a indústria da lã lutou até conseguir a proibição dessas importações, o que sacrificou os interesses do comércio. O que estamos frisando é que o avanço da mercantilização e a dissolução progressiva das antigas formas de organização da produção engendraram, organicamente, um moderno setor produtivo, e o protecionismo, este *meio artificial de fabricar fabricantes*, implantou-se na Inglaterra como política da manufatura e do *putting-out*, e não como política para a manufatura, ditada pelo absolutismo, interessado em fortalecer-se.

A política mercantilista de apoio a setores produtivos levada a cabo por várias nações europeias, tais como a Rússia, Prússia e França, foi relativamente bem-sucedida, mas não pôde alcançar os mesmos resultados que na Inglaterra, visto que faltavam as condições sociais necessárias para que essas nações atingissem um amplo desenvolvimento orgânico da manufatura e do *putting-out*. Na verdade, essas políticas respondiam a outras determinações, como visar, por exemplo, na Prússia e Rússia, antes de mais nada à segurança nacional, e assim estimulavam preferencialmente as manufaturas ligadas ao fornecimento de material bélico. Mesmo na França, onde existiam condições mais propícias, o absolutismo favorecia a produção de artigos de luxo, com fins de reduzir importações e aumentar exportações, e, por isso mesmo, Mantoux (1962, p.8) afirma que a manufatura francesa foi "uma criação artificial ou pouco menos; somente viveu graças à iniciativa e ao patrocínio da realeza francesa".

Finalmente, em certos países, a política de proteção à produção e de estímulo ao desenvolvimento manufatureiro foi condenada ao fracasso. Em Portugal, por exemplo, as tentativas de políticas industrializantes do conde de Ericeira do século XVII mostraram-se incapazes de promover expressivo desenvolvimento da produção nacional.

Está claro que o Tratado de Methuen teve sua importância no fracasso da política manufatureira, mas não foi o único responsável, pois, como afirma Godinho, esse acordo simplesmente formalizava uma situação de fato.[43] Na verdade, a raiz do in-

43 "O Tratado de Methuen registra, sobretudo, uma situação de fato; já antes de 1703 o contrabando inglês introduzia em grande quantidade os panos

sucesso do mercantilismo luso deve ser buscada na fragilidade do artesanato e da manufatura do país (incapaz de responder aos estímulos do governo), no poder dos proprietários de terras (interessados na exportação de vinhos) e também na agressiva política externa inglesa, que negociava apoio político a Portugal, arrancando concessões comerciais.

Os movimentos revolucionários imprimem nova direção à política internacional e colonial da Inglaterra, e a expansão externa[44] anterior a 1640 aparece como tímido ensaio, quando se considera o sucesso dos avanços conseguidos após essa data. Diversos fatores explicam as características específicas e o sucesso da política externa que permitiu à Inglaterra alcançar posição dominante no mercado mundial do século XVIII. Em primeiro lugar, a sólida base representada pela dinâmica economia nacional foi fundamental num mundo onde a expansão se fazia pelas armas. Em outras palavras, comércio desenvolvido significava marinha forte, pois não existia diferença entre naves mercantes e de guerra. E a produção nacional mercantil avançada era ponto de apoio básico para o fornecimento de material bélico. Em segundo lugar, o fato de a expansão externa ter sido realizada durante e após os movimentos revolucionários significa que esse movimento foi conduzido por um Estado já sob controle da burguesia, e que os interesses da aristocracia não mais se faziam presentes, podendo então a ação governamental concentrar-se essencialmente na captura de circuitos mercantis e de mercados para a produção nacional. Finalmente, o moderno sistema tributário e o da dívida pública foram armas decisivas no esforço

---

ingleses que eram proibidos: situação da qual os holandeses se aproveitavam para fazer o mesmo. E o comércio de vinho do Porto tinha-se desenvolvido antes de 1703" (Godinho, 1950, p.188). Ver, também, Novais (1979, p.204-11).

44 Sobre a expansão externa da Inglaterra após 1640, ver Davis (1976, cap.16 e 18), Wallerstein (1980, cap.3 e 6) e Dobb (1971, cap.5).

bélico, ao mesmo tempo que impediam que os custos das guerras sufocassem os negócios.

Hobsbawm (1971a, p.105-6), comentando a política externa da Inglaterra nesse período, adverte que se devem

> reconsiderar a natureza e a importância do mercantilismo britânico; quer dizer, a política sistemática de expansão econômica belicista e o colonialismo, e a não menos sistemática proteção aos industriais, comerciantes e armadores britânicos. Por certo, é verdade, que em última instância, a presença de uma burguesia potente e dinâmica, em cujo seio privaram os interesses manufatureiros nacionais, foi decisivo. Mas parece também provável que a inclinação dos governos britânicos em colocar os lucros comerciais e a conquista de novos mercados sobre qualquer outra consideração tenha exercido um papel decisivo na exclusão de rivais econômicos em potencial como os franceses, cuja política exterior era menos unilateralmente burguesa.

A exemplar avaliação de Hobsbawm permite a comparação da política britânica com a de outros países da Europa, pois, à diferença de Portugal, Espanha e mesmo França, onde em maior ou menor grau manifestaram-se interesses não burgueses na condução da política externa, na Inglaterra pós-revolucionária a ação do Estado podia concentrar-se em guerras, tratados etc. que visavam puramente garantir os interesses mercantis nacionais. Em segundo lugar, a expansão britânica era feita sob o manto do *protecionismo solidário* que apoiava não somente os interesses do comércio, mas também da agricultura, do *putting-out* e da manufatura, à diferença da Holanda, cuja política externa defendia unilateralmente o grande comércio, relegando a segundo plano os interesses da produção.[45]

---

45 "Qualquer que fosse a classe dominante na Inglaterra pós-revolucionária, está claro que essa política diferia pelos menos em um aspecto crucial da dos holandeses: em casos de conflitos, os interesses do setor manufatureiro

## A supremacia inglesa no mercado mundial

A coerente política externa britânica é coroada pelo sucesso. A partir de meados do século XVII, a Inglaterra lança-se decididamente na corrida colonial, na captura de circuitos mercantis e, lutando contra a concorrência europeia, já que era uma disputa decidida em cenário europeu e entre nações europeias, atingiu posição dominante no comércio internacional no século XVIII. Avançou no comércio com o Oriente, onde supera portugueses e holandeses; participou da implantação de colônias nas Antilhas juntamente com Holanda e França, rompendo com o monopólio português do açúcar; ingressou no tráfico negreiro e, apoiando-se no monopólio do fornecimento de escravos às colônias espanholas da América, pôde contrabandear artigos ingleses para este grande mercado. As suas colônias escravistas da América do Norte conformaram importante mercado para os produtos ingleses, além de fornecer variada pauta de produtos tropicais. Os tratados comerciais com Portugal abrem não somente o mercado lusitano, mas também o brasileiro para os produtos e comércio ingleses; e a Grã-Bretanha foi a maior beneficiária do surto de mineração aurífera do Brasil. Esse alargamento dos horizontes do comércio internacional permitia, por sua vez, o desenvolvimento do comércio intermediário e das reexportações, campo no qual a própria Holanda é superada.

Nessa ampla rede de circuitos mercantis, apareciam com destaque as colônias de povoamento do Norte da América. Estas forneciam madeiras, alimentos, animais de tiro etc. às colônias britânicas, holandesas e francesas. Esse comércio apresentava superávit em benefício das colônias do Norte, superávit que era coberto ou com moeda (pelas colônias francesas e holandesas) ou com letras de câmbio contra comerciantes britânicos, já

---

prevaleciam normalmente sobre os do setor comercial e financeiro" (Hobsbawm, 1971b, p.86).

que o comércio inglês, com suas Antilhas, era superavitário para estas últimas. Com esses recursos – moeda e letras de câmbio –, as colônias de povoamento podiam pagar suas importações da Inglaterra, complementando assim sua reduzida receita de exportações para a Europa. Por meio desses mecanismos, as colônias do Norte passaram a constituir grande e crescente mercado para as manufaturas inglesas e para o comércio britânico, os quais, como se vê, recebiam indiretamente estímulos até mesmo das colônias de seus concorrentes franceses e holandeses.

A posição dominante da Inglaterra no mercado mundial deve, portanto, ser caracterizada pelo progressivo controle de circuitos mercantis, e Crouzet (1966, p.280) pôde afirmar que "no século XVIII a Grã-Bretanha e suas colônias constituíam a mais vasta 'zona de livre câmbio' do mundo". Assim, se o avanço da mercantilização da produção e a diferenciação da sociedade inglesa resultaram em uma economia nacional sólida, que serviu de base para a expansão exterior, a crescente dominação inglesa, por sua vez, garantia e potenciava tanto a valorização do capital comercial como estimulava a produção mercantil nacional. Entretanto, como vimos, a esfera produtiva inglesa estava já livre das travas apresentadas pelas resistências do artesanato corporativo e da produção camponesa comunal, e, portanto, os estímulos da expansão externa eram alavancas para o desenvolvimento das formas de organização da produção capitalista no campo e na cidade.

Os estímulos da expansão externa impulsionavam de forma desigual os diferentes setores produtivos, e a manufatura e o *putting-out* eram os maiores beneficiários,[46] pois a agricultura era afetada muito mais pelos estímulos derivados do próprio avanço das atividades manufatureiras que pelas exportações de seus produtos. Dessa forma, tendia a decrescer a importância

---

46 Sobre os estímulos do comércio colonial para as manufaturas inglesas, ver Williams (1975, cap.3 e 5).

relativa desta última, e, na Inglaterra do século XVIII, o setor agrícola era responsável por apenas 40% a 45% do produto nacional, ao passo que na França esta participação atingia 60%.[47] Esse processo estava relacionado com o comércio exterior, pois o valor dos *produtos industriais* atingia dois terços da pauta de exportações da Inglaterra e apenas dois quintos na França, em 1780.[48]

Na verdade, ao longo do século XVIII, ia sendo plasmada uma certa divisão internacional do trabalho, pela qual a Inglaterra especializava-se nas atividades manufatureiras, e as colônias e parceiros comerciais mais atrasados restringiam-se à produção primária. Esse processo era resultado tanto do dinamismo do setor produtivo inglês, que conseguira aumentar sua oferta de acordo com a expansão dos mercados, como da política externa inglesa, que privilegiava a conquista de mercados para a produção nacional, e ainda do relativo atraso político, econômico e institucional dos outros países europeus.

Insistindo, a expansão internacional da Inglaterra não significou puramente uma ampliação dos circuitos mercantis para a valorização do capital comercial. Não foi somente condição para o avanço da mercantilização da economia nacional e para a ampliação dos mercados; além desses resultados, a expansão internacional inglesa representou apoio fundamental para o incremento dos mercados compradores de produtos manufaturados, condições para que o *putting-out* e a manufatura, formas mais avançadas de organização da produção, crescessem de importância na estrutura produtiva nacional. Em outros termos, a ampliação desses mercados específicos potenciava a rentabilidade dos setores manufatureiros, expandindo, portanto, áreas propícias ao investimento de capital na esfera produtiva. Assim, dadas as condições econômicas, sociais e institucionais da Inglaterra no

47 Dados de Davis (1976, p.324).
48 Dados de Crouzet (1966, p.265).

século XVIII, a dominação britânica no mercado mundial aparece como condição para o avanço do capital produtivo, como momento essencial para a futura industrialização.

Enquanto a Inglaterra marchava para a Revolução Industrial, sua rival no século XVIII, a França,[49] também passa por transformações sem, entretanto, atingir os mesmos resultados. A expansão internacional francesa, nos setecentos, evidentemente estimulava a produção e o comércio do país, mas ia gerando agudas tensões sociais. Desenvolviam-se o *putting-out* no campo e a manufatura nas cidades, mas perduravam as regulamentações corporativas contendo a dissolução do artesanato. A produção manufatureira somente sobrevivia graças às subvenções oficiais. Em algumas regiões, ensaiava-se o processo de cercamentos, mas a comunidade camponesa demonstrava extremo vigor em sua luta para preservar-se, o que bloqueava a incorporação do capital à terra e limitava os aumentos de produção e produtividade. Dessa maneira, enquanto a Inglaterra passa pela revolução agrícola no século XVIII, na França o progresso foi bem mais modesto. As ordenações do absolutismo encaminhavam-se para manter essas transformações sob o controle do Estado e, para tal, protegiam o artesanato corporativo e a agricultura parcelar, e mantinham a prática de concessão de privilégios e da venda de cargos, visando ganhar a solidariedade da burguesia.

Entretanto, o avanço da mercantilização da produção ia engendrando o desenvolvimento da burguesia não privilegiada, que cada vez mais sentia-se manietada pelo absolutismo. A agricultura, atrasada e elo débil do circuito produtivo, pesava, no entanto, decisivamente na produção nacional, e as quebras de safras implicavam profundas retrações nas atividades urbanas. A crise agrária do último quarto dos setecentos provocava reduções nas rendas dos proprietários territoriais, os quais reagiram

49 Sobre a evolução da França no século XVIII, ver Mandrou (1973, cap.1), Duby & Mandrou (1966, cap.VI), Crouzet (1966) e Davis (1976, cap.18).

tentando restaurar direitos feudais. Isso causou violentas reações dos camponeses, já esmagados pela extorsiva carga tributária real, e assim iam sendo gestadas as condições para a aliança entre o campo e a cidade, contra o absolutismo. Em suma, as transformações pelas quais passava a França, potenciadas pela expansão colonial e internacional, iam resultando em agudas tensões sociais, que desaguaram na Revolução de 1789.

Seria agora o momento de analisarmos o processo de industrialização inglês, não sem antes, entretanto, chamarmos a atenção para o caráter globalizante das transformações econômicas, políticas e sociais que ocorreram entre o século XVI e a Revolução Industrial. Em outras palavras, não se trata de privilegiar tal ou qual aspecto das transformações, mas sim de apreendê-las em seu caráter orgânico, de entendê-las como um processo no qual atua o conjunto das determinações. Assim, foram considerados os seguintes momentos fundamentais do processo de constituição do capitalismo na Inglaterra. Em primeiro lugar, a forma que assume a crise do feudalismo, a qual debilita profundamente a nobreza e possibilita o desenvolvimento da produção camponesa independente. Em segundo lugar, a formação do Estado nacional, que permite o avanço da mercantilização da economia e o desenvolvimento do capital comercial. Em terceiro, o processo de mercantilização da economia que diferenciava a sociedade inglesa e dava origem às novas *classes médias* mercantis e industriais, que serviram de base para a revolução burguesa. Finalmente, foi analisado como os movimentos revolucionários constituíram condições para a nova política, que não somente impulsionava expropriação dos camponeses e enfraquecia as regulamentações gremiais, mas também apoiava a expansão externa, ampliando assim mercados e abrindo novas áreas para a valorização do capital mercantil.

É importante ainda frisar que todos os processos de acumulação primitiva apoiavam-se no poder do Estado, e muitos deles baseavam-se em violência extraeconômica. Assim, para que a

Inglaterra se industrializasse, não bastava que ocorressem tais ou quais determinações do processo (e a história de outros países europeus, nesse período, atesta a afirmação), mas era necessária a síntese de todas as determinações para que deslanchasse a industrialização. Na formulação de Marx (1949, v.I, p.638):

> as diversas etapas da acumulação originária tem seu centro em ordem cronológica mais ou menos precisa, na Espanha, Portugal, Holanda, França e Inglaterra. É aqui, na Inglaterra, onde em fins do século XVII se resumem e sintetizam sistematicamente no sistema colonial, no sistema da dívida pública, no moderno sistema tributário e no sistema protecionista. Em parte, esses métodos se baseiam, como ocorre com o sistema colonial, na mais avassaladora das forças. Mas todos eles se valem do poder do Estado, da força concentrada e organizada da sociedade, para acelerar a passos de gigante o processo de transformação do regime feudal de produção no regime capitalista, e cortar os intervalos.

## A Revolução Industrial

Levando em conta essas transformações estruturais pelas quais passou a Inglaterra, podemos então, de forma genérica, apresentar como pré-requisitos, para qualquer processo de industrialização, os seguintes fatores. Em primeiro lugar, é necessária a existência de certa massa de proletários, passíveis de serem transformados em trabalhadores da indústria, ou seja, é pré-requisito que não imperem relações de subordinação compulsória, como a servidão ou a escravidão, e que o processo de expropriação de produtores já tenha principiado. Em segundo lugar, é necessária uma prévia acumulação de capital dinheiro, passível de transformar-se em capital industrial, o que supõe um certo desenvolvimento anterior do capital comercial e da produção mercantil. Em terceiro, é exigência, para a implantação da indústria, a prévia existência de mercados, o que supõe um processo relativamente desenvolvido de divisão social do trabalho, de mercantilização da produção etc.

Por outro lado, é precondição para a industrialização que esse processo de divisão social do trabalho, de acumulação de capital-dinheiro, de liberação das relações sociais fundadas na violência extraeconômica, de expropriação de produtores etc. seja relativamente difundido tanto nas cidades como no campo. Dessa forma, a produção agrícola deve estar apta para atender às crescentes demandas do capital industrial por matérias-primas e alimentos, bem como para incorporar progresso técnico, de forma a aumentar a produção ao mesmo tempo em que expulsa o produtor, alimentando assim o mercado de trabalho urbano. Em contrapartida, o setor agrícola deve constituir-se em mercado para a produção industrial nascente. Nas cidades, é necessário o avanço prévio de capital comercial e a existência de um embrião de sistema de crédito, ou seja, que já tenham sido concentradas massas de capital-dinheiro, que possam assumir a forma de capital industrial.

Considerando esses pré-requisitos, tornam-se claros os determinantes do surgimento da produção mecanizada, organizada como grande indústria, na Inglaterra.[50] Trataremos então de analisar como e por que se processa a revolução das técnicas e da forma de organização da produção, e também de que maneira o capital previamente acumulado pôde se transformar em capital industrial, assalariando os expropriados da agricultura. Como expusemos no início deste capítulo, o pioneirismo da Inglaterra na industrialização indica que o processo de acumulação primitiva nesse país foi levado aos limites de suas contradições, engendrando em seu próprio movimento a produção fabril e as condições para sua generalização. Assim, temos que demonstrar

50 Sobre o surgimento da grande indústria na Inglaterra, ver Dobb (1971, cap.7), Mantoux (1962, pt.II), Asthon (1971), Landes (1975, cap.2), Deane (1973) e Hobsbawm (1978, cap.1, 2 e 3).

como, em meados do século XVIII, não só o crescimento econômico baseado nas formas tradicionais de organização da produção ia atingindo seus limites, mas também como já estavam presentes as condições para o surgimento da grande indústria.

Conforme exposto na primeira parte deste estudo, as formas de organização da produção do período manufatureiro possuíam limitada capacidade de aumentar a produtividade do trabalho. Essa limitação fazia que os aumentos de produção dependessem fundamentalmente da incorporação de novos produtores no círculo mercantil. Pois bem, na Inglaterra de meados do século XVIII, a economia de subsistência estava praticamente extinta, sendo, portanto, cada vez mais difícil a incorporação de novos produtores no circuito mercantil. A manufatura espraiava-se nos ramos aptos a se organizarem dessa forma e, dadas suas limitações, era incapaz de abarcar o conjunto de produção. O *putting-out*, já amplamente difundido, encontrava sérias barreiras para a ampliação de seu raio de ação, pois, para incorporar novos trabalhadores, os mercadores-produtores tinham que se dirigir a locais cada vez mais distantes dos centros comerciais. A crescente demanda de mão de obra e a incapacidade do capital em manter sua despótica vigilância sobre o trabalho nesse tipo de organização da produção faziam que as práticas de fraudes por parte dos produtores se generalizassem. Por outro lado, a crescente demanda de mão de obra tendia a elevar o rendimento por hora de trabalho dos produtores, os quais, não subordinados ainda à férrea disciplina do capital, reagiam reduzindo o número de horas trabalhadas.[51]

Assim, a expansão do mercado nacional e internacional, ao longo do século XVIII, fazia que a produção baseada na manufa-

51 "Assim precisamente nos momentos quando as oportunidades de lucro eram maiores, o manufatureiro era frustrado por esta irracional inversão das leis do comportamento econômico: a oferta de trabalho decrescia enquanto seu preço aumentava" (Landes, 1975, p.59).

tura e no *putting-out* encontrasse seus limites. O capital comercial inglês, na ausência de revolução nas formas de organização da produção, teria seu processo de valorização progressivamente travado. Entretanto, contemporaneamente, faziam-se presentes as condições para o surgimento do capital produtivo organizado como grande indústria, movimento cuja dimensão técnica passaremos a analisar.

Como vimos na primeira parte deste estudo, a divisão técnica do trabalho, própria de manufatura, exigia a criação e produção de diversificados instrumentos de trabalho e ferramentas. Dessa forma, a produção de ferramentas, estimulada pelo desenvolvimento manufatureiro da Inglaterra, foi criando uma camada de trabalhadores especializados, que iam acumulando conhecimentos sobre os materiais utilizados, e desenvolvendo suas habilidades e capacidade criadora. Pois bem, a formação dessa camada de trabalhadores especializados constituiu um momento fundamental para a revolução industrial, já que eram eles que detinham a aptidão necessária para a construção de máquinas. O que estamos frisando é que os problemas não surgiam tanto na concepção de invenções, pois grande parte delas já havia sido concebida nos séculos anteriores,[52] mas em razão do conhecimento técnico e destreza exigidos na construção de máquinas. E não bastava a existência de um ou outro trabalhador especializado, pois, para que a produção fabril abarcasse importantes setores, fazia-se necessária a existência de razoável número de trabalhadores especializados, que pudessem dedicar-se à produção de máquinas.

Dessa forma, o processo de revolução tecnológica em curso pôde contar com esses trabalhadores especializados, que viabilizavam técnica e praticamente as inovações, geralmente conce-

---

52 "A verdadeira revolução industrial pioneira, de fins do século XVIII, quase não dependeu de ciência ou tecnologia alguma, não disponível já em 1500" (Hobsbawm, 1971b, p.76).

bidas por elementos estreitamente ligados à produção. Por outro lado, a concentração de inovações, a partir de meados do século XVIII, não se deveu evidentemente a qualquer inclinação natural do povo inglês, mas apareceu como uma resposta aos entraves ao aumento da produção que progressivamente se manifestavam. Em outras palavras, na Inglaterra, a produção relativamente livre de regulamentações e, dadas as suas bases técnicas, cada vez mais incapaz de responder às exigências de mercados em expansão tornava as inovações uma fonte de lucro, uma vez viabilizadas tecnicamente. E o que diferenciava a Inglaterra de outros países europeus não era a capacidade de criar inovações, mas a rápida e muitas vezes generalizada incorporação das invenções ao processo produtivo. Portanto, os determinantes desse processo devem ser buscados não na dinâmica das inovações tecnológicas, mas na natureza da sociedade e na conjuntura econômica que permitiam e exigiam uma revolução de ordem material, isto é, tornavam lucrativa a introdução de novos inventos no processo produtivo.

O fato de a base material de revolução industrial ter sido criada por *homens práticos* indica que essa tecnologia não exigia conhecimentos científicos para a sua geração. Vale dizer, as inovações não dependiam de conhecimentos sistemáticos da física, química etc. e foram criadas por tentativas práticas, baseadas em conhecimentos empíricos dos inventores e operários especializados. Assim, as máquinas têxteis, a máquina a vapor, a produção de ferro com o coque, que conformavam o núcleo da nova tecnologia, constituíam inovações produzidas independentemente da interferência do conhecimento científico, e mesmo a invenção mais sofisticada, a máquina a vapor, somente teve os princípios de seu funcionamento elaborados pela ciência, décadas após sua criação e utilização prática.[53]

53 "Muito mais complexa foi a invenção e realização prática da máquina a vapor. Aqui, a técnica antecipou-se claramente ao poder da ciência. Na verda-

Se as expectativas de lucros eram o móvel para a incorporação da nova tecnologia, o investimento capitalista, por sua vez, era o veículo desse processo. Vale dizer, tanto na Revolução Industrial como no capitalismo plenamente constituído, o progresso técnico é um elemento subordinado aos movimentos do investimento capitalista. Portanto, a questão a ser explicitada é como o capital dinheiro, previamente acumulado pelo comércio ou pela usura, pôde dirigir-se à esfera produtiva, dando origem ao capital industrial.

Vários foram os mecanismos pelos quais o capital afluiu para a indústria. A nascente classe dos industriais era composta por elementos saídos das *classes médias*, ou seja, eram originalmente *yeomen* acomodados, pequenos comerciantes, pequenos produtores capitalistas etc., e, evidentemente, os parcos recursos que eventualmente possuíam eram insuficientes para deslanchar o surto de investimentos da Revolução Industrial. Entretanto, comerciantes interessados em garantir o fornecimento adequado de mercadorias concediam empréstimos para a compra de matérias-primas e pagamento de salários, garantindo assim o capital circulante dos produtores. Na medida em que as inovações mostraram-se capazes de incrementar os lucros, os mercadores passavam a fornecer também empréstimos para a compra de máquinas e capital fixo em geral. Por outro lado, pelo estabelecimento de sociedade com produtores ou tomando a iniciativa empresarial, alguns comerciantes tornavam-se eles próprios industriais. Nesse processo de metamorfose do capital comercial em capital industrial, deve-se dar destaque aos capitais acumulados no tráfico negreiro e no comércio colonial que fluíam para Manchester.[54] Assim, o colonialismo escravista garantiu não so-

---

de, a teoria dos fenômenos era delicada. Só foi, aliás, elaborada, com suficiente clareza, no século XIX, época em que a ciência começa a penetrar na natureza íntima das mudanças térmicas" (Ducassé, 1962, p.100).

54 "O capital acumulado por Liverpool com o tráfico de escravos escoou-se para o interior e fecundou as energias de Manchester" (Williams, 1975, p.75).

mente mercados em expansão, mas também foi capaz de fornecer expressivos montantes de capitais para a nascente indústria, manchando com o sangue de escravos africanos a raiz do futuro liberalismo manchesteriano.

Mas não somente por meio desses mecanismos o capital previamente acumulado dirigiu-se para a indústria. A partir de meados do século XVIII, com a proliferação dos bancos provinciais, foi sendo conformado o mais moderno sistema bancário[55] da Europa, e os ingleses iam superando os holandeses também no campo das finanças. Por outro lado, a abundância de capitais, juntamente com a confiabilidade do Banco da Inglaterra e do sistema da dívida pública, permitiu quedas na taxas de juros, o que favorecia a indústria nascente. Os bancos puderam assim mobilizar capitais do comércio e mesmo da agricultura, e fornecer à indústria os recursos de que necessitava. Dessa forma, o crédito bancário potenciava a oferta de capital dinheiro, e, apesar de os bancos operarem com empréstimos vencíveis a curto prazo, por meio de sucessivas renovações, esses empréstimos na verdade funcionavam como operações de longo prazo, garantindo não somente o capital de giro da indústria, como também o capital fixo.

Entretanto, a existência de capitais previamente acumulados foi necessária não apenas para dar origem ao capital industrial. A expansão da produção e dos mercados, dinamizada ela própria pelo desenvolvimento do capital industrial, exigia pesados investimentos, geralmente a cargo de capitais privados em infraestrutura – estradas, canais, portos etc. –, como ainda incrementava a necessidade de investimentos nos mais variados ramos da atividade, como a marinha mercante, a agricultura, a mineração, a construção em geral etc. Em suma, para que ocorresse na Inglaterra esse processo abrangente de transformações, respeitáveis

55 Sobre o sistema bancário da Inglaterra, ver Cameron (1974, cap.II).

volumes de capitais deveriam estar disponíveis, pois não somente o novo setor fabril exigia investimentos, mas o próprio avanço da indústria exigia o incremento do investimento em outras atividades.

Esse surto de investimento capitalista implicava crescente demanda de mão de obra livre e disponível para o assalariamento. A expansão dos mercados resultante da própria aceleração dos investimentos estimulava a produção agrária e impulsionava os cercamentos. Esse processo é documentado pelo excepcional aumento do número de leis votadas pelo Parlamento, autorizando essa prática (cf. Mantoux, 1962, p.125). Por outro lado, a própria implantação e desenvolvimento da indústria tinha um efeito arrasador sobre as atividades artesanais e manufatureiras, pois a mecanização aumentava rapidamente a produtividade do trabalho, e provocava violentas quedas de preços.[56] Nessas condições, o artesanato, a manufatura e o *putting-out*, incapazes de concorrer com a fábrica, progressivamente eram liquidados, o que gerava imensa massa de desapropriados, livres para o assalariamento na indústria. A incorporação de mulheres e crianças no mercado de trabalho e a crescente massa de expropriados do campo e da cidade tornavam a oferta de trabalho extremamente favorável aos industriais, que reduziam os salários[57] pagos e aumentavam a jornada de trabalho. Assim, em meio à miséria e à violência, foi sendo criada a moderna classe operária da Inglaterra.

Como expusemos anteriormente, o momento final do processo de industrialização é dado pela diferenciação do departa-

---

56 "O preço do fio caiu talvez para um vigésimo do que era anteriormente, e o mais barato trabalho hindu não poderia competir nem em qualidade nem em quantidade com as máquinas de fiar do Lancashire" (Landes, 1975, p.42).

57 "Mas havia um limite fisiológico nessas reduções, caso contrário os trabalhadores morreriam de fome, como de fato aconteceu com 50 mil tecelões manuais" (Hobsbawm, 1982, p.58).

mento produtor de meios de produção, que autonomiza o progresso técnico e cria as condições para a autodeterminação do capital. Como em outros países, também na Inglaterra o primeiro ramo a se organizar como grande indústria foi o têxtil, mas, à diferença desses países, na Inglaterra a mecanização dos têxteis criou condições para o surgimento do departamento I.

Dado o elevado grau de mercantilização da economia britânica e a sua posição dominante no mercado mundial, a produção fabril de tecidos encontrou, desde seus primórdios, mercado interno e externo de grande dimensão. A preexistência de grandes mercados explica a rapidez da expansão da produção de tecidos. Por sua vez, a queda de preço resultante da mecanização criava condições para a célere expansão da demanda, reiterando a indisputável posição da Inglaterra no mercado mundial. Assim, o caráter pioneiro da produção fabril, a progressiva expansão de mercados, a posição praticamente monopolista da Inglaterra no mercado mundial faziam que a produção de têxteis assumisse uma dimensão relativa na estrutura produtiva que jamais seria atingida em outro país. Em outras palavras, o fato de a Inglaterra ter à sua disposição um mercado mundial foi fundamental para que a indústria têxtil se desenvolvesse com tanta pujança, o que pode ser comprovado pelos dados apresentados por Hobsbawm (1982, p.51): "por volta de 1814 a Grã-Bretanha exportava cerca de quatro jardas de tecido de algodão para cada três usadas internamente e, por volta de 1850, treze para cada oito".

E foi exatamente o grande peso que atingiu a indústria têxtil na estrutura produtiva que explica por que esse ramo de produção pôde desencadear o processo de industrialização, criando as condições para que se diferenciasse o departamento produtor de meios de produção. Entretanto, a têxtil dinamizava outros setores menos pela necessidade de máquinas e equipamentos, ou seja, pela relação de compras interindustriais, e mais por estímulos indiretos. A produção fabril de têxteis promove rápida urbanização, impulsionando a construção civil e a demanda de carvão para consumo doméstico. O surto da mineração carbonífera expandia o mercado de máquinas a vapor, permitindo o surgimento da indústria mecânica, e o transporte desse mineral estimulava a construção de canais. O crescente uso de máquinas a vapor na mineração, na indústria têxtil e alimentar, ao lado da dinamização da construção civil expandiam o mercado da metalurgia. Em suma, a Revolução Industrial inglesa foi liderada pela indústria têxtil que, por meio de impulsos indiretos, diferenciava a metalurgia, a mineração do carvão e a indústria mecânica, setor do departamento I que, apesar de manterem entre si mesmos relação de compra interindustrial mais intensa, foram, entretanto, incapazes durante essa fase de assumir posição de liderança no crescimento econômico.

O fato de a industrialização iniciar-se pela têxtil, cuja exigência de capital é reduzida, explica também por que na Inglaterra o capital comercial e o bancário, desviando-se marginalmente para a indústria, puderam desencadear o processo de industrialização, o qual logo passa a fundar sua expansão pelo investimento dos próprios lucros industriais. Vale dizer, à diferença de outros países, na Inglaterra não aparecia descontinuidade entre o nível de acumulação e centralização de capitais e o grau de desenvolvimento das forças produtivas, no momento da industrialização. É isso que explica por que a indústria surge organizada como empresa familiar, e se dependeu, em seu início, de crédito fornecido por bancos e comerciantes, não necessitou, entretanto, estreitar suas relações com os fornecedores de capital dinheiro, pois, dado o impulso inicial, a expansão passa a depender do reinvestimento de seus próprios lucros. Os bancos, por sua vez, vão se especializando no financiamento do comércio interno e principalmente do internacional, operando como fornecedores de créditos a curto prazo. Como afirma Hilferding (1963, p.343):

> a indústria inglesa desenvolveu-se organicamente, por assim dizer, e pouco a pouco, desde seu modesto início à sua grandeza

posterior. Da cooperação e manufatura saiu a fábrica, e esta se desenvolveu primeira e principalmente na indústria têxtil, uma indústria que necessita de um capital relativamente pequeno. Enquanto a organização ficou principalmente na empresa individual.

Findo o processo da Revolução Industrial, a partir da década de 1830, a Inglaterra, contando com integrado aparelho industrial, pôde ingressar no chamado ciclo ferroviário, quando então o departamento produtor de meios de produção passa a liderar o processo de crescimento, e assim o capitalismo torna-se uma realidade irreversível não somente para a Inglaterra, mas para o mundo.

# 5
# O capitalismo atrasado

A generalização da produção organizada como grande indústria na Inglaterra marca, pela primeira vez na história, a plena constituição do modo de produção capitalista. Finda a Revolução Industrial, ao deslanchar-se o ciclo da construção ferroviária, o processo de acumulação assume uma dinâmica especificamente capitalista, e o capital industrial, dada sua capacidade de liderar a expansão econômica, progressivamente assume posição hegemônica ante as outras formas do capital, ao mesmo tempo que subordina a nova classe operária. Vale dizer, a expansão econômica, fruto da ação do capital industrial, atendia não somente aos interesses comerciais e bancários, como ainda garantia a reprodução da classe operária. Esse processo era acompanhado por transformações nos padrões de relações econômicas e políticas em âmbito mundial, e aquela relação de dominação exercida pela Inglaterra do século XVIII, fundada na violência extraeconômica, ia sendo substituída por uma posição de hegemonia, já que o capitalismo britânico era capaz de articular, sob seu comando, os interesses dos diferentes Estados nacionais.

É por considerar essas profundas transformações, que podemos afirmar que com a industrialização iniciava-se uma nova era histórica, a etapa concorrencial do capitalismo, que cobre aproximadamente o período de 1830 a 1890. Nessa fase, a grande indústria implantava-se em vários países, e denominamos industrializações atrasadas os processos de constituição do capitalismo que se completam na vigência do capitalismo concorrencial. Entretanto, a especificidade da industrialização da França, Alemanha, Estados Unidos, Rússia, Itália, Japão etc. não é determinada somente pelo fato de esse processo ter sido realizado na etapa concorrencial do capitalismo.

Em todos esses países, era semelhante a natureza da sociedade nos momentos que antecederam o surgimento da grande indústria, isto é, neles aparecia aquela estrutura na qual predominavam os pequenos produtores independentes e desenvolviam-se o capital comercial, a divisão social do trabalho, a manufatura etc. Ora, como já vimos, essa estrutura social conforma-se a partir da crise do feudalismo, e, não fosse o caso dos Estados Unidos, poderíamos afirmar que a natureza das industrializações atrasadas foi determinada, em última instância, pela fase concorrencial do capitalismo mundial, e, em primeira instância, pelo passado feudal dos países. Quanto à exceção levantada, antecipamos que a sociedade das antigas colônias de povoamento surgiu como um transplante da sociedade europeia para o solo do Novo Mundo. Mais adiante, demonstraremos como as peculiaridades do processo de colonização norte-americano determinaram a conformação de uma sociedade estruturalmente semelhante à sociedade europeia da época.

Afirmamos, inicialmente, que a forma específica das industrializações atrasadas foi determinada, em última instância, pelas características econômicas e sociais do capitalismo concorrencial.

Antes de analisarmos a gênese do capitalismo concorrencial, é importante precisar certos determinantes mais abstratos dessa estrutura.[1]

## O capitalismo concorrencial

De um ponto de vista teórico, podemos afirmar que a estrutura concorrencial do capitalismo supõe a existência de aparelho industrial integrado, no interior do qual sejam diferenciados os departamentos-produtores de meios de produção e de meios de consumo. Essa estrutura supõe também a existência de um sistema de crédito que garanta a mobilidade do capital entre as diferentes esferas da atividade econômica. Finalmente, é ainda elemento dessa estrutura uma classe operária composta de trabalhadores livres.

É evidente que no capitalismo concorrencial já operam mecanismos da progressiva centralização de capitais, mas não se manifestam ainda os monopólios, e, nos diversos ramos, funciona grande número de empresas, cada qual controlando reduzida parte da alíquota do capital social. Por sua vez, a tecnologia simples, as modestas dimensões das plantas e os reduzidos montantes de capitais exigidos para os investimentos tornam viável o surgimento de novos capitais individuais.

Vejamos, então, a natureza das relações mantidas entre os diferentes capitais individuais entre si, bem como as características das relações entre o trabalho e o capital. A livre concorrência é essencial para que se manifestem integralmente as características fundamentais do regime capitalista de produção. Ora, a plena realização do caráter privado e mercantil da produção implica evidentemente que a relação entre os distintos agen-

1 Sobre esse ponto, cf. Polanyi (1980, 2ª pt.), Clifton (1975, cap.6) e Brebner (1958, v.III, p.252-62).

tes seja regulada pela concorrência, mais especificamente, pela concorrência de preços em mercados determinados. Dessa maneira, a tendência à nivelação das taxas de lucro regulada pela concorrência e garantida pela mobilidade do capital e do trabalho opera a distribuição do capital social e, consequentemente, do trabalho, entre as diversas esferas de atividade; e a permanentemente instável economia capitalista tem seus rumos corrigidos pelas crises periódicas.

Também as relações entre o capital e o trabalho são reguladas pela concorrência, pois, por meio de seus mecanismos, é fixada a taxa de salário. Por outro lado, a efetividade da livre concorrência torna-se visível pelas quedas de preços das mercadorias, as quais são reflexo dos constantes aumentos da produtividade do trabalho nas esferas da produção e da circulação.[2]

Como vimos anteriormente, o capital industrial tende a subordinar as outras formas do capital. Em outras palavras, a capacidade do capital industrial de liderar o processo de expansão econômica cria as condições para sua hegemonia, pois sua ação garante os aumentos da produção de mercadorias e de mais-valia, o que atende aos interesses do capital bancário e comercial. E a livre concorrência é condição para a plena realização da posição hegemônica do capital industrial.

Em síntese, a livre concorrência é elemento fundamental do capitalismo, pois é por meio de sua ação que são reguladas as relações entre os diversos capitais individuais, bem como as relações entre o trabalho e o capital. E são os mecanismos da concorrência que permitem que as condições do processo de acumulação sejam permanentemente repostas. Finalmente, a concorrência

---

2 "O século XIX foi marcado por prolongada e severa deflação, que se estendeu de 1817 a 1896, com uma única curta interrupção de seis ou sete anos." E a seguir: "A explicação para excepcionalidade do século XIX parece ligar-se precisamente aos ganhos de produtividade que estimularam e tornaram possível o crescimento econômico" (Landes, 1975, p.233-4).

é também condição para a determinação da forma da hierarquia mantida entre as diferentes formas do capital.

Dessa maneira, o capitalismo concorrencial conforma uma estrutura econômica cuja reprodução é regulada por mecanismos puramente econômicos. Assim, o processo de acumulação, ou seja, a reprodução do valor capital e das próprias classes – capitalista e operária – é garantida por mecanismos econômicos. Na verdade, a expansão do capital na era concorrencial podia dispensar apoios externos, que na fase da acumulação primitiva foram oferecidos pelo Estado absolutista.

Por essas razões, podemos associar teoricamente essa estrutura concorrencial do capitalismo ao Estado liberal. Assim, a relação de aparente exterioridade entre a instância econômica e a instância política, característica do capitalismo concorrencial, somente pode ser explicada pela capacidade desse capitalismo em reproduzir-se sem necessidade de apoios externos. E afirmamos que a relação de exterioridade é aparente porque é a própria dinâmica da estrutura econômica que condiciona as características não intervencionistas do Estado liberal.

Finalmente, essa fase de evolução do capitalismo compreende uma ampliação do campo de ação da concorrência em âmbito internacional. A política dos diversos países tendia ao livre cambismo, e eram eliminados os entraves à circulação de mercadorias, aos fluxos de capitais e aos movimentos migratórios internacionais. As relações internacionais conformavam novo padrão monetário, financeiro e comercial em âmbito mundial. Na verdade, a ampliação do campo da concorrência impulsionava e imprimia características específicas aos processos de industrialização dessa etapa de evolução do capitalismo.

Analisemos, então, a gênese do capitalismo concorrencial.[3] Na Inglaterra, ao findar o ciclo têxtil, iniciou-se a construção ferroviária, processo que se desdobrou, nos anos 40 do século XIX,

---

3 Sobre esse ponto, cf. Hobsbawm (1978), Landes (1975) e Polanyi (1980).

na gigantesca *mania ferroviária*. No novo padrão de acumulação que se desenvolvia, os setores produtores de meios de produção iam assumindo a liderança na expansão econômica. O processo de acumulação na metalurgia, na mecânica, na mineração etc. dinamizava os ramos produtores de meios de consumo, que iam sendo relegados a uma posição subordinada nas relações intersetoriais do aparelho industrial.

Do ponto de vista tecnológico, as inovações do ciclo ferroviário não se diferenciavam expressivamente daquelas do ciclo têxtil, pois apareciam como simples desdobramentos dos avanços alcançados durante a Revolução Industrial. As inovações mais importantes, como a própria estrada de ferro e, após 1850, o navio a vapor e os novos processos de fabricação do aço, surgiam como adaptações ou transformações de produtos e processos que não implicavam ruptura radical com a tecnologia da Revolução Industrial. Dessa forma, a nova tecnologia, tal como a do ciclo têxtil, não exigia conhecimentos científicos para sua geração, sendo dominada e produzida por *homens práticos*.

Por outro lado, aquela camada de trabalhadores especializados que existia na Inglaterra desde o período manufatureiro havia se desenvolvido e agora era mais numerosa, composta por operários mais treinados e qualificados; e eram exatamente estes trabalhadores que não somente geravam a nova tecnologia, como ainda eram seus portadores, viabilizando, dessa forma, a difusão das inovações. Assim, a simplicidade da tecnologia e o fato de que podia ser difundida por trabalhadores permitiam que a utilização de inovações logo se generalizasse pelo aparelho produtivo. Não havia, portanto, mecanismos que protegessem as empresas inovadoras contra a concorrência, pois outras empresas do mesmo ramo, ou novos capitais que se formavam logo, podiam incorporar as novas tecnologias. Para o nosso propósito, o importante é frisar que a dinâmica da inovação técnica não impedia ou bloqueava o surgimento de novos capitais individuais nos vários ramos da produção.

Também, quanto às formas de organização das empresas e aos seus padrões de financiamento, o desenvolvimento do ciclo da construção ferroviária não trouxe consigo transformações radicais.[4] Apesar de a produção de meios de produção assumir a posição de centro dinâmico, relegando o setor produtor de meios de consumo a uma posição subordinada, continuava a predominar na estrutura produtiva britânica a empresa familiar, cujo crescimento era financiado por reinvestimentos de lucros próprios e por crédito corrente concedido por bancos e outros agentes financeiros.

Vários fatores explicam a permanência das formas tradicionais de organização das empresas na Inglaterra.[5] A simplicidade da tecnologia vigente materializava-se em plantas produtivas de modestas dimensões, e, apesar da crescente composição orgânica do capital, ainda eram reduzidas as exigências de capital fixo. Vale dizer, predominava a participação relativa do capital constante circulante e do capital variável nos investimentos, os quais tinham reduzido período de maturação e, portanto, apesar de os empréstimos vencerem a curto prazo, ainda assim eram capazes de atender às necessidades de financiamento dos industriais. Por outro lado, como já fizemos referência, os empréstimos de curto prazo podiam ser reiteradamente renovados, funcionando assim como crédito de capital de longo prazo. Finalmente, ao

4 Sobre esses pontos, cf. Payne (1978) e Edwards (1967, pt.1, cap.1, 2 e 3).

5 "O fato é que parece não ter havido grande necessidade do abandono do padrão tradicional de organização. A prática do autofinanciamento e uma crescente confiança em uma cada vez mais sensível rede de intermediários monetários eram capazes de garantir os requerimentos de capitais da maioria das firmas. A simplicidade da maioria dos processos produtivos, caracterizados em sua maneira de ser por um padrão de crescimento que implicava simplesmente multiplicação das unidades, e não em radical reorganização... Esses fatores tornaram as firmas manufatureiras e comerciais capazes de crescer sem o recurso da formação de sociedades por ações" (Payne, 1978, p.195).

deslanchar-se o ciclo ferroviário, já existia um aparelho produtivo capitalista na Inglaterra, e as empresas em função podiam recorrer aos seus próprios lucros para novos investimentos.

Na verdade, na Grã-Bretanha não foi necessária a superação das formas tradicionais de organização das empresas, dado que não se manifestava descontinuidade entre o volume de capitais previamente acumulados e os requisitos financeiros para a expansão das indústrias mecânicas e metalúrgicas, e para a mineração.[6] A preexistência do integrado aparelho industrial capitalista que se desenvolvia havia décadas e o grau de avanço prévio alcançado pelo capital comercial, bancário e agrário garantiam dinamicamente a geração de lucros que podiam ser canalizados, via agentes financeiros, para os setores que agora assumiam a liderança da expansão. Esses setores, por sua vez, na medida em que já estavam implantados desde a Revolução Industrial, podiam constantemente reinvestir seus próprios lucros.

Entretanto, a construção ferroviária, que representava a nova fronteira de acumulação, exigiu o abandono das formas tradicionais de organização das empresas, e as companhias ferroviárias assumiram a forma de sociedade anônima. Assim, as estradas de ferro, dadas suas características técnicas e econômicas, demandavam vultosos recursos financeiros centralizados, numa escala incompatível com as disponibilidades dos capitalistas individuais. Mas mesmo esse capital da construção ferroviária aparecia como um simples desdobramento do antigo capital em funções, pois as ações e os papéis das companhias eram vendidos em bolsa e comprados por capitalistas já estabelecidos.

Em suma, não havia descompasso entre o movimento de acumulação de capitais – fluxos de mais-valia passíveis de se transformarem em capital – e o grau de desenvolvimento das forças

---

6 Na formulação de Edwards (1967, p.21): "se a demanda e a oferta de capitais fossem comparadas, ficaria claro que ao longo desse período a segunda geralmente superaria a primeira".

produtivas – forma da tecnologia, dimensão das plantas, formas de organização da empresa etc. –, o que nos permite, uma vez mais, caracterizar como *orgânico* o desenvolvimento da economia inglesa. Por isso mesmo, a indústria podia desenvolver-se sem recorrer ao banco de investimento, instituição que na Inglaterra vai dedicar-se aos empréstimos externos. Reversamente, a ausência de relações entre os bancos de investimentos e a indústria explica a lentidão da economia inglesa na adoção de formas mais avançadas de organização da produção e das empresas.

Finalmente, o que é mais relevante para o nosso propósito é que a simplicidade da tecnologia, as reduzidas escalas de produção, os modestos recursos monetários para o estabelecimento de plantas produtivas, o desenvolvimento de malha de agentes financeiros, as facilidades da obtenção de crédito corrente, todos esses fatores permitiam que constantemente novas empresas se formassem, mesmo nos setores líderes da economia. Em outros termos, novos capitais individuais podiam surgir, concorrendo com aqueles já implantados, o que indica que eram pouco expressivos os entraves à livre concorrência derivados de exigências técnicas ou financeiras.

Portanto, na Inglaterra, após a Revolução Industrial, faziam-se presentes as condições para que os mecanismos da concorrência operassem plenamente: o aparelho industrial já era integrado, o sistema bancário desenvolvido, um grande número de empresas atuava nos diversos ramos, a tecnologia era simples, o processo de proletarização era avançado, e já se conformara uma classe operária livre. Mas, apesar de a própria estrutura econômica estar madura para a realização da posição hegemônica do capital industrial, a existência de entraves institucionais à livre concorrência bloqueava esse movimento, e, na luta política que se desenvolvia, a burguesia industrial assumia a defesa do liberalismo econômico.

## A nova ordem internacional

Entretanto, no âmbito interno da economia inglesa, a posição hegemônica nas relações econômicas que começava a ser assumida pelo capital industrial não exigiu, nesta fase, grandes lutas políticas. Como expusemos no capítulo anterior, desde os movimentos revolucionários do século XVII, o combate aos privilégios e monopólios já havia progressivamente aberto espaço para que a concorrência regulasse as relações econômicas, pois foram sendo limitadas ou eliminadas as ações do Estado que visavam apoiar tal ou qual atividade. Na verdade, já estavam estabelecidas na Inglaterra as condições institucionais para que, com o advento da grande indústria, a livre concorrência se manifestasse com plenitude.[7] Por essas razões, a luta política dos industrialistas manifestou-se fundamentalmente no campo das relações internacionais, em que se faziam presentes de forma decisiva as normas protecionistas e o aparato legal do antigo sistema colonial.

Na verdade, o livre-cambismo não se limitava a lutar contra os entraves ao livre comércio, pois defendia não somente o livre trânsito de mercadorias, mas também a liberação dos fluxos de capitais e dos movimentos da força de trabalho em âmbito internacional. Tratava-se, portanto, de estabelecer uma nova ordem internacional, na qual as relações econômicas entre as diferen-

7 Advertimos que o triunfo do liberalismo e a afirmação de que a expansão capitalista passava a dispensar apoios externos não significam que o Estado inglês tenha deixado de interferir em assuntos econômicos. Mesmo nos momentos de auge do *laissez-faire*, eram múltiplas as ações do Estado, como a legislação fabril, as leis regulamentando a jornada de trabalho etc., entretanto não eram as necessidades imediatas do processo de acumulação capitalista que exigiam essa legislação, que, na verdade, aparecia como uma defesa da própria sociedade burguesa contra a voracidade dos capitalistas individuais, cuja sede de mais-valia levava a exploração capitalista a níveis insuportáveis.

tes nações fossem reguladas pela livre concorrência. Em outras palavras, assim como no âmbito interno da economia inglesa a livre concorrência regulava as relações entre os agentes econômicos, em âmbito internacional a livre mobilidade do trabalho e do capital (fluxos de capital dinheiro e de mercadorias que conformam os elementos materiais do capital constante e do capital variável) criava as condições para que a livre concorrência regulasse também as relações econômicas entre as diferentes nações.

Vejamos, então, como se encaminharam as lutas pelo livre-cambismo. Findas as guerras napoleônicas e completado o processo de Revolução Industrial, o período de paz que se seguiu, propício ao desenvolvimento do comércio internacional, encontra a Inglaterra com um aparelho industrial técnica e economicamente incomparável ao de qualquer outra nação. Na verdade, a economia britânica aparecia como monopolista no mercado mundial de produtos industriais e, por isso mesmo, podia dispensar o protecionismo, já que nenhum país no mundo estava apto a concorrer no mercado nacional inglês de produtos industriais. Mas as restrições ao livre comércio não somente eram dispensáveis como ainda começavam a entrar em choque com os interesses industriais. Assim, nos trinta anos entre 1820 e 1850, a luta política na Inglaterra será polarizada entre adeptos e adversários do livre-câmbio, culminando com a vitória total dos primeiros.[8]

Se no período manufatureiro o comércio exterior e o sistema colonial visavam fundamentalmente à expansão e máxima valorização do capital comercial, agora o industrialismo triunfante tendia a imprimir outras características às relações exteriores, que então passam a ter por objetivo a máxima valoriza-

---

8 Para a vitória do livre-cambismo na Inglaterra, ver Hobsbawm (1978, cap.7), Williams (1975, cap.8), Clapham (1958, v.III, p.145-78) e Imlah (1958, cap.5).

ção do capital industrial, o que seria alcançado pela importação de alimentos e matérias-primas aos mais baixos preços e pela abertura de mercados externos para a indústria.

As matérias-primas e alimentos baratos reduziriam o valor do capital constante circulante e do capital variável da indústria, elevando assim as taxas de mais-valia e de lucro, o que potenciava a acumulação do capital industrial. Mas, ao mesmo tempo em que a liberação do comércio exterior diminuía os custos de produção, considerada a posição monopolista da Inglaterra, criava mercados para os produtos da indústria britânica. Vale dizer, o poder de compra gerado no exterior pelas importações de alimentos e matérias-primas seria, inevitavelmente, em sua maior parte, destinado a adquirir produtos da indústria da Inglaterra, pois esta era a única fornecedora dos artigos industriais de que as outras nações necessitavam.

Entretanto, os industriais ingleses não se lançaram de imediato nas lutas pelo livre-câmbio. A têxtil, temerosa da concorrência estrangeira e presa ainda às práticas mercantilistas, lutava pela manutenção da proibição da exportação de máquinas, e essa legislação somente foi revogada na década de 1830. Na verdade, o livre-câmbio só triunfou completamente no campo do comércio de artigos industriais ao crescer a importância da produção de meios de produção no âmbito da economia inglesa, e, já então nessa fase, o conjunto dos interesses dos industriais alinhava-se com a liberdade de comércio.

Considerando, então, que a indústria britânica não necessitava de proteção tanto no mercado nacional como em mercados exteriores, e que a ela interessava importar alimentos e matérias-primas aos mais baixos preços, sendo indiferente a origem dessas importações, fica claro que o livre-câmbio contrariava os interesses agrários do país. Os progressos da marinha e a estrada de ferro provocavam quedas nos custos de transportes e permitiam a incorporação e valorização de terras virgens e férteis com altos índices de produtividade, e ficava claro que a agricultura inglesa perdia as condições de concorrer com a produção a baixos preços dessas novas áreas.

Por sua vez, a crescente urbanização decorrente da industrialização implicava rápidos aumentos da demanda de alimentos e matérias-primas, o que constituía um desafio ao setor agrícola inglês que se mostrava incapaz de aumentar adequadamente sua oferta. Assim, a agricultura não somente era incapaz de concorrer com as novas áreas produtoras, como também não se mostrava apta a aumentar sua oferta de maneira adequada e, por isso mesmo, apoiava-se em tarifas alfandegárias e na legislação que somente permitia a importação de grãos em anos de más colheitas. A tendência à alta de preços de matérias-primas e alimentos decorrentes dessas circunstâncias causava crescente descontentamento entre industriais e operários, e a luta pelo livre-cambismo encerrou-se com a vitória dos industriais na década de 1840, ao serem revogadas as *corn laws*.

Mas não apenas os interesses agrários iam entrando em choque com o livre-cambismo pretendido pelos industriais, pois as próprias colônias britânicas, com seus representantes no Parlamento, resistiam à denúncia do pacto colonial. Na medida em que aos industrialistas era indiferente a origem das importações, as colônias viam surgir novos concorrentes nos mercados de seus produtos e se tornavam defensoras do exclusivo metropolitano. Ocorria que o aparato legal que protegia o mercado colonial para a produção metropolitana vedava também a participação de estrangeiros nas compras de produtos nos mercados das próprias colônias.

Os colonos britânicos passaram, então, a defender o exclusivo por meio dessa sua outra face, ou seja, entendiam que o mercado metropolitano inglês deveria ser cativo para a produção de suas próprias colônias. Essa posição dos colonos era apoiada por certos mercadores, banqueiros e traficantes de escravos que dominavam o comércio colonial e que eram beneficiários da antiga política mercantilista. A luta entre os interesses colonialistas e o livre-cambismo durou décadas, e o industrialismo dirigiu inicialmente seus ataques ao tráfico negreiro e ao escravismo. Finalmente, em fins da década de 1840, são rompidos antigos laços coloniais, ao mesmo tempo em que eram revogadas as atas de navegação.

A progressiva liberação do comércio internacional, se era irreconciliável com os interesses dos colonos, podia, entretanto, beneficiar também comerciantes e banqueiros ingleses. A ampliação dos fluxos mercantis não somente abria novos campos de valorização para o capital comercial, como também permitia ao capital bancário ampliar seu raio de ação, financiando o comércio internacional, ao mesmo tempo que a dinamização das economias que mantinham relação com Grã-Bretanha resultava em crescente demanda de empréstimos a banqueiros ingleses. Finalmente a expansão comercial atendia ainda aos armadores e companhias de seguros, pois eram os ingleses que podiam prestar esses serviços ao comércio mundial.

Entretanto, o estabelecimento de nova ordem internacional baseada no livre-câmbio não dependia exclusivamente da Inglaterra, pois as outras nações não eram passivas nesse processo. Assim, o capitalismo inglês deveria articular, sob sua hegemonia, diferentes interesses nacionais, para que se conformasse o mercado mundial capitalista do século XIX,[9] esta nova ordem econômica que correspondia a um novo padrão comercial, financeiro e monetário internacional.

A implantação da grande indústria na Inglaterra conferia ao seu capitalismo um potencial dinâmico que não encontrava paralelo em nenhuma outra economia nacional. Em termos genéricos, era exatamente o caráter expansivo do capitalismo britânico que podia dinamizar outras economias nacionais, o que

9 Sobre a formação do mercado mundial capitalista no século XIX, ver Hobsbawm (1978, cap.7), Imlah (1958, cap.VI), Woodruff (1976, v.2) e Lichtheim (1971, cap.5).

tornava interessante aos diferentes países a manutenção de relações com a Inglaterra. Em outras palavras, a adoção do livre-cambismo podia propagar o dinamismo da economia inglesa em âmbito mundial, pois o livre acesso ao mercado mundial (de mercadorias, de dinheiro e de força de trabalho), que era impulsionado pela expansão do capitalismo inglês, abria aos diferentes países novas possibilidades de expansão econômica.

Trata-se, então, de analisar como o livre-cambismo foi ganhando forças em todo o mundo. Os bloqueios ao comércio internacional, em razão das guerras napoleônicas, haviam levado o comércio exterior inglês, baseado fundamentalmente nos têxteis, a se orientar para as áreas coloniais, principalmente para a América Latina. O final das guerras e a crescente importância das indústrias de meios de produção deveriam imprimir alterações nas pautas e direção dos fluxos de comércio exterior da Grã-Bretanha. Na pauta de exportação ganham importância relativa os meios de produção – ferro, carvão, máquinas – em detrimento dos têxteis e outros meios de consumo, e, por sua vez, os Estados Unidos e a Europa vão assumindo posição de principais parceiros comerciais da Inglaterra, relegando a segundo plano as áreas atrasadas. Por outro lado, também as exportações de capitais britânicos passam a assumir nova direção e se orientam principalmente para esses países mais avançados. A questão a ser respondida é: como nesses países foram sendo articuladas forças sociais interessadas no estreitamento de relações com a Inglaterra e como a política que tendia ao livre-câmbio foi ganhando terreno?

Nos países europeus e nos Estados Unidos, o processo de mercantilização da produção progredia, ao mesmo tempo que se desenvolvia o capital comercial nacional. O surgimento da Grã-Bretanha como grande importadora de alimentos e matérias-primas tendia a reforçar antigos laços mercantis e ainda estimulava a organização de novos setores produtivos voltados para o comércio externo. Assim, expressivos interesses mercantis de produtores de artigos primários desses países logo se alinham na defesa do livre-câmbio. O crescimento das exportações, por sua vez, exigia a construção de estradas de ferro e obras de infraestrutura, e, dessa forma, os interesses dos setores exportadores articulavam-se com as importações de material ferroviário e de capitais britânicos.

Os interesses comerciais desses países não seriam necessariamente sacrificados, já que os portos ingleses estavam abertos a barcos de qualquer nacionalidade. Quanto à indústria, seus interesses eram pouco expressivos, pois o capital industrial não estava ainda implantado, e as importações da Inglaterra de fato afetavam somente alguns setores da produção manufatureira e artesanal. Na verdade, o comércio com a Inglaterra não necessariamente funcionava como barreira à industrialização. Como veremos mais adiante, onde apresentavam determinadas condições internas, a manutenção de estreitas relações comerciais com a Grã-Bretanha garantia a importação de máquinas, capitais e tecnologia, em condições vantajosas, o que podia mesmo acelerar a implantação do capital industrial dessas nações.[10]

Dessa forma, é exatamente essa articulação de interesses que explica a crescente força dos partidários do livre-cambismo e, consequentemente, o paulatino abandono das práticas mercantilistas, já que a tendência à redução de tarifas alfandegárias foi generalizada. Por considerar esses fatores, Mello (1982, p.49) denomina *complementaridade restrita* a relação que se estabelece entre a Inglaterra e as nações mais desenvolvidas no século XIX.

Nas áreas de passado colonial da América Latina, também o livre-câmbio triunfou, mas sob uma articulação de interesses

10 Na verdade, nestas nações de capitalismo atrasado, o próprio capital industrial, após superar suas dificuldades iniciais, podia enfrentar a concorrência inglesa. Por isso mesmo, List (1942), o grande adversário do livre-cambismo, não advogava o protecionismo em geral, mas reivindicava somente a proteção para a indústria nascente.

distinta daquela dos países europeus e dos Estados Unidos. O principal entrave para a nova articulação internacional da região era representado pelo pacto colonial, e, portanto, deveriam ser varridas as resistências das decadentes metrópoles. A Grã-Bretanha, tolhida pelo bloqueio continental, buscava reforçar seus já antigos laços com a América Latina, e o crescente fluxo de comércio durante as guerras napoleônicas fazia que se manifestassem com maior vigor as contradições de interesses entre as colônias e as antigas metrópoles, pois, com a nova posição que ia assumindo a Inglaterra, tornava-se mais nítido o papel parasitário das metrópoles ibéricas.

Durante o período colonial, no interior da América Latina, apesar da legislação restritiva, novos interesses mercantis se desenvolviam. Articulados às atividades de exportação controladas pelos europeus, foram surgindo ramos de produção subsidiários que forneciam alimentos e outros artigos ao setor exportador. Desenvolvia-se ainda o capital comercial nativo e ia sendo estabelecida, ainda que de forma lenta, certa divisão social do trabalho. Ora, todas essas atividades mercantis eram evidentemente prejudicadas pelo pacto colonial, pois sofriam não somente violenta exação fiscal, como ainda viam-se obrigadas a pagar preços monopolistas em suas importações e a aceitar preços fixados pelo capital comercial europeu por seus produtos.[11]

A crescente articulação com a economia inglesa não somente tornava nítido que as metrópoles ibéricas não passavam de meros entrepostos, como ainda mostrava aos colonos que o único caminho a seguir era a ruptura do pacto colonial. A liberação política permitiria o estabelecimento de governos locais e varreria a legislação restritiva sobre as atividades mercantis internas. Por outro lado, essa ruptura não somente eliminaria a tributação metropolitana, como ainda permitiria aos produtores coloniais o

11 Sobre esse ponto, cf. Santos (1985).

livre acesso ao mercado inglês, com sua demanda crescente por produtos primários, e, ademais, garantiria o fornecimento de produtos industriais a baixos preços.

A conjuntura das guerras napoleônicas com a consequente ocupação da Península Ibérica pelos franceses criou as condições para a definitiva ruptura do pacto colonial. Pelo já exposto, fica claro que, apesar do apoio decisivo da Grã-Bretanha aos movimentos de independência, a sociedade latino-americana não foi passiva nesse processo. Vale dizer, a formação dos Estados nacionais e o triunfo do livre-câmbio resultaram da ação de uma aliança do industrialismo inglês com um conjunto de forças sociais das antigas colônias.

A nova forma de articulação internacional da América Latina permitiu, onde se apresentavam determinadas condições internas, o surgimento de novos ramos exportadores de primários, ao mesmo tempo que os empréstimos ingleses garantiam os recursos necessários para a construção da infraestrutura econômica de apoio às exportações. Tal como no período colonial, o capital comercial nativo mostrou-se incapaz de participar decisivamente do comércio exterior, que agora passava às mãos dos ingleses. Entretanto, os mercadores latino-americanos, após a independência, tiveram seus horizontes ampliados, pois a liberdade de comércio interno e o desenvolvimento das exportações ampliavam os mercados nacionais e, consequentemente, abriam novos campos de valorização do capital. Finalmente, eram praticamente inexistentes nos novos países latino-americanos as atividades manufatureiras ou industriais, e, por isso mesmo, nessa etapa não se manifestaram expressivamente quaisquer forças adversárias do livre-cambismo.

Finalizando, alterações nas pautas de exportação inglesas e a preponderante importância que assumia o comércio com as nações mais avançadas implicaram somente perda de posição relativa da América Latina como parceira comercial, pois os volumes de comércio com a Grã-Bretanha eram crescentes, e a região manteve suas características de grande importadora de bens de consumo. Na verdade, ia sendo conformada na América Latina uma estrutura econômica que mantinha relação de complementaridade com a economia inglesa, numa divisão internacional do trabalho que tornava a Inglaterra especializada na produção industrial e seus parceiros latino-americanos na produção primária.

A ação de difusão do capitalismo viabilizada pela livre concorrência obteve suas mais expressivas vitórias nos chamados domínios brancos – Canadá, Austrália e Nova Zelândia. Nessas regiões, as atrasadas e rarefeitas populações indígenas mostraram-se incapazes de impedir os avanços da colonização realizada por emigrantes europeus. A inexistência de expressivas resistências internas permitiu que os colonizadores rapidamente exterminassem os nativos, abrindo assim um verdadeiro vazio social no qual a livre concorrência podia moldar o surgimento de novas sociedades. Dessa forma, emigrantes europeus e capitais ingleses puderam organizar, por meio de pequenas propriedades ou do trabalho assalariado, uma estrutura produtiva que desde suas origens estava voltada para o comércio externo. Pujantes economias capitalistas exportadoras de matérias-primas e alimentos foram sendo conformadas, e consequentemente também nesses domínios a política livre-cambista foi adotada.

Nas áreas de antigas sociedades que apresentavam certo nível de complexidade, tais como Índia, China e Egito etc., a missão civilizatória do capital foi exercida de forma agudamente contraditória. As bárbaras formas de dominação locais foram sendo substituídas por novas formas de organização da sociedade por meio de práticas brutais, numa flagrante violação dos próprios primórdios do liberalismo, indicando assim que o capital não hesita em abandonar sua ideologia quando seus interesses estão em jogo.

A decidida resistência que essas antigas sociedades ofereciam à penetração estrangeira com seus interesses mercantis levou os britânicos ao emprego das armas para estabelecer seu domínio econômico e político sobre essas áreas. Vale dizer, se num primeiro momento os ingleses contentaram-se em colocar seus produtos na Índia, agora tratava-se de organizar e estabelecer uma economia exportadora, o que não era possível pela ação puramente econômica, e assim, em meio à barbárie da destruição das antigas sociedades, foram sendo criadas economias capitalistas exportadoras de alimentos e matérias-primas.

Sintetizando, a nova ordem que se conformava implicou profundas transformações em âmbito mundial. Os Estados Unidos e demais países da Europa abandonavam em maior ou menor grau suas políticas mercantilistas, e na América Latina eram rompidos os laços coloniais, formando-se novas nações. Novos domínios britânicos surgiram em áreas livres, e antigas civilizações foram destruídas. Na verdade, ampliava-se o campo da concorrência em âmbito mundial, e o livre fluxo de mercadorias, de capital e de força de trabalho ligava os cinco continentes, numa articulação na qual o capitalismo inglês assumia posição hegemônica. Vejamos, então, como esse novo padrão de relações internacionais pôde se reproduzir por décadas.

A estrutura concorrencial do capitalismo definia mundialmente certo padrão de comércio,[12] o qual passaremos a analisar. Os alimentos e matérias-primas importados tendiam a aumentar sua importância relativa no abastecimento do mercado inglês, pois a agricultura mostrava-se incapaz de concorrer com os produtos que chegavam aos portos britânicos. Por outro lado, esgotavam-se as reservas de certos minérios, como o ferro, ao mesmo tempo que novos produtos minerais e agrícolas iam sendo incorporados à pauta de importações da Inglaterra. A esses fatores, agrega-se o fato de que a demanda de alimentos e matérias-primas tendia a crescer mais rapidamente que a renda nacional,

12 Sobre os padrões de comércio no século XIX, ver Nurske (1979).

pois o padrão de vida, que havia declinado até meados do século, começava a melhorar. E sempre que isso ocorre, quando se parte de baixos níveis de consumo, a demanda de alimentos tende a crescer mais rapidamente que os salários.

A demanda de fibras, minérios etc. também aumentava rapidamente, pois eram crescentes as quantidades de matérias-primas manipuladas por cada trabalhador, dada a crescente produtividade do trabalho. Finalmente, era alta a participação dos produtos importados no valor das exportações, que também cresciam celeremente.

Todos esses fatores determinavam que as importações da Inglaterra aumentassem mais rapidamente que o produto nacional, e o crescente poder de compra gerado no exterior fazia que as exportações inglesas também crescessem mais que o produto interno, ainda que a taxas menores que aquelas do incremento das importações. Dessa forma, era crescente o coeficiente de abertura à economia inglesa e deficitária sua balança de comércio com o resto do mundo, embora em suas transações correntes a balança de pagamentos apresentasse superávit, pois o déficit comercial era mais que compensado pelos ganhos com os serviços. Assim, os itens fretes e seguros, serviços bancários, lucros comerciais, lucros e juros de empréstimos e investimentos no exterior faziam que as transações correntes inglesas fossem superavitárias.[13]

A crescente liberação do comércio internacional e o generalizado abandono das práticas mercantilistas reforçavam a posição dos serviços britânicos no âmbito internacional. Eram agentes ingleses que apoiavam não somente o comércio de importações e exportações da própria Grã-Bretanha, como também suas reexportações, e ainda aquele comércio de circuitos que não passavam pelos portos ingleses. Dessa forma, eram os ingleses que

---

13 Sobre a evolução da balança de pagamentos inglesa no século XIX, ver Imlah (1952).

transportavam e seguravam a maior parte do comércio internacional. Eram os comerciantes ingleses que compravam e vendiam a maior parte dos produtos primários e industriais lançados no mercado mundial, e essas operações eram financiadas por bancos e outros agentes especializados da Inglaterra.

Assim, o capitalismo inglês propagava seu dinamismo ao mercado mundial num movimento que era viabilizado pela livre concorrência imperante. A acumulação do capital industrial resultava em vigorosa demanda por produtos primários, e o poder de compra gerado no exterior garantia que expressiva parcela da produção industrial inglesa pudesse ser exportada. Apesar de os fluxos fundamentais do comércio mundial passarem por postos britânicos, novos e dinâmicos elos comerciais também eram estabelecidos entre os demais países.

Entretanto, apesar da posição hegemônica da Inglaterra, o novo padrão de comércio não foi estabelecido de forma unilateral, já que os demais países não eram passivos nesse processo. Podemos afirmar que se o novo padrão de comércio foi determinado, em última instância, pelo capitalismo inglês, em primeira instância, dependeu, entretanto, da capacidade dos demais países de organizarem setores exportadores competitivos em âmbito mundial.

Ao mesmo tempo que as mercadorias movimentavam-se livremente no âmbito internacional, no século XIX também os movimentos migratórios foram liberados, e ondas gigantescas de expropriados abandonavam a Europa em direção às novas fronteiras de expansão do capitalismo, principalmente para os Estados Unidos e para os domínios dos brancos.[14] O progresso dos transportes tornava acessível aos expropriados a compra de passagens internacionais e, nos porões dos navios mercantes, os emigrantes europeus passaram a substituir os escravos africanos.

14 Sobre esse fato, ver Hobsbawm (1977, cap.11).

O livre movimento de mão de obra conformava um mercado mundial de força de trabalho, e os novos polos de desenvolvimento do capitalismo disputavam os fluxos migratórios. Assim, o livre movimento da força de trabalho e os livres fluxos de capitais britânicos podiam difundir mundialmente o modo de produção capitalista; vale dizer, as relações capitalistas eram estabelecidas em novas áreas, num movimento que articulava numa mesma direção os expropriados e o capital inglês exportado.[15]

Entretanto, o livre comércio e o movimento de difusão do capitalismo, em âmbito mundial, exigiram que se conformasse um certo padrão financeiro internacional. O persistente superávit em contas-correntes do balanço de pagamentos inglês garantia não somente a possibilidade da exportação de capitais, como ainda que a Inglaterra financiasse a maior parte do comércio internacional.

Bancos e outros agentes ingleses forneciam diretamente empréstimos a longo prazo ao exterior ou então ofereciam na Bolsa de Londres diferentes papéis e títulos estrangeiros. Esse fluxo de capitais britânicos destinava-se principalmente ao financiamento da construção ferroviária e das obras de infraestrutura, o que servia de apoio às atividades de exportação dos países receptores de capitais. Os investimentos externos funcionavam ainda como alavanca para a exportação de meios de produção da indústria britânica.[16]

Por sua vez, o superávit das contas inglesas permitia ainda que o sistema bancário inglês, não comprometido com o finan-

---

15 "Mas a exportação de capital inglês ao mesmo tempo ligava o Reino Unido ao conjunto da Europa porque os investimentos em novos territórios consistiam na fundação de novas empresas e no desenvolvimento do assalariamento a partir da emigração maciça proveniente do conjunto da Europa" (Aglietta, 1979, p.814).

16 "Havia uma forte correlação entre as exportações anuais de bens do Reino Unido e as exportações de capital para todos os países no período de 1861 a 1914" (Cottrell, 1975).

ciamento a longo prazo da indústria, atuasse no fornecimento de crédito comercial, especializando-se nos empréstimos de curto prazo do comércio mundial. Bancos e outros agentes financeiros especializados desenvolveram profundo conhecimento sobre mercados e firmas comerciais, e conformavam ágil sistema de descontos de letras, o que potenciava o desenvolvimento do comércio internacional. Na verdade, os excedentes financeiros da economia britânica permitiam que seu sistema bancário financiasse o déficit das contas externas de seus parceiros no mercado mundial.

Entretanto, o sistema financeiro inglês não se relacionava com o exterior simplesmente pelos empréstimos a longo prazo ou pelo crédito comercial. O papel central da Inglaterra no mercado internacional e suas disponibilidades financeiras atraíam filiais de bancos estrangeiros que se estabeleciam em Londres, o que possibilitava o desenvolvimento de operações interbancárias, que conectavam as finanças inglesas com aquelas dos países mais avançados.[17]

Dessa forma, era interessante aos diferentes países o estabelecimento de relações com a Inglaterra. Essas relações não somente abriam o mercado inglês para produtos de exportação dos parceiros da Inglaterra, mas também garantiam o financiamento do comércio exterior e a obtenção de empréstimos de longo prazo para a construção de infraestrutura básica desses países. Na verdade, os mecanismos financeiros próprios do capitalismo concorrencial viabilizavam mundialmente a difusão do capitalismo.

17 "Londres tornou-se o grande centro financeiro do mundo, fornecendo créditos a curto prazo a importadores estrangeiros ou britânicos, a tomadores de empréstimos ultramarinos que necessitassem dos recursos para atender a um temporário excesso de obrigações estrangeiras contra créditos estrangeiros, e fornecendo, pela atividade de levantamento de capital das casas de emissão de títulos, empréstimos em esterlinos para as necessidades externas de capital de longo prazo" (Ellsworth, 1976, p.197). Ver, também, Nurske (1969).

A liberação dos movimentos de mercadorias e dos fluxos de capitais exigiu a definição de um novo padrão monetário internacional.[18] Era evidente que o comércio e os movimentos de capitais necessitavam de uma moeda estável em âmbito internacional, moeda que pudesse funcionar não somente como medida de conta e meio de pagamento, mas também que servisse de referência para as outras moedas.

A posição do capitalismo inglês como centro hegemônico comercial e financeiro criava as condições para a manutenção da estável paridade entre a libra e o ouro. Dessa forma, a libra esterlina tornava-se moeda internacional, definindo um novo padrão monetário internacional. Assim, a moeda inglesa não somente funcionava como moeda de reserva internacional, como ainda todas as operações comerciais e financeiras eram expressas em libras.

Sintetizando, o capitalismo concorrencial compreendia um mercado mundial de mercadorias, de capitais e de força de trabalho, o que definia mundialmente certo padrão monetário, financeiro e comercial. Na verdade, se os descobrimentos e o desenvolvimento do comércio marcaram o surgimento do mercado mundial na era da acumulação primitiva, a Revolução Industrial é o ponto de partida para o mercado mundial capitalista. E o novo mercado era capitalista porque, em última instância, sua dinâmica era determinada pelos movimentos da acumulação capitalista na Inglaterra.

A acumulação de capitais na Inglaterra aumentava suas importações de primários, o que criava poder de compra no exterior, dinamizando as exportações de produtos industriais da própria Inglaterra. As importações abriam ainda novos campos de investimento para os capitais britânicos, investimentos que eram viabilizados pelo superávit das contas externas da Inglaterra e

18 Sobre o sistema monetário internacional do século XIX, ver Triffin (1968, p.1, cap.1) e Aglietta (1979).

por seus excedentes financeiros. A dinamização das relações internacionais criava novos mercados para os serviços prestados pelos ingleses, e o sistema bancário inglês podia financiar o comércio internacional.

Entretanto, uma vez mais, insistimos que a dinâmica do mercado mundial capitalista não era determinada unilateralmente pelo capitalismo inglês. O próprio comércio exterior inglês, evidentemente, dependia da capacidade de exportação e importação de seus parceiros, assim como os movimentos internacionais de capitais britânicos dependiam da organização de economias nacionais que tornassem rentáveis esses investimentos.

Essa nova ordem internacional reproduziu-se de forma relativamente equilibrada, o que não pode ser explicado somente pelos mecanismos do liberalismo econômico.[19] Na verdade, a posição hegemônica da Inglaterra, ou seja, sua posição de maior compradora e vendedora no mercado mundial, e seu papel de financiadora desse mercado permitiam que o capitalismo inglês fixasse as regras das relações internacionais. E os demais países seguiam as regras fixadas, uma vez que a articulação com o mercado mundial permitia que suas economias captassem o dinamismo que era difundido pela economia inglesa.

Por isso mesmo, a estabilidade da nova ordem internacional deva ser explicada pela articulação de interesses promovida pelo capitalismo inglês, articulação na qual o dinamismo da economia britânica era difundido ao resto do mundo. Dessa forma, a nova ordem do capitalismo concorrencial pôde estimular o progresso material nas áreas atrasadas, desenvolveu pujantes economias capitalistas exportadoras nas áreas de colonização recente e pôde mesmo impulsionar a industrialização dos Estados Unidos e dos países mais avançados da Europa.

---

19 Sobre os mecanismos de ajuste internacionais do século XIX, ver também Triffin (1968) e Aglietta (1979).

Portanto, é essa subjacente convergência de interesses em âmbito internacional que explica a *pax britannica*, ou seja, esclarece por que o capitalismo em sua fase concorrencial pôde superar o clima belicista que caracterizava as relações internacionais na era da acumulação primitiva. Na avaliação de Polanyi (1980, p.24):

> o século XIX produziu um fenômeno sem precedentes nos anais da civilização ocidental, a saber, uma paz que durou cem anos – 1815- 1914. Além da Guerra da Crimeia – um acontecimento mais ou menos colonial –, a Inglaterra, a França, a Prússia, a Áustria, a Itália e a Rússia estiveram em guerra uns com os outros apenas durante dezoito meses. Computando as cifras comparativas dos dois séculos anteriores, temos uma média de sessenta a setenta anos de grandes guerras para cada um.

Nesse mercado mundial capitalista, as nações mantinham uma hierarquia de relações específicas. Se o elemento dominante dessa estrutura era o capital industrial, fica claro que a posição hegemônica era alcançada pela nação cujo capital industrial tinha seu processo de acumulação potenciado pela sua inserção no mercado mundial. E tal país era a Inglaterra, cujo capital industrial captava de maneira integrada os estímulos do mercado mundial.

Entretanto, a relação mantida pelas nações em sua participação no mercado mundial não era uniforme. Assim, os Estados Unidos e os países mais avançados da Europa, apesar de não serem hegemônicos, não mantinham posição de subordinação, e suas economias podiam mesmo competir com a da Inglaterra. Apesar de essas nações serem exportadoras de produtos primários e importadoras de produtos industriais, esse tipo de inserção no mercado não impediu e mesmo estimulou o surgimento e o desenvolvimento do capital industrial nacional. Já as nações e regiões da América Latina, África e Ásia mantinham clara posição subordinada, pois a inserção estabelecida com o mercado mundial reforçava sua especialização como fornecedoras de alimentos e matérias-primas, e de importadores de produtos industriais.

Entretanto, deve ficar claro que a relação mantida no mercado mundial pelas nações e regiões não pode ser explicada simplesmente pela ação da Inglaterra. Ou seja, não é simplesmente a dinâmica da economia inglesa ou sua ação política que explicam a natureza das relações que as diferentes nações mantinham com o mercado mundial, e isso fica claro exatamente pela existência de hierarquia nas relações. As nações não eram passivas no movimento de articulação com o mercado mundial, e, portanto, as condições e lutas locais eram elementos também determinantes da natureza das relações que cada nação mantinha em âmbito internacional. Em síntese, a dinâmica do mercado mundial capitalista no século XIX era determinada, em última instância, pelos movimentos da economia inglesa e, em primeira instância, pela dinâmica das outras economias; e tanto os movimentos da economia inglesa como aquele das outras economias eram sobredeterminados pela dinâmica do mercado mundial.

As características da era concorrencial do capitalismo que acabamos de expor tiveram plena vigência até o período da chamada grande depressão (1873-1896), quando, então, aceleram-se certas transformações que serão apontadas posteriormente. Por essa razão, analisaremos o processo de constituição dos capitalismos atrasados por meio de duas ondas principais. Numa primeira, industrializam-se países como Alemanha, França e Estados Unidos, e, após 1870, Itália, Rússia, Japão etc.

Como analisamos anteriormente, os mecanismos da livre concorrência tendiam a difundir mundialmente o capitalismo em nível mundial. Entretanto, nem todos os países se industrializam no século XIX, o que indica que a dinâmica do capitalismo concorrencial imperante em âmbito mundial por si só não garante a plena constituição do capitalismo nos diferentes países. Na verdade, a plena difusão do capitalismo dependia também das condições locais, e podemos afirmar que, na etapa concorrencial do capitalismo, foram impulsionados processos de industrialização nos países onde existiam condições internas propícias. Trata-se, portanto, de analisar como as condições internas dos Estados Unidos, da França e Alemanha permitiram que nesses países o capitalismo se constituísse plenamente.

## As colônias de povoamento norte-americanas

No início deste capítulo, afirmamos que os processos nacionais de industrialização, que se completam ao longo do século XIX, foram determinados tanto pela etapa concorrencial vivida mundialmente pelo capitalismo como pelo passado feudal dos países, e chamamos a atenção para a exceção representada pelos Estados Unidos. Antes de analisarmos como as características da etapa concorrencial se combinam com as estruturas sociais das economias de passado feudal, determinando a especificidade das industrializações atrasadas, cabe caracterizar a estrutura social das colônias de povoamento norte-americanas.[20]

O processo de colonização desencadeado na era da acumulação primitiva foi comandado pelo capital europeu, e, inicialmente, a ocupação da América do Norte não fugiu a esse padrão. Entretanto, a colonização norte-americana resultou em estrutura social profundamente heterogênea, já que no Sul dominava a exploração escravista, e, nas colônias do Norte e do Centro, a produção organizava-se por meio de pequena propriedade, mantendo o Norte e o Sul distintas relações com o capital comercial britânico.

No Sul, após algumas tentativas, os primeiros colonos conseguiam estabelecer certas culturas, como o anil, o arroz e, principalmente, o tabaco. Na verdade, as condições naturais mostra-

---

20 Sobre esse ponto, ver Furtado (1963, cap.V e VI), Faulkner (1956, cap.4, 5 e 7) e Robertson (1967, v.1, cap.2, 3 e 4).

vam-se adequadas a atividades que não concorriam com a agricultura inglesa e que produziam artigos com demanda real ou potencial na Europa. Tal como nas Antilhas Britânicas, o estabelecimento das atividades exportadoras, em seu início, foi levado a cabo por pequenos proprietários que empregavam imigrantes sob o regime de servidão temporária. Entretanto, na exata medida em que as culturas mostraram-se rentáveis, os pequenos produtores foram sendo substituídos pela organização escravista da produção, típica das colônias de exploração.

Quando a demanda de certos produtos mostrava-se vigorosa na Europa e as condições naturais eram propícias à sua cultura, imediatamente estreitavam-se as relações dos produtores coloniais com o capital comercial metropolitano, que exigia escalas de produção e regularidade de oferta incompatíveis com a organização produtiva das pequenas propriedades. Por sua vez, os lucros auferidos ou esperados levavam os mercadores a financiar a produção colonial, o que colocava nas mãos de certos produtores recursos não somente para a compra de meios de produção, mas também para a aquisição de escravos. Assim, tal como nas Antilhas Britânicas, nas colônias do Sul a pequena propriedade foi perdendo terreno para a grande produção escravista.

Dessa forma, pelo crédito e pelo controle dos mercados compradores, os comerciantes britânicos subordinavam os produtores das colônias do Sul e, assim, criaram uma sociedade fundada na grande exploração escravista tal como na América Latina e nas Antilhas. Essa estrutura social bloqueava a divisão social do trabalho, a acumulação do capital comercial local etc., tornando lento o desenvolvimento do capitalismo. Por isso mesmo, as causas da precocidade da industrialização norte-americana em relação à América Latina não devem ser buscadas no Sul, mas sim na estrutura social que se forma nas colônias do Centro e do Norte.

A desarticulação do feudalismo resultara numa sociedade cuja base era fundamentalmente a pequena produção independente. As lutas sociais, a perseguição política e religiosa, e os avanços da proletarização provocaram um fluxo migratório em cuja composição social evidentemente predominavam os antigos produtores independentes. Ao se dirigirem para o norte da América, esses imigrantes não necessariamente visavam estabelecer conexões econômicas lucrativas com o Velho Mundo, mas simplesmente buscavam terras livres e abertas, das quais pudessem tirar sua subsistência, e onde pudessem exercitar livremente sua fé ou suas convicções políticas perseguidas na Inglaterra.

Entretanto, a natureza social e as aspirações dos migrantes por si mesmas não explicam por que a sociedade norte-americana vai organizar-se pela pequena produção independente, afirmação que pode ser comprovada pela história das Antilhas e das colônias do Sul. Na verdade, as condições naturais das colônias do Norte eram semelhantes às da Europa, o que as tornava inadequadas ao projeto do capital comercial, ou seja, ao estabelecimento da grande exploração agrária de artigos de exportação, e, ademais, inexistiam possibilidades da mineração de metais preciosos no Nordeste americano. Dessa forma, somente foi possível a implantação de débeis atividades extrativas de exportação, como a pesca, a produção de peles ou de madeiras etc. Daí o desinteresse e mesmo a hostilidade do capital comercial metropolitano em relação às colônias de povoamento.

Assim, as condições inadequadas ao estabelecimento de expressivas atividades de exportação impossibilitavam a implantação da escravidão. Por outro lado, a atrasada e rarefeita população indígena local não conseguia impor grandes resistências ao avanço da colonização e, progressivamente, ia sendo exterminada, o que significava abundância de terras livres. A abundância de terras, por sua vez, eliminava a possibilidade da implantação do trabalho assalariado, e, por essas razões, a pequena propriedade foi a forma típica de organização da produção dessa sociedade, cuja expansão era alimentada tanto pelo crescimento natural da população como pela imigração de servos temporários.

A servidão temporária era consequência tanto da abundância de terras como do alto custo de transporte entre Europa e América, custo incompatível com as disponibilidades de camponeses expropriados do Velho Mundo. O pequeno produtor americano arcava com o preço da passagem, e, em contrapartida, o imigrante sujeitava-se à servidão temporária. Entretanto, esse regime de trabalho não se assemelhava à chamada segunda servidão, pois a estrutura social em que florescia, baseada na pequena propriedade, era radicalmente distinta do meio social conformado pela grande exploração servil do Leste Europeu. Por outro lado, na medida em que a servidão era temporária e que havia terras disponíveis, findo o período de contrato, o *indentured servant* podia transformar-se ele próprio num pequeno proprietário. Na verdade, como a produção era comandada por pequenos proprietários, a condição do servo mais se assemelhava àquela do aprendiz de ofício, afirmação que não implica, evidentemente, ignorar o tratamento desumano a que estavam submetidos os servos temporários, tratamento, aliás, que não era estranho aos aprendizes da época.

Assim, duas vertentes de fatores explicam a natureza da sociedade que se conforma nas colônias de povoamento. Em primeiro lugar, eram as condições sociais vigentes na Europa, e em particular na Inglaterra, que determinavam a emigração e a natureza social do migrante. O avanço do capitalismo, numa estrutura social na qual predominavam os pequenos produtores independentes, implicava expropriação de camponeses e artesãos, os quais eram, ao mesmo tempo, as principais vítimas das guerras, perseguições políticas e religiosas etc. Por isso mesmo, no fluxo da emigração, predominavam os pequenos produtores que dominavam as técnicas da agricultura e do artesanato vigentes na Europa. Em segundo lugar, as condições naturais e sociais do Nordeste americano, quais sejam, o clima semelhante ao europeu, a ausência de metais preciosos, a desvalida população indígena local e a abundância de terras, explicam não somente o desinteresse do capital comercial metropolitano, como também a razão pela qual as colônias vão se organizar pela pequena produção independente, camponesa e artesanal.

Na verdade, as colônias de povoamento do Norte conformam-se a partir da reação de elementos subordinados de uma sociedade em transição. À diferença da colonização comandada pelo capital comercial, que resultava sempre na grande exploração movimentada pelo trabalho compulsório, a colonização do Nordeste americano aparece como resultado da ação de pequenos produtores fugindo da opressão reinante na Europa. E essa reação foi possível na Inglaterra exatamente pelo grau de avanço do capitalismo, que gerava massas de expropriados logo convertidos em vagabundos, prisioneiros por dívidas etc., elementos que o poder constituído colocava à margem da lei e dos quais queria ver-se livre.

O capitalismo plenamente constituído, da Europa do século XIX, ao impulsionar a emigração e os movimentos internacionais de capitais, estava, na verdade, difundindo o regime capitalista por várias partes do globo. Na era da acumulação primitiva, a sociedade europeia, como regra, recriou o escravismo em suas colônias, mas também, como exceção, pôde dar origem a uma sociedade baseada na pequena produção.

Dessa forma, serão marcantes as semelhanças estruturais, do ponto de vista da organização econômica, entre a sociedade europeia resultante da crise do feudalismo e a sociedade do Nordeste americano. A estrutura produtiva colonial assentava-se basicamente na pequena propriedade agrícola e no artesanato, e, nas aldeias e cidades detentoras de governo próprio, desenvolvia-se o capital comercial e usurário. Entretanto, do ponto de vista social, as diferenças eram fundamentais, já que não existia nenhum estamento aristocrático, a Igreja não gozava de privilégios, as práticas de concessão de favores e monopólios eram inexpressivas, e o artesanato não era corporativo.

Aparentemente, as colônias de povoamento realizavam a utopia do igualitarismo baseado na pequena propriedade, pois a sociedade retinha a pequena produção vigente na Europa, mas não reproduzidos, nesse movimento, as classes e os estamentos dominantes – nobreza, clero, grande capital privilegiado. Ademais, a superestrutura do antigo regime somente se fazia presente de forma tênue, pelos débeis laços no pacto colonial. Evidentemente, esse igualitarismo era irrealizável, pois essa sociedade era extremamente favorável à diferenciação no sentido capitalista.

Como vimos no segundo capítulo deste trabalho, a estrutura social fundada na pequena produção é propícia ao processo de mercantilização da economia, ao desenvolvimento do capital comercial, à divisão social do trabalho. Vale dizer, em sua dinâmica, essa estrutura social tende a gerar as precondições para a industrialização capitalista. Ora, na Europa, esse processo foi em certa medida retardado pela presença marcante da nobreza, e, por isso mesmo, a ausência de qualquer estamento aristocrático tornava a sociedade de pequenos produtores das colônias do Norte extremamente favorável aos processos referidos anteriormente. Assim, a imigração de servos temporários ou de trabalhadores livres juntamente com o extermínio dos indígenas expandiam as fronteiras, e novos núcleos urbanos surgiam. A pequena produção vendia seus excedentes e comprava produtos artesanais e manufaturados, e assim se estabelecia uma malha de circuitos mercantis ligando o campo e a cidade, a costa e o interior.

Apesar da importação de produtos ingleses, os altos custos de transporte e a favorável dotação de recursos permitiam vigoroso desenvolvimento de certos ramos do artesanato e manufatura, tais como os moinhos de cereais, a construção naval, a manufatura de alimentos e bebidas, a mineração do ferro e a metalurgia; também o sistema de *putting-out* implantava-se no campo. Essas atividades artesanais e manufatureiras, ainda que produzindo geralmente artigos de qualidade inferior, foram fundamentais para a gestação daquela camada de trabalhadores especializados, que posteriormente seriam capazes de assimilar as técnicas inglesas da Revolução Industrial.

O capital comercial também se desenvolvia, e se, por um lado, estava relativamente livre da legislação metropolitana que tolheria sua ação, por outro, não contava com o apoio do Estado para conceder-lhe monopólios e privilégios. Expandindo-se para o exterior, já no século XVII os mercadores das colônias de povoamento estabeleciam relações com as Antilhas. O Norte vendia animais de tiro, madeiras, alimentos etc. e comprava açúcar e melaço da América Central, obtendo nesse circuito superávit com o qual pagava parte de suas importações da Inglaterra.

No século XVIII, traficantes das colônias de povoamento atingiam a África, para onde levavam rum e tabaco, e de onde traziam escravos para as Antilhas e as Colônias do Sul, reforçando seus superávits com essas regiões. Comerciantes americanos também transportavam alimentos e madeiras para o sul da Europa, onde compravam vinhos e frutas que eram remetidos para a Inglaterra, de onde voltavam como artigos manufaturados. Evidentemente, esse comércio exterior estimulava a produção mercantil das colônias de povoamento, impulsionando a mineração, a agricultura mercantil, as atividades extrativas, a manufatura de barcos, a destilação de bebidas a partir do melaço importado etc.

As relações que as colônias de povoamento mantinham com o mercado mundial não poderiam ser classificadas de subordinadas, visto que seu capital comercial desenvolvia-se apoiado não somente em circuitos internos, mas também em circuitos internacionais, pelos quais concorria com o capital comercial metropolitano. Essa inserção no mercado mundial impulsionava a produção mercantil e o desenvolvimento manufatureiro, o que significa que as colônias de povoamento captavam de maneira integrada os estímulos do mercado mundial em seu processo de acumulação primitiva.

Dessa forma, enquanto metrópoles e colônias de exploração conformavam uma unidade econômica e política, cujo polo dominado (a colônia) tinha sua dinâmica determinada pelas relações com a Europa, nas colônias de povoamento gestava-se uma estrutura econômica dotada de dinamismo próprio. Vale dizer, desenvolvia-se um capital comercial nativo que se fortalecia pela mercantilização da produção local e que atuava no mercado mundial da mesma maneira que o capital comercial das nações dominantes europeias. Na verdade, enquanto as colônias de exploração funcionavam como unidades dependentes, cuja economia era estruturada visando à máxima valorização do capital comercial metropolitano, as colônias de povoamento estruturavam-se por meio de urna dinâmica própria que atendia aos interesses comerciais locais.

Nesse marco, fica evidente que o desenvolvimento comercial e manufatureiro das colônias tendia a provocar conflitos cada vez mais agudos com os interesses metropolitanos. Entretanto, durante longo tempo após a fundação das colônias do Norte e do Centro, a legislação metropolitana que restringia as atividades comerciais e manufatureiras era burlada ou simplesmente ignorada. O desinteresse do capital comercial metropolitano resultava em débil presença do governo inglês nos territórios coloniais, e os representantes metropolitanos eram incapazes de realizar a fiscalização ou exigir o cumprimento da legislação colonial.[21] Por outro lado, essa situação foi em certa medida tolerada, pois as colônias do Nordeste eram importadoras de produtos artesanais e manufatureiros da Inglaterra, importação que era possível, em grande parte, graças ao superávit comercial das colônias em suas relações com as Antilhas.

Entretanto, o próprio desenvolvimento e diversificação do artesanato e da manufatura tendia a deslocar importações inglesas, pelo menos em certos ramos de atividades. A metrópole tor-

---

21 Referindo-se aos comerciantes coloniais, David A. Wells afirma: "Nove décimos desses comerciantes eram contrabandistas. Um quarto da totalidade dos signatários da Declaração de Independência eram homens dedicados ao comércio, a comandar barcos e ao tráfico de contrabando" (apud Faulkner, 1956, p.138).

nava a legislação mais restritiva e começava a exigir seu cumprimento, ao mesmo tempo que bloqueava qualquer iniciativa das colônias em realizar políticas mercantilistas. Os comerciantes norte-americanos, ao importar açúcar e melaço das Antilhas Francesas, contrariavam interesses de outras colônias britânicas, cujos representantes no Parlamento conseguiram a aprovação de leis taxando essas importações. Finalmente, a exação fiscal metropolitana, as tentativas de se estabelecerem privilégios comerciais, a política de restrição à colonização do Oeste etc., todos esses fatores explicam por que grandes proprietários do Sul, pequenos proprietários urbanos e rurais, comerciantes e manufatureiros uniram-se contra a Inglaterra.

Sob a liderança de comerciantes,[22] desencadeia-se a guerra revolucionária da independência. E a guerra era revolucionária,[23] já que não se tratava simplesmente de romper os laços coloniais, mas também de lutar contra os privilégios da estreita oligarquia que dominava as legislaturas coloniais dos comerciantes privilegiados, dos fornecedores do exército inglês, dos especuladores com as terras do Oeste, enfim, tratava-se de derrotar aqueles nativos beneficiários das relações que mantinham com os dominadores britânicos. Se os escravos do Sul permaneceram à margem do processo, a ativa participação dos pequenos proprietários rurais e urbanos imprimiu à guerra de independência seu caráter popular e democrático.

---

22 "Os eventos conducentes à guerra giraram em torno de um conflito primordial entre a política mercantilista inglesa de um lado, e a necessidade de expansão dos comerciantes das colônias setentrionais, de outro" (Robertson, 1967, p.121).

23 "Os norte-americanos sublevaram-se contra a autoridade legal da coroa e do parlamento britânico, passaram de estádios mais moderados para estádios mais radicais, chegando ao conflito armado e à separação do império britânico, que muitos norte-americanos não queriam aceitar, de sorte que a guerra da independência foi, ao mesmo tempo, uma luta civil ou revolucionária entre norte-americanos nativos..." (Palmer, 1972, p.62).

O importante desses comentários sobre a América do Norte é reter que, findas as guerras de independência, a nova nação surgida apresentava uma estrutura econômica semelhante àquela dos países europeus. Assim, como em grande parte das nações saídas da crise do feudalismo, nos Estados Unidos predominava a pequena produção independente, avançava a divisão social do trabalho, a acumulação do capital comercial processava-se com vigor, e a organização da produção tendia a transformar-se, florescendo o *putting-out* e a manufatura ao lado do artesanato.

Como afirmamos no início deste capítulo, a especificidade das industrializações é determinada tanto pelo momento em que esse processo se realiza – a etapa concorrencial do capitalismo – como pela estrutura econômica vigente nos momentos que antecedem a industrialização. Portanto, é por considerar esses determinantes que podemos tratar a industrialização dos Estados Unidos juntamente com a industrialização dos países europeus. Entretanto, é somente entre 1840 e 1870 que os Estados Unidos, a França e Alemanha tornam-se nações industriais, e devemos explicar como, durante o ciclo têxtil vivido pela Inglaterra, foram sendo gestadas as condições últimas para que esse processo se desencadeasse.[24]

Como vimos anteriormente, nas colônias de povoamento do Norte jamais foram implantadas as regulamentações gremiais na produção artesanal, e a pequena propriedade era livre de obrigações feudais e independente de formas comunais de organização da produção. Entretanto, para que a produção mercantil e o capital comercial se desenvolvessem plenamente, era fundamental o apoio político e militar, o que foi alcançado pelas guerras de independência com a consequente criação do Estado nacional soberano.

---

24 Sobre o processo de industrialização dos Estados Unidos, da França e Alemanha, ver Robertson (1967), Faulkner (1956), Clapham (1968), Landes (1975) e Handerson (1975).

O governo federal e as legislaturas estaduais passaram a exercer políticas de apoio ao capital comercial e à produção mercantil nacional. O protecionismo tarifário foi implantado e o comércio passou a ser apoiado por leis de navegação. Governos estaduais concediam favores, subsídios e créditos à navegação fluvial e construção de canais e estradas de pedágio, e companhias privilegiadas foram criadas. A ocupação da fronteira passou a ser controlada por uma política nacional, a qual, apesar de sempre beneficiar grandes especuladores, não impedia, entretanto, que pequenos produtores tivessem acesso à terra. Por outro lado, por intermédio de apoio militar e diplomático, realizavam-se conquistas territoriais às expensas dos nativos e de países europeus.

O comércio exterior e a marinha mercante ganham notável impulso, estreitando as relações com as Antilhas e estabelecendo novos circuitos com a América do Sul e com o Oriente. Na conjuntura das guerras napoleônicas, a destruição das marinhas dos países continentais e a posição de neutralidade dos Estados Unidos criaram as condições para a entrada de mercadores americanos em praticamente todos os portos da Europa, pelo comércio direto ou intermediário. Por sua vez, a pujante cultura do algodão do Sul vai sendo progressivamente controlada pelos comerciantes e banqueiros do Nordeste americano.[25] O comércio interno, por seu turno, desenvolvia-se com a navegação fluvial e com os canais, e esses fluxos comerciais interligavam o Meio Oeste ao Sul, e o Leste ao Oeste.

A expansão agrícola pela ocupação da fronteira em direção ao Oeste era alimentada pela migração e pelo rápido crescimento vegetativo da população, num movimento que reproduzia a estrutura da pequena propriedade. No Sul, o desenvolvimento da produção escravista também ia ocupando terras em direção

25 "O algodão substituiria o fumo, e os comerciantes e banqueiros de Nova York tomariam o lugar dos ingleses, mas a vida econômica do Sul continuaria a ser dominada por 'gente de fora'" (Bruchey, 1965).

ao Oeste. Se a pujante produção mercantil das pequenas propriedades era realizada sem grandes inovações em métodos de cultivo, incorporava, entretanto, o progresso técnico pela utilização de novos instrumentos de trabalho, e a mecanização de certos processos avançou desde a primeira metade do século XIX.

A manufatura americana, beneficiada inicialmente pelos bloqueios das guerras de independência, foi posteriormente favorecida por tarifas protecionistas e implantou-se com firmeza. O desenvolvimento do comércio exterior garantia o aumento da demanda de navios, e a construção naval dos Estados Unidos logo assumiu posição de liderança mundial. A mineração do ferro expandiu-se, e a metalurgia desenvolveu-se com a manufatura de instrumentos agrícolas e de bens de consumo. A vigorosa produção agrícola impulsionou as manufaturas de alimentos, tais como a conservação de carnes e os moinhos de cereais. Ao lado da manufatura, continuava a se desenvolver o artesanato, e o *putting-out* implantou-se na produção de têxteis.

Esse surto de progresso material, após a independência, ia progressivamente conformando uma economia integrada que participava ativamente do mercado mundial. A demanda de alimentos e algodão pela Europa estimulava a produção mercantil agrícola americana. O país importava parte das manufaturas consumidas internamente e recebia ainda imigrantes europeus, além de capitais ingleses que, antes da era ferroviária, destinavam-se basicamente a empréstimos aos governos estaduais. A agricultura sulista, por seu turno, comprava alimentos do Centro-Oeste e manufaturas do Nordeste, e a agricultura de pequenos proprietários também se abastecia comprando manufaturas em grande parte produzidas no Nordeste.

O capital comercial e bancário do Nordeste, que dominava os principais fluxos de comércio, alargava seus horizontes de ação e acumulava-se com vigor. Assim, mercados em expansão e volumes expressivos de capital, dinheiro em mãos de comerciantes e banqueiros, explicam como, desde o início do século

XIX, a indústria têxtil pôde desenvolver-se no Nordeste americano. Entretanto, como veremos mais adiante, a produção fabril de tecidos mostrou-se incapaz de desencadear o processo de industrialização.

## A França pós-revolucionária e a unificação alemã

Na França, a Revolução varreu radicalmente a superestrutura do antigo regime. Os direitos feudais foram abolidos na agricultura, e firmou-se uma sólida organização camponesa da produção. As regulamentações gremiais da produção artesanal foram revogadas e os privilégios das grandes companhias, suprimidos. Após as guerras napoleônicas, as tarifas foram reduzidas, mas continuavam altas, oferecendo proteção tanto ao artesanato e manufatura como à agricultura. O Estado favoreceu a construção de canais, estradas de rodagem, além de outras obras de infraestrutura.

Todos esses fatores favoreciam o desenvolvimento do capitalismo, mas, por sua vez, a economia francesa apresentava pontos frágeis em sua estrutura. Com a Revolução e as guerras napoleônicas, a França perdera suas colônias, e sua marinha havia sido destruída. O fortalecimento do campesinato, após a Revolução, tornou a agricultura extremamente lenta em articular-se ao mercado e em adotar novos métodos de produção. Ocorria que a eliminação dos direitos feudais, por si mesma, não liberava a agricultura das práticas da organização comunal da produção. Os camponeses franceses aferraram-se aos seus antigos costumes de tal forma que sobreviviam as parcelas descontínuas e o instituto dos campos comuns, o que evidentemente retardava o desenvolvimento da agricultura.[26]

26 Sobre esse ponto, ver Bloch (1979, cap.7).

Apesar desses fatores negativos, o *putting-out* desenvolvia-se no campo e a manufatura ganhava impulso. Um moderno sistema bancário vai sendo criado, e, tal como nos Estados Unidos, a indústria têxtil implantou-se, sem, entretanto, revolucionar a estrutura da economia. Dessa maneira, criaram-se as condições para que a industrialização se desencadeasse na década de 1840.

Mais complexa era a posição da Alemanha no início do século XIX. O observador que, ao final das guerras napoleônicas, atentasse para o atraso econômico, social e institucional dos Estados, que posteriormente constituiriam a nação alemã, dificilmente poderia prever a pujança de sua futura indústria. Os alemães não haviam ainda resolvido a questão nacional e conformavam um mosaico de pequenos Estados autônomos, na maioria dos quais ainda era viva a servidão. As cidades eram pouco desenvolvidas e as regulamentações gremiais ainda eram obedecidas. Os pequenos Estados eram dominados pelo absolutismo, e as dietas e outros órgãos representativos, nos quais a burguesia tinha assento, detinham pouco poder efetivo.

As sucessivas derrotas políticas sofridas pela burguesia alemã, que culminaram com a vitória das forças conservadoras em 1848, imprimiram à evolução da sociedade características específicas. Os Estados absolutistas que se apoiavam na nobreza iniciaram no século XIX um lento processo de eliminação das travas que se antepunham ao avanço do capitalismo, e as reformas iam sendo implantadas sempre preservando, em maior ou menor grau, os privilégios das antigas classes dominantes. Assim, a burguesia, apesar de não deter o poder político, ia obtendo concessões dos governos conservadores. Como sintetiza Engels (1951, p.207): "cada derrota política da burguesia teve por consequência uma vitória no domínio da legislação comercial".[27]

---

27 Em outra referência ao tema, Engels (1951, p.21) afirma que o governo "reforma as leis no sentido dos interesses da burguesia; elimina os obstáculos criados ao desenvolvimento da indústria pela feudalidade e pelo particu-

Sob a liderança da Prússia, a questão nacional foi enfrentada pela formação da União Aduaneira (Zollverein). A partir da década de 1830, foram extintas as barreiras alfandegárias entre diversos Estados alemães, e passou a ter vigência uma única tarifa no comércio externo da União. Assim, na Alemanha, a união econômica precedia a unificação política. Esse lento movimento que se iniciou com a União Aduaneira foi ganhando impulso, e a Prússia, utilizando meios diplomáticos, pressões militares e intervenções armadas, promoveu a unificação do país, num processo que culminou com a formação do Império em 1870.

Também a questão da servidão foi sendo resolvida por lentas reformas. A legislação que liberava o camponês dos laços servis exigia deste o pagamento de indenizações, ao mesmo tempo que a demarcação dos campos comuns proletarizava certos produtores, que não tinham seus direitos à terra legalmente reconhecidos. No Sul e Oeste, a pequena propriedade passou a ser dominante, enquanto no Leste a agricultura *junker* de grandes propriedades tendia a transformar os antigos camponeses em assalariados. Os interesses da nobreza sempre respeitados e a lentidão do processo de liberação tornavam o desenvolvimento penoso para o campesinato. Crises agrícolas e a proletarização alimentavam um amplo movimento de emigração que se acelerou após 1848.

Nas cidades, a organização gremial foi sendo eliminada e progressivamente foram criadas as condições para o avanço do *putting-out* e da manufatura, e mesmo a indústria têxtil pôde ser implantada. Além dessas reformas, certos Estados alemães, principalmente a Prússia, continuavam a manter política de prote-

---

larismo dos pequenos Estados; estabelece a unidade da moeda, dos pesos e medidas; introduz a liberdade profissional e de circulação, colocando assim de maneira ilimitada e completa a mão de obra da Alemanha à disposição do capital; favorece o comércio e a especulação; de outro lado, a burguesia entrega ao governo todo o poder político efetivo".

ção e apoio às manufaturas nacionais, e os próprios governos exploravam diretamente minas e atividades manufatureiras. A construção de canais, rodovias e outras obras de infraestrutura também recebia apoio oficial, e assim, desde o final das guerras napoleônicas, foram sendo criadas as condições para a industrialização da Alemanha.

## A têxtil e o crescimento industrial

Neste ponto já podem ser apontadas certas especificidades da industrialização atrasada em relação à Inglaterra. Como vimos, a implantação da têxtil mecanizada mostrou-se incapaz de desencadear o processo de industrialização, e, dessa forma, nos Estados Unidos, na França e Alemanha, a grande indústria convivia com formas pretéritas de organização da produção que não eram destruídas. Esse fenômeno do crescimento industrial[28] – a implantação da grande indústria em poucos ramos, sem que isso revolucione a estrutura produtiva em seu conjunto, tornando o capital industrial dominante na dinâmica econômica – é explicável por duas razões.

Em primeiro lugar, a presença absolutamente dominante da produção inglesa no mercado mundial impedia que a expansão da têxtil dos países atrasados se desse pela conquista de mercados externos. Dessa forma, não podendo contar com o mercado mundial, a têxtil dos Estados Unidos, na França e Alemanha, terá reduzido peso na estrutura produtiva, jamais alcançando a importância relativa que esse setor assumiu na Inglaterra, durante a Revolução Industrial.

Em segundo lugar, nos países atrasados, o processo de mercantilização da economia não havia se aprofundado ao ponto de

28 Sobre o conceito de crescimento industrial em contraposição ao de industrialização, ver Mello (1982, p.90 ss.).

gestar amplos mercados nacionais. Na etapa que analisamos, ainda era expressiva a autossuficiência, principalmente de pequenas propriedades agrícolas que, por dificuldades de transporte etc., articulavam-se debilmente ao mercado. Por outro lado, era também expressiva a existência de mercados locais, sem conexões entre si, o que indicava o baixo grau de unificação do mercado nacional. Ora, a impossibilidade de acesso a compradores estrangeiros e o reduzido mercado nacional impediam que a implantação da indústria de bens de consumo revolucionasse a estrutura produtiva.

Finalmente, a incorporação de ramos fabris em economias de reduzidos mercados indica que esse processo somente foi possível exatamente porque a grande indústria já era dominante na Inglaterra. Vale dizer, era a oferta de máquinas inglesas no mercado mundial que permitia aos países atrasados passarem por uma fase de crescimento industrial. Por isso mesmo, podemos afirmar que a presença da Inglaterra já industrializada precipita, de certa maneira, a implantação de indústrias em países nos quais ainda não se apresentava o conjunto das condições para a industrialização. Enquanto o processo de acumulação primitiva na Inglaterra gerou em seu próprio movimento as condições para a industrialização, nos países atrasados não foram percorridas as mesmas etapas, e estes puderam implantar precocemente certas indústrias, exatamente porque eram atrasados.

Dessa forma, foram os múltiplos impactos da construção ferroviária que possibilitaram a precipitação do processo de industrialização nos países atrasados.[29] Pelas estradas de ferro, mercados antes isolados eram agora integrados, ao mesmo tempo que sua penetração em áreas autossuficientes estimulava a produção mercantil. A redução dos preços dos fretes possibilitava que a produção industrial chegasse a qualquer mercado a preços mais baixos que a produção local, artesanal ou manufa-

29 Sobre o impacto da construção ferroviária, ver Schumpeter (1964, cap.VII).

tureira, ao mesmo tempo que valorizava regiões agrícolas cuja produção anteriormente não poderia atingir os centros urbanos. Assim, enquanto a unificação do mercado nacional na Inglaterra foi realizada por meio dos canais e da navegação costeira, este mesmo processo somente se tornou possível nos países continentais pela ferrovia.

Por outro lado, a massa de salários pagos aos trabalhadores da construção ferroviária criava crescente mercado para a indústria de bens de consumo. Entretanto, o principal impacto da ferrovia foi, sem dúvida, a ampliação dos mercados de meios de produção – ferro, carvão e máquinas. Dessa forma, a metalurgia, a mecânica e a mineração passaram a contar com uma insaciável e concentrada demanda, ao mesmo tempo que a própria ferrovia agora realizava o transporte desses produtos. Para avaliar a densidade das relações estabelecidas entre a estrada de ferro e a indústria de meios de produção, estima-se que, nos inícios dos anos 70, na Alemanha, "as estradas de ferro compravam a metade da produção da indústria do ferro, a qual, por sua vez, consumia um terço do carvão do Ruhr, e o carvão, por seu turno, era responsável por um quarto dos fretes das estradas de ferro" (Tilly, 1978, v.VII, p.414).

Assim, enquanto na Inglaterra a indústria de bens de consumo, ao ser implantada, criava as condições para que se revolucionassem a mineração e a produção do ferro, nos países atrasados essas relações entre o departamento I e o departamento II invertem-se. Vale dizer, a implantação da indústria de meios de produção lidera o movimento da acumulação no processo de constituição das bases técnicas do capital; é por sua expansão que são criadas as condições para que os métodos fabris passem a dominar a produção de meios de consumo – o que significa que o departamento II assume posição subordinada desde o processo de industrialização.

Mas é evidente que a construção ferroviária, por si mesma, não explica o avanço da industrialização, o que pode ser confirmado pelo fato de inúmeros países terem construído ferrovias sem que isso revolucionasse suas estruturas produtivas. Na verdade, nos Estados Unidos, na França e Alemanha, foram os avanços prévios da acumulação de capitais, das técnicas manufatureiras, da divisão social do trabalho etc. que permitiram que, diante da construção ferroviária, a estrutura produtiva reagisse incorporando os *métodos ingleses* na produção de meios de produção. E essa reação é de tal forma integrada que esses países incorporam modernas técnicas de produção em todos os ramos estratégicos da indústria. Assim, a revolucionada indústria do ferro, do carvão e a própria indústria mecânica, pois é imediato o desenvolvimento da produção dos mais variados tipos de máquinas, que eram, sem dúvidas os produtos mais sofisticados da estrutura industrial inglesa.

Ora, essa capacidade da estrutura produtiva de reagir aos estímulos da construção ferroviária significa que os países de capitalismo atrasado captavam internamente os efeitos dinâmicos da construção ferroviária. Vale dizer, a demanda concentrada por meios de produção derivada da construção ferroviária era atendida pela estrutura produtiva nacional, a qual tinha seu processo de acumulação potenciado nesse movimento.

Entretanto, apesar de a estrutura produtiva responder aos estímulos da construção ferroviária, dificilmente poderiam ser atendidos, em termos quantitativos, os gigantescos volumes de meios de produção demandados. A oferta nacional era complementada por importações de carvão, de ferro, de material ferroviário e de máquinas da Inglaterra, e cada um desses componentes pesava mais ou menos na pauta de importações dos diferentes países. Na verdade, a rápida expansão das ferrovias implicava forçada elevação da taxa de investimento, o que incrementava a demanda a níveis incompatíveis com a capacidade de resposta da produção nacional. Entretanto, essas importações não significavam que os países atrasados fossem incapazes de implantar tal ou qual ramo da indústria, mas indicavam simples divergências quantitativas entre a demanda e a produção nacional, pois, do ponto de vista qualitativo, a estrutura produtiva que ia sendo montada era semelhante à da Inglaterra.

Entretanto, o importante é apontar que os países atrasados foram capazes, em seu processo de industrialização, de incorporar todos os avanços técnicos e econômicos atingidos pela Inglaterra. O que deve ser então respondido é como foi possível que nações relativamente atrasadas realizassem esse verdadeiro salto da industrialização.

Como analisamos na primeira parte deste trabalho, no regime capitalista o progresso técnico e o desenvolvimento das forças produtivas são subordinados ao processo de acumulação de capitais e adequados a ele. Dessa forma, a dinâmica da acumulação compreende um processo de concentração e centralização de capitais, movimento que se reflete em avanços técnicos e dimensões de plantas adequados à própria centralização de capitais. Assim, quanto mais avança o processo de acumulação, maior é a centralização de capitais e maiores são as plantas produtivas.

Na Inglaterra, o desenvolvimento do capitalismo processou-se sem saltos, já que o próprio padrão de acumulação do ciclo têxtil gerava as condições para o ciclo ferroviário. Nos Estados Unidos, na França e Alemanha, nos momentos que antecedem a construção ferroviária, a tecnologia dominante ainda era artesanal ou manufatureira, os mercados eram reduzidos e os volumes de capitais dinamicamente gerados, controlados por capitais individuais, eram relativamente pouco expressivos e incompatíveis com as exigências financeiras do bloco de investimentos da industrialização. Ora, a estrada de ferro sintetizava os resultados finais de décadas de acumulação capitalista na Inglaterra e, portanto, os países atrasados, ao se industrializarem, estavam realizando um verdadeiro salto, dadas as descontinuidades que se apresentavam entre suas estruturas econômicas e as exigências do processo de industrialização.

Vejamos, então, como foi possível a superação dessas descontinuidades. Como assinalamos no início deste capítulo, a tecnologia do ciclo ferroviário, ou seja, a tecnologia do carvão, do ferro e da máquina a vapor, era um desdobramento da tecnologia da Revolução Industrial. Ora, esta era uma tecnologia simples, dominada por operários especializados, e, por isso mesmo, as nações atrasadas puderam incorporá-la, pois o desenvolvimento manufatureiro desses países havia produzido aquela camada de trabalhadores especializados que estavam aptos a assimilar as técnicas inglesas.

Se inicialmente a tecnologia era incorporada pela importação de máquinas, estas logo puderam ser fabricadas nos Estados Unidos, na França e Alemanha. E a transferência dos conhecimentos técnicos era feita basicamente pela imigração de trabalhadores especializados ingleses. Como afirma Landes (1975, p.150): "a crescente independência tecnológica do continente resultou largamente da transmissão homem a homem dos conhecimentos técnicos. De menor importância imediata mas de grandes consequências futuras, era o treinamento formal de mecânicos e engenheiros em escolas técnicas".

Em síntese, a relativa simplicidade das técnicas permitia sua difusão da Inglaterra por meio de trabalhadores que emigravam, e o passado manufatureiro dos países atrasados gestara operários especializados capazes de absorver a tecnologia da produção industrial. Assim, da mesma maneira que as inovações tecnológicas na Inglaterra eram mais ou menos rapidamente incorporadas pela maioria dos produtores, também os Estados Unidos, a França e Alemanha eram capazes de absorver a tecnologia mais avançada da época. Portanto, é esta dimensão do capitalismo concorrencial – a impossibilidade do controle monopólico da tecnologia – que explica, em última instância, por que os países atrasados puderam criar uma estrutura produtiva tecnologicamente semelhante àquela da Inglaterra.

## O financiamento das industrializações atrasadas

Mais complexa apresentava-se a questão da centralização de capitais necessária ao financiamento do bloco de investimentos da industrialização, e o que deve ser analisado é não somente como o capital centralizado tornou-se disponível, mas também sua origem.

E a questão era problemática não pela inadequação da *poupança prévia*, mas sim porque a construção ferroviária, as obras de infraestrutura, a instalação da indústria de meios de produção etc. exigiam vultosos volumes de capitais centralizados, que evidentemente tornavam problemático o financiamento desse bloco de investimentos. Como vimos, na Inglaterra, os investimentos do ciclo ferroviário constituíram simples desdobramentos dos antigos capitais em função, processo que evidentemente não poderia repetir-se nos países atrasados, nos quais as atividades dominantes ainda eram pré-industriais e o capital ainda limitava sua ação ao âmbito do comércio, da usura, da manufatura e da agricultura.

Tratava-se, portanto, de desviar excedentes financeiros das atividades tradicionais e centralizá-los para tornar possível o bloco de investimentos da industrialização. Em primeiro lugar, essas questões foram enfrentadas pela ação do Estado. Na construção ferroviária, o Estado estimulava a formação de companhias, garantia rentabilidade dos investimentos, fornecia créditos, estabelecia plano nacional de transportes e ainda, em determinados casos, construía ele próprio linhas ferroviárias. Evidentemente, dependendo do país, variavam o tipo de instrumento e a própria intensidade da ação dos poderes públicos, mas, em todos eles, estava presente a intervenção do Estado na construção ferroviária. Enquanto a Inglaterra construiu seu sistema ferroviário pela ação de capitais privados, nos Estados Unidos, na França e Alemanha a própria transformação de recursos monetários em capital para a estrada de ferro dependeu em maior ou menor grau da ação do Estado.

Na Alemanha, a ação do Estado na centralização de capitais vai ser importante também no campo dos investimentos industriais. As antigas práticas mercantilistas de apoio à manufatura não foram abandonadas, e, na primeira metade do século XIX, ampliaram-se e diversificaram-se, já que a própria indústria começava a receber amparo e estímulo. Na Prússia, a Companhia de Comércio Ultramarino (Seehandlung) funcionava como um verdadeiro banco de investimentos oficial, pois formava empresas por meio de investimentos diretos nos diversos ramos industriais – têxtil, metalurgia, mecânica – e também na mineração, constituindo empresas que eram administradas pela própria Companhia. Por outro lado, a Companhia fornecia créditos em condições vantajosas às empresas privadas e, por meio de associações, integralizava capitais para investimentos em áreas consideradas estratégicas.

Uma vez mais ressaltam-se as diferenças entre o processo de constituição do capitalismo originário ante as industrializações atrasadas, pois, na Inglaterra, o surgimento e a generalização da grande indústria realizaram-se pela ação privada de capitalistas individuais. Pois bem, o grau de socialização da produção atingido pelo capitalismo, em meados do século XIX, e o atraso relativo da Alemanha, por exemplo, faziam que o processo de industrialização não mais pudesse ser realizado pela ação privada de capitalistas individuais. Por isso mesmo, esse processo exigiu a interferência pública, a ação do Estado na centralização de capitais e nos investimentos industriais.

Por outro lado, os problemas de financiamento das industrializações atrasadas foram resolvidos ainda pela generalização das sociedades por ações. Enquanto na Inglaterra a formação de companhias por ações deu-se principalmente na construção ferroviária, nos países atrasados essa forma de organização vai ganhar maior importância não se limitando às ferrovias. Como afirma Hilferding (1963, p.343): "entretanto, a Alemanha era carente de acumulação de capitais em mãos de capitalistas individuais necessária para levar adiante a produção em indústrias altamente desenvolvidas, na escala alcançada na Inglaterra, enquanto as empresas fossem individuais". Assim, nos países atrasados, a sociedade por ações foi a forma típica de organização dos bancos, das estradas de ferro, das companhias de utilidade pública etc. Na Alemanha, onde mais se desenvolveu, essa sociedade foi ampliada também na indústria, campo que na França e nos Estados Unidos, na fase de industrialização, não assumiu grande importância.

A importação de capital estrangeiro assume também relativa importância na oferta de capitais centralizados para os países atrasados. No período inicial da construção ferroviária, capitais e técnicos de companhias inglesas dirigiram-se para a França e Alemanha, onde construíram linhas ferroviárias. Nos Estados Unidos, nas primeiras décadas do século XIX, o capital inglês destinou-se principalmente a empréstimos oficiais aos Estados, constituindo dívidas que, posteriormente, em grande parte, não foram honradas.[30]

Entretanto, ao desenvolver-se a construção ferroviária, o capital inglês volta a imigrar para os Estados Unidos, pela compra de ações e títulos de companhias ferroviárias americanas vendidos em Londres. Nessa etapa, é também importante o crédito concedido por fabricantes de material ferroviário britânicos às companhias dos Estados Unidos. Apesar de a presença do capital estrangeiro não assumir posição expressiva quando relacionada com a formação total de capital dos países atrasados, sua importância, no entanto, prende-se ao fato de

30 "Quando a crise estalou, a maior parte dos Estados encontrou-se na impossibilidade de pagar juros ou prosseguir os trabalhos. Vários deles, Mississippi, Lousiana, Maryland, Pensylvania, Indiana e Michigan, repudiaram suas dívidas" (Faulkner, 1956, p.314).

dirigir-se aos setores líderes da industrialização, acelerando esse processo.[31]

Entretanto, o principal instrumento de centralização de capitais nos países atrasados foi, sem dúvida, o banco de investimento. Enquanto o sistema bancário inglês especializou-se no crédito comercial de curto prazo, nos países atrasados as dificuldades de financiamento criavam as condições para o surgimento de bancos que forneciam crédito de longo prazo, ou seja, crédito de capital. Como afirma Hilferding (1963, p.343): "por conseguinte, os bancos alemães tinham, desde o princípio, o dever de colocar à disposição das sociedades por ações o capital necessário, isto é, prover não somente o crédito corrente, mas também o crédito de capital".

O grau de desenvolvimento dos bancos de investimento variava de país a país, embora essa instituição financeira tenha sido fundamental no processo de industrialização dos Estados Unidos, da França e Alemanha. Nos Estados Unidos, foi decisivo na construção ferroviária e, por esse movimento, ganha importância marcante na estrutura econômica americana. Durante o processo de industrialização, não foram estabelecidas expressivas relações diretas entre a indústria e os bancos de investimento. Entretanto, estes últimos alcançam tal poderio econômico durante as décadas iniciais da construção ferroviária que, após 1870, ao estreitarem suas relações com a indústria, puderam funcionar como poderosa alavanca para a trustificação da economia americana. Como afirma Chandler Jr. (1978, v. VII, p.90): "as grandes somas de dinheiro necessárias para a construção da estrada de ferro nos anos 50 resultaram no desenvolvimento de banco de investimentos especializados nos Estados Unidos e na centralização e institucionalização do mercado nacional de dinheiro em Wall Street".

---

31 Sobre esse ponto, ver Berril (1963).

Na França, pioneira no desenvolvimento do banco de investimento, este amplia o raio de sua ação. Financia estradas de ferro e companhias de utilidade pública, estabelece relações com certos setores da indústria pesada, financia a dívida pública e abre filiais no exterior, alimentando a exportação de capitais. Se o desenvolvimento dos bancos de investimento na França não resultou na aceleração da implantação de formas de organização da produção mais avançadas, tal como nos Estados Unidos e na Alemanha, isso ocorreu em razão de outros fatores estruturais que debilitavam o capitalismo francês.[32]

Mas foi na Alemanha onde mais presentes se fizeram os bancos de investimento que, além de operarem nas mesmas áreas que nos Estados Unidos e na França, atuaram também decisivamente no fornecimento de crédito para a indústria. Dessa forma, o próprio surgimento do capital industrial na Alemanha dependeu diretamente dos aportes de crédito de capital dos bancos de investimento. Como assinala Hilferding (1963, p.343-4):

> a relação dos bancos com a indústria na Alemanha e – em parte, sob outras formas – nos Estados Unidos teria que ser, desde o princípio, muito distinta daquela da Inglaterra. Se bem que essa diversidade tenha nascido do desenvolvimento capitalista mais atrasado da Alemanha em relação ao desenvolvimento da Inglaterra; essa íntima união entre capital industrial e bancário converteu-se em um dos fatores mais importantes que estimularam o desenvolvimento de formas de organização capitalistas mais elevadas na Alemanha e nos Estados Unidos.

Assim, as dificuldades no financiamento do bloco de investimentos da industrialização foram superadas, pois os bancos de

32 "O fato de não se ter realizado um desenvolvimento análogo na Franca, que havia fundado com anterioridade o Crédit Mobilier, pode ser explicado levando-se em conta as causas que impediram, em geral, o desenvolvimento industrial da França" (Hilferding, 1963, p.344).

investimento podiam concentrar e pôr "à disposição da indústria todo o capital ocioso dos capitalistas, além do dinheiro das restantes classes sociais" (Hilferding, 1963, p.343). Entretanto, os bancos não apenas centralizavam e tornavam disponíveis recursos monetários, previamente existentes, pois, como se sabe, o volume de créditos não está limitado pela soma de depósitos. Na verdade, o banco de investimento podia, até certo ponto, libertar o investimento capitalista dos limites impostos pela prévia acumulação de recursos monetários, já que o crédito é constituído por "meios de pagamento criados *ad hoc*" (Schumpeter, 1967, p.114),[33] ou seja, implica a criação de novo poder de compra.

O banco de investimento não somente libertava o processo de industrialização da dependência da disponibilidade de recursos em mãos de capitalistas individuais, como também imprimia ao movimento dos recursos monetários uma nova direção: o crédito era concedido a empresas que investiam nas atividades capitalistas de ponta. Como bem analisa Schumpeter (p.115):

> pelo crédito, os empresários obtêm acesso à corrente social de bens, antes de adquirir seus direitos normais sobre essa corrente. Substitui temporariamente, por assim dizer, uma ficção desse direito pelo direito mesmo. A concessão do crédito, nesse sentido, opera como ordem ao sistema econômico para que ele se acomode às exigências do empresário e como um pedido sobre os bens de que precisa; significa deixar forças produtivas aos cuidados dos empresários.

Dessa forma, nos Estados Unidos, na França e Alemanha, contemporaneamente ao processo de industrialização, desenvolvia-se um sistema bancário que potenciava o processo de investimento capitalista, centralizando e criando capital-dinheiro e desviando meios de produção para novos ramos de atividades. Esses sistemas bancários livres da regulamentação e disciplina

33 Sobre o crédito no capitalismo, ver Schumpeter (1964, cap.III, itens D e E).

que posteriormente seriam impostas pelos bancos centrais se, por um lado, provocaram diversas ondas especulativas, por outro, constituíram um instrumento essencial para a industrialização dos países atrasados.[34]

Assim, os bancos de investimento, a importação de capitais, a formação de sociedades por ações e o apoio creditício do governo foram os instrumentos utilizados pelos países atrasados para impulsionar a industrialização. Como já fizemos referência, na Alemanha, o maior atraso relativo exigiu a mobilização de todos esses instrumentos para que o próprio capital industrial pudesse ser implantado. Nos Estados Unidos e na França, esses mecanismos foram acionados para apoiar os investimentos em estradas de ferro, obras de infraestrutura etc., mas a centralização do capital dinheiro para o investimento industrial, até certo ponto, pôde ser realizada sem o apoio direto desse instrumental.

Tal fenômeno pode ser explicado pela ausência de expressiva desproporção entre as disponibilidades de capitais centralizados em mãos de capitalistas individuais e as exigências do investimento industrial. Vale dizer, o capital em mãos de proprietários manufatureiros, comerciantes e usurários pôde dar origem a empresas organizadas de maneira tradicional. Claude Fohlen (1978, v.VII, p.365), após estimar os montantes de capitais necessários para o investimento nos principais ramos da indústria

---

34 Arthur Schlesinger (apud Sampson, 1981, p.114), comentando as exigências impostas no século XX pelos Estados Unidos a seus devedores, ironiza: "Quanto à insistência de Washington em pureza fiscal, isso é um pouco estranho de parte de uma nação que financiou parte tão grande de seu desenvolvimento com inflação, papel-moeda sem lastro e títulos vendidos a investidores estrangeiros e posteriormente repudiados. Se os critérios do Fundo Monetário Internacional houvessem governado os Estados Unidos no século XIX, nosso próprio desenvolvimento econômico teria demorado muito mais tempo. Ao pregar a ortodoxia fiscal às nações em desenvolvimento, ficamos mais ou menos na situação da prostituta que, tendo-se aposentado com o dinheiro que ganhou, acha que a virtude pública exige o fechamento da 'zona'".

francesa, conclui: "tais recursos financeiros eram disponíveis entre os ricos, seja individualmente, seja em pequenos grupos, e assim o estabelecimento de um negócio familiar nessas indústrias não apresentava grandes problemas financeiros". E em seguida: "era grande a diversidade de origens dos fundos dos negócios, mas seus subsequentes financiamentos eram sempre baseados em lucros retidos (autofinanciamento)".[35]

O importante é frisar que, pelo crédito, pela importação de capitais, pela formação de sociedades por ações e mesmo pelas empresas familiares formadas com capitais previamente acumulados, os países atrasados puderam realizar o bloco de inversões da industrialização. Esse movimento implicou verdadeira revolução, pois, ao findar o processo de industrialização, a estrutura econômica dos Estados Unidos, da França e Alemanha era qualitativamente semelhante àquela da Inglaterra. Ou seja, contavam com um aparelho produtivo integrado, com um sistema bancário avançado, com moderno sistema de transportes, além de terem construído a infraestrutura básica. Por sua vez, o aparelho industrial que foi implantado contava com os mesmos ramos produtivos que a Inglaterra.

Esse movimento de reprodução do aparelho produtivo inglês foi possibilitado, em última instância, pelas próprias características do capitalismo concorrencial então dominante. Como afirmamos no início deste capítulo, nessa etapa do capitalismo, a centralização de capitais necessária aos investimentos não oferecia obstáculos ao surgimento de novos capitais individuais, dadas as reduzidas escalas de produção. Pois bem, estes mesmos determinantes que atuavam no interior da economia britânica, permitindo que constantemente novos capitais individuais se formassem, atuavam também no âmbito da difusão do capitalismo em escala internacional. Vale dizer, as escalas de produção e

35 Sobre esse ponto, ver também Landes (1963).

as necessidades de capitais centralizados não estabeleciam barreiras insuperáveis aos países atrasados, os quais puderam, então, interiorizar os principais ramos da indústria, reproduzindo nesse movimento a própria estrutura industrial vigente na Inglaterra. Dessa forma, o monopólio da indústria inglesa pôde ser rompido, indicando que, nessa etapa, a concorrência entre capitais podia ser levada também ao plano internacional, ou seja, novos países industriais surgiam ao lado da Inglaterra, e a concorrência entre nações de estrutura semelhante passava a ter vigência.

A tecnologia pouco complexa, as reduzidas escalas de produção e a possibilidade de atender às exigências de capitais centralizados permitiram o surgimento de novos capitais industriais nacionais. Ora, foram estes mesmos determinantes que impulsionaram a tendência à adoção, pelos países atrasados, do livre-câmbio nas três décadas após a Inglaterra haver derrubado as *corn laws*. Nesse período, os Estados Unidos, a França e a Alemanha, em maior ou menor grau, reduziram suas tarifas alfandegárias, sem que isso retardasse ou bloqueasse o processo de industrialização, ou seja, sem que a concorrência inglesa sufocasse o surto de desenvolvimento dos capitais industriais nacionais.

A explicação para tal fenômeno é dada, em primeiro lugar, pelo fato de que as tarifas foram reduzidas mas não abolidas, e, dessa forma, os custos de transporte e o pagamento de direitos de importação ofereciam a margem de proteção necessária às novas indústrias. Entretanto, a explicação última é dada pela capacidade dos países atrasados de implantarem uma estrutura produtiva semelhante à inglesa, ou seja, um aparelho industrial que, superadas as dificuldades iniciais, estava apto a concorrer com a nação hegemônica. Da mesma maneira que novos capitais individuais podiam entrar em concorrência com os antigos capitais em função na estrutura produtiva inglesa, também novos países industriais logo podiam competir com a Inglaterra.

Mas, ao longo do processo de industrialização, continuavam as importações de produtos ingleses, o que não indicava, entretanto, a incapacidade das nações atrasadas de incorporar certos setores da produção, pois as importações, na verdade, simplesmente complementavam a produção de artigos cuja demanda crescia mais que a oferta nacional. Dessa maneira, produtos ingleses concorriam no mercado ao lado da produção nacional, sem que isso sufocasse o desenvolvimento industrial, mas, ao contrário, a oferta de máquinas e meios de produção britânicos possibilitava uma aceleração do processo de industrialização.

Por isso mesmo, a relação entre a economia inglesa e a dos países de capitalismo atrasado foi denominada complementaridade restrita. Restrita porque a realização de complementaridade tendia a negá-la, ou seja, a exportação de primários e a importação de capitais e meios de produção da Inglaterra, ao impulsionarem a industrialização dos países atrasados, tendiam a transformar a complementaridade em antagonismo. Por outro lado, na hierarquia conformada pelas posições das diferentes nações no mercado mundial, a inserção dos países atrasados não poderia ser classificada de subordinada, já que esses países podiam concorrer com a Inglaterra, e a própria participação no mercado mundial impulsionava o desenvolvimento dos diferentes capitais industriais nacionais.

Assim, o processo de industrialização atrasada reproduziu a estrutura produtiva britânica, dando origem a capitalismos nacionais semelhantes ao capitalismo inglês. Por isso mesmo, é legítimo o tratamento conjunto da industrialização francesa, americana ou alemã, o que não implica que cada um desses capitalismos não apresentasse suas especificidades.

## Estados Unidos, França e Alemanha – especificidades

Nos Estados Unidos, a vigorosa expansão da agricultura mercantil, pela colonização do Oeste por pequenas propriedades ou pelas plantações escravistas, potenciava o crescimento da indústria. Essa agricultura mercantil, ao mesmo tempo que ampliava mercados para a indústria nacional, garantia a exportação de primários e possibilitava a importação de meios de produção, o que acelerava a implantação da indústria. Na verdade, a agricultura mercantil de exportação funcionava como um setor cujo crescimento era determinado, em última instância, pelo mercado internacional, ou seja, sua dinâmica, até certo ponto, era independente da acumulação do capital industrial nacional. Assim, a acumulação industrial nos Estados Unidos podia contar com um vigoroso mercado cuja expansão não dependia diretamente de sua ação. Na verdade, a agricultura de exportação, da mesma maneira que a mineração do ouro na Califórnia,[36] funcionava como um mercado *externo* para a produção industrial.

A construção ferroviária era impulsionada pela colonização, e a produção mercantil agrícola era possibilitada pela estrada de ferro. A agricultura de pequenos proprietários dava origem a importante indústria de alimentos ao mesmo tempo que impulsionava a implantação da indústria de máquinas e implementos agrícolas. Este setor industrial, por sua vez, permitia que a pequena produção superasse suas limitações, pois potenciava a produtividade do trabalho e, assim, garantia a oferta no mercado de grandes excedentes agrícolas a baixos preços, favorecendo, dessa forma, a acumulação industrial pelos seus efeitos sobre os salários e sobre os custos das matérias-primas.

A produção escravista de algodão expandia mercados não somente para a indústria nacional, como também para a agricultura de alimentos dos pequenos proprietários. Por outro lado, a produção exportadora do Sul era controlada pelos comerciantes e banqueiros do Nordeste, permitindo assim a acumu-

---

36 A produção do ouro, ademais da expansão de mercados que acarretava, promovia ainda a expansão do crédito na medida em que afetava a oferta monetária.

lação de capitais e a geração de excedentes financeiros que podiam ser canalizados para a indústria nascente. Na verdade, o escravismo americano, após a independência, funcionou como importante elemento na gestação do capitalismo nacional pelos mercados que criava e pela acumulação bancária e comercial que possibilitava.

Entretanto, dados os passos iniciais, o escravismo ia entrando em conflito com o próprio desenvolvimento do capitalismo americano, pois as plantações, como empreendimento escravista, não podiam se expandir na mesma velocidade que a colonização pelas pequenas propriedades, que podiam contar com a inesgotável massa de imigrantes. Por outro lado, o processo de mecanização permitia que fossem superadas as limitações da pequena produção do período colonial, o que tornava essa forma de organização mais adequada que a plantação escravista para garantir a expansão da produção agrária. As dificuldades para a reprodução ampliada da lavoura escravista ameaçavam travar o ritmo da colonização do Oeste.[37]

Assim, os interesses dos grandes especuladores com terras, estreitamente vinculados à construção ferroviária (e consequentemente aos bancos e à indústria do Nordeste), entravam em conflito com o Sul, alimentando, assim, contradições que resultaram na guerra civil, quando o escravismo foi liquidado.

Na verdade, a estrada de ferro, a mecanização da pequena produção, a imigração, os níveis de acumulação atingidos pelos bancos, comércio e indústrias nos Estados Unidos tornaram o escravismo disponível, mas também contraditório com os interesses capitalistas, que exigiam a rápida expansão da constru-

37 "Foi também a questão do poder no centro o que fez do escravismo nos territórios um problema crucial. Os dirigentes políticos sabiam que a admissão de um Estado escravista ou de um de homens livres desequilibraria a balança em um ou outro sentido ... nesse contexto mais amplo, a tese de que o Sul tentou impor um veto ao progresso do Norte parece, com efeito, uma importante causa da guerra" (Moore, 1973, p.119).

ção ferroviária, dos mercados e da produção, da colonização e da valorização de terras etc.

Assim, mercados *externos* funcionaram como importante estímulo à indústria americana que, após implantar-se, ao estreitar suas relações com os bancos, passou por rápido processo de centralização, adotando formas mais avançadas de organização da produção. A formação dos trustes e o moderno sistema financeiro permitiram que a indústria americana logo assumisse posição de liderança mundial no campo da tecnologia e da criação de novos setores produtivos.

Na Alemanha, a lenta transformação da grande propriedade *junker* em propriedade capitalista e a débil agricultura camponesa do Sul e Oeste ofereceram à indústria um frágil apoio. Entretanto, a agricultura do Leste e Noroeste modernizava-se e garantia certos níveis de exportação e o abastecimento interno. Na verdade, o vigor da indústria alemã, após sua implantação, deve ser explicado não somente pelo apoio do Estado, mas fundamentalmente pela adoção, desde suas origens, de formas superiores de organização. A estreita relação entre os bancos e a indústria permitiu que a produção alemã sofresse um rápido processo de centralização, quando então passa a ser incorporada a tecnologia mais avançada e rentável, num movimento que potenciava a acumulação, ao mesmo tempo que expandia os mercados para a própria indústria. Assim, o motor da expansão industrial alemã centrava-se no próprio movimento de acumulação, que era potenciado pelos recursos financeiros colocados à disposição dos industriais.

O capitalismo implantado na França era, sem dúvida, o mais frágil dessa primeira onda de industrialização atrasada. A pequena produção parcelar na agricultura, protegida por alianças políticas com uma burguesia temerosa dos avanços do proletariado, mostrou-se extremamente lenta em articular-se com o mercado e em modernizar seus processos produtivos. Como resultado de alianças políticas, a agricultura francesa era fortemente protegida por tarifas e não sofria a concorrência estrangeira, e a grande indústria, ilhada pela produção conservadora, na ausência de estímulos externos para sua acumulação, assume também postura conservadora. A luta política entre a velha riqueza – bancos comerciais, indústrias familiares etc. – e a nova riqueza – bancos de investimento e grandes sociedades anônimas – é vencida pela primeira. Assim, se o capitalismo francês, por um lado, protegeu seus camponeses das agruras da rápida proletarização e da consequente diáspora pela qual passaram os camponeses da maioria dos países europeus, por outro, era um capitalismo pouco dinâmico e lento em avançar seu domínio sobre o conjunto da produção.

Sistematizando as conclusões a respeito dessa primeira onda de industrializações atrasadas, podemos afirmar que a dinâmica do capitalismo concorrencial tendia a reproduzir a estrutura do capitalismo britânico nos países onde se manifestavam certos requisitos prévios. Dessa forma, nos países de capitalismo atrasado, os níveis alcançados pela mercantilização da produção, pela divisão social do trabalho, pela prévia acumulação de capitais pelo desenvolvimento manufatureiro etc. faziam que o estabelecimento de relações com o dinâmico mercado mundial acelerasse seus processos de industrialização.

Na verdade, os mecanismos da livre concorrência permitiam que o dinamismo da economia britânica fosse difundido, pelo mercado mundial, aos países de capitalismo atrasado. A expansão das atividades exportadoras desses países acelerava o processo de mercantilização e de acumulação de capitais, criando as condições para a importação de meios de produção, de capitais e de trabalhadores especializados da Inglaterra. Por outro lado, as características do capitalismo concorrencial – reduzidas escalas de produção, tecnologia rudimentar etc. – possibilitavam que os países atrasados internalizassem os vários ramos da produção industrial, em condições de concorrer com o capitalismo inglês.

## Transição ao capitalismo monopolista

No início deste capítulo, situamos a segunda onda de industrializações atrasadas ao longo da chamada Grande Depressão (1873-1896), quando a Rússia, o Japão, a Itália etc. tornaram-se nações industrializadas. Essa subdivisão dos processos de industrialização atrasada em duas ondas é determinada pelas próprias transformações ocorridas no capitalismo após 1870. A Inglaterra perdia o monopólio da produção industrial no mundo capitalista, e a tendência ao livre-cambismo no mercado mundial começava a ser substituída pelo protecionismo; a livre concorrência, nos países capitalistas, ia dando lugar a um rápido processo de centralização de capitais e ao surgimento do monopólio, ao mesmo tempo que um novo padrão tecnológico ia sendo gestado.

Ao lado da tecnologia então vigente – do ferro, do carvão e da máquina a vapor –, a partir da década de 1870 começava a se desenvolver um processo que foi denominado segunda revolução industrial. Dando lugar a novos ramos de produção, vai sendo gestado um novo padrão tecnológico – do aço, da eletricidade, do motor a combustão interna, da química pesada etc. Essa nova tecnologia já não era produzida e difundida por *homens práticos*, mas resultava da aplicação consciente de conhecimentos científicos nos processos produtivos.[38] Assim, a pesquisa tecnológica começava a ser desenvolvida no próprio interior das grandes empresas que surgiam, e agora o capital assalariava cientistas e técnicos, e buscava deliberadamente as inovações. Dessa forma, a inovação tecnológica passava a ser resultado do planejamento e de pesquisas, e não mais produto da ação individual.

---

38 "Atrás desse caleidoscópio de mudanças ... uma tendência geral é manifesta: o sempre íntimo casamento da ciência e da tecnologia" (Landes, 1975, p.323).

Por outro lado, o acirramento da concorrência intercapitalista provocava o estreitamento das relações entre bancos e indústria, e o crédito de capital passava a ser utilizado como poderosa arma na luta pela eliminação de concorrentes e para a centralização de capitais.[39] É neste momento que vai se generalizando a formação da sociedade por ações que passaria a ser a forma dominante de organização das empresas nas áreas dos bancos, da indústria, da mineração, dos transportes etc., e, assim, as empresas individuais ou adotavam esta forma de organização ou iam sendo eliminadas na luta intercapitalista. Nesse processo de centralização de capitais, de fusões, combinações etc., os bancos passavam a assumir um papel central, dada sua posição estratégica de monopolizadores de crédito.

O processo de centralização de capitais permitia e exigia o surgimento de plantas produtivas gigantescas. A disponibilidade concentrada de crédito de capital era condição para que as escalas de produção pudessem crescer celeremente, e, por sua vez, as enormes plantas produtivas que surgiam constituíam poderosa arma para a centralização de capitais, pois, com suas economias de escala, podiam liquidar as empresas menores. O progressivo aumento das escalas de produção exigia gigantescos montantes de capitais centralizados para que novos investimentos pudessem ser realizados, e começava a tornar-se remota a possibilidade da formação de novos capitais individuais que concorressem com os capitais já em função. Na verdade, a concentração bancária e a centralização de capitais na esfera produtiva juntamente com o crescente poder dos bancos com seus representan-

39 "O crédito que, em seus começos, desliza-se e insinua-se recatadamente como tímido auxiliar da acumulação, atraindo e aglutinando em mãos de capitalistas individuais ou associados, por meio de uma rede de fios invisíveis, o dinheiro disseminado em grandes ou pequenas massas pela superfície da sociedade, logo se revela como uma arma nova e temível no campo de batalha da concorrência e termina por converter-se em um gigantesco mecanismo social de centralização de capitais" (Marx, 1949, v.I, p.530).

tes na direção das grandes empresas implicavam o surgimento do *truste do dinheiro*. Assim, as decisões sobre novos investimentos, bem como a capacidade de realizá-los, tendiam a ser monopólio de uma estreita classe de financistas que controlavam o crédito.

Entretanto, deve ficar claro que a Grande Depressão era uma fase de transição entre a etapa concorrencial do capitalismo e a monopolista. Apesar dos avanços no processo de centralização de capitais, os monopólios ainda não eram generalizados e as empresas individuais típicas do capitalismo concorrencial ainda dominavam a estrutura econômica. Por outro lado, também o novo padrão tecnológico ainda não era dominante, com a exceção do aço, cuja produção supera a do ferro no período. Assim, os ramos da produção baseados na antiga tecnologia dominavam a economia no momento em que estavam ainda em gestação os setores ligados ao novo padrão técnico.

O processo de monopolização do capital não avançava na mesma velocidade e intensidade nos diferentes países já industrializados. Como vimos, na Alemanha, o próprio surgimento do capital industrial dependeu da ação dos bancos de investimento, e essa estreita relação entre bancos e a indústria possibilitou um rápido processo de centralização de capitais. Com o apoio do crédito de capital dos bancos e gozando da proteção da legislação alemã, os cartéis logo são implantados e passam a funcionar como poderoso instrumento para a eliminação de concorrentes mais débeis.

Também nos Estados Unidos a monopolização do capital caminhou rapidamente, apesar da oposição política que posteriormente se cristalizaria nas leis antitruste. Enquanto na Alemanha a estreita relação entre bancos e indústria já estava estabelecida mesmo antes da cartelização da economia, nos Estados Unidos o amálgama entre negócios bancários e industriais deu-se após 1870. Magnatas da indústria e da estrada de ferro tornavam-se também banqueiros, e banqueiros passavam a controlar indústrias. Como afirma Hobson (1983, p.190):

> Foi assim que construtores de trustes, como os Srs. Rockefeller, Rogers, Havenemeyer e dirigentes de estradas de ferro como Harriman, Gould, Drew, ou Vanderbilt se tornaram banqueiros ou diretores de companhias de seguros, enquanto banqueiros como J. P. Morgan organizavam combinações na indústria de aço e navegação e participavam em diversas diretorias de companhias ferroviárias e industriais.

Entretanto, que a iniciativa da aproximação entre bancos e indústria muitas vezes partisse dos industriais, não retira dos bancos o papel central no movimento de centralização de capitais. Ao contrário, os industriais lutavam pelo controle dos bancos de negócios exatamente porque sabiam que o controle do crédito era a principal arma na luta da concorrência. Assim, em meio a uma disputa intercapitalista, que assumiu particular virulência e na qual todos os meios foram utilizados,[40] formavam-

40 Para ilustrar os padrões éticos que presidiram a trustificação da economia americana, Galbraith (1980, p.42-4) relata a disputa pelo controle da Ferrovia Erie: "a grande vantagem de Vanderbilt era o dinheiro; ele o tinha e com ele podia esperar um dia comprar o controle acionário de uma empresa. Mas Drew e Fisk levavam uma vantagem ainda maior. Eles controlavam a ferrovia; e tinham uma oficina gráfica no padrão do edifício, que abrigava os escritórios da ferrovia. Consequentemente, podiam imprimir mais ações do que Vanderbilt jamais poderia esperar adquirir e, além disso, mais ainda para assegurar-lhes o número de votos que os mantivessem no poder. Foi o que passaram a fazer. A força de sua posição, como se dizia na época, baseava-se firmemente na liberdade da imprensa.
Vanderbilt apelou para a justiça. Aí inicialmente levava certa vantagem, ele dominava George Gardner Bernard, membro da Suprema Corte do Estado de Nova York. Bernard, não fosse grande jurista, com frequência era tido como o melhor que o dinheiro poderia comprar. E Vanderbilt o havia comprado ...
Do Forte Taylor, Gould, Drew e Fisk contra-atacaram. Numa manobra emocionante e audaz, eles compraram a Assembleia Legislativa do Estado de Nova York – ou, pelo menos, um número suficiente de seus membros, para que as ações que haviam impresso fossem tornadas legais. Mais tarde, conseguiram até comprar o juiz Bernard, que assim abandonou Vanderbilt. Mais

-se os gigantescos trustes, combinações e *holdings* que passariam a dominar a economia americana.

Nos Estados Unidos e na Alemanha, os anos decorridos entre 1873/1896 foram, sem dúvida, de dificuldades, pois as taxas de crescimento da produção apresentaram-se sistematicamente inferiores àquelas verificadas nos vinte anos anteriores e posteriores a esse período, com recessões mais profundas e duradouras. Entretanto, a designação dessa fase como *Grande Depressão* é particularmente adequada à Inglaterra, nação cuja economia foi atingida com maior rigor.

A implantação da produção industrial na França, Alemanha e nos Estados Unidos afetou drasticamente a economia britânica tanto pela perda desses mercados nacionais, que anteriormente eram os principais importadores de meios de produção ingleses, como também pela agressiva concorrência que a Alemanha e os Estados Unidos passaram a exercer no mercado mundial de produtos industriais. No ciclo que antecede a Grande Depressão, a Grã-Bretanha havia realizado investimentos compatíveis com sua posição de *oficina do mundo*, ou seja, implantara uma capacidade produtiva apta a abastecer o mercado mundial. Ora, os altos montantes de capitais investidos e a perda de mercados exteriores fizeram que a crise dos anos 70 fosse mais violenta na Inglaterra que no restante dos países industriais.

Entretanto, a explicação última para as maiores dificuldades da economia inglesa deve ser buscada em sua própria estrutura econômica. O padrão do sistema bancário inglês, especializado no financiamento do comércio internacional e nos empréstimos externos, e a ausência de relações diretas entre bancos e indústrias bloqueavam a adoção de formas mais avançadas de organização da produção. Enquanto nos Estados Unidos e na Alemanha a estrutura econômica preexistente permitiu que a Grande

---

do que o dinheiro estava em jogo; até batizaram uma das locomotivas com o nome do juiz". Sobre esse tema, ver ainda Debouzy (1974).

Depressão constituísse uma fase de gestação de um novo tipo de capitalismo – o monopolista –, na Inglaterra a firme estrutura concorrencial implantada retardava o surgimento de novos padrões técnicos e financeiros.

Na verdade, para que a economia inglesa pudesse seguir os passos de seus novos concorrentes ela teria que negar-se a si própria: o sistema bancário deveria limitar suas operações com o exterior, abandonando suas práticas há muito cristalizadas, e transformar-se em financiador direto da indústria. Esta última, por seu turno, teria de esterilizar os investimentos já realizados para que pudesse surgir a grande empresa oligopólica. Em outras palavras, não se tratava da existência de mecanismos que permitissem o surgimento de novos capitais, tal como no capitalismo concorrencial, mas sim de um processo capaz de gerar um capital com tendências monopolistas, ou seja, com capacidade de eliminar capitais em função, e para isso a Inglaterra não estava preparada.

Landes (1975, p.272), analisando as dificuldades da indústria química inglesa, conclui: "somente a Grã-Bretanha retardou-se. Ela tinha grandes investimentos em plantas com o processo Leblanc, os quais os empresários relutavam em abandonar".[41] Assim, o peso do antigo capital imobilizado bloqueava novos investimentos. Pois bem, a nosso ver, este é um processo válido não somente para a indústria química, mas também para os bancos e para a indústria em geral. O peso da velha riqueza e das velhas instituições tornava lenta a solução histórica da crise, e a Inglaterra, em fins do século, já havia sido superada pelos Estados Unidos e pela Alemanha no campo da indústria e nos padrões de organização da produção.

A primeira onda de industrializações atrasadas e as transformações pelas quais passava o capitalismo implicavam mudanças nos padrões de relações internacionais. A hegemonia ingle-

41 Sobre essa fase da Inglaterra, ver Musson (1959) e Hobsbawm (1978, cap.9).

sa ia sendo solapada e acirravam-se a concorrência e as disputas entre as nações mais avançadas. O aparecimento dos superlucros monopólicos e a concorrência entre as nações industrializadas constituíam forças contrárias ao livre-cambismo, e, assim, a Alemanha, a França e os Estados Unidos tendiam a retornar às políticas protecionistas. As barreiras ao livre comércio impulsionavam os países industrializados a buscar saída para suas mercadorias entre as nações mais atrasadas, e iniciava-se uma luta pelo controle de áreas de influência, desencadeando-se nova corrida colonial. Os movimentos internacionais de capitais gradativamente ganham força, pois as novas nações industriais logo começam a concorrer com a Inglaterra nesse campo, e, assim, acelera-se a exportação de capitais para áreas atrasadas.

Essas transformações mundiais do capitalismo afetavam as condições nas quais se processava a segunda onda de industrializações atrasadas. A crescente centralização de capitais e os níveis alcançados pela socialização da produção nos países avançados tornavam maiores os descompassos entre a estrutura econômica e financeira dos países atrasados e as exigências de capitais centralizados para a realização do bloco de investimentos da industrialização. Apesar de a tecnologia dominante ainda ser aquela do ciclo ferroviário, os países da segunda onda, entretanto, eram obrigados a incorporar também as técnicas da segunda revolução industrial, o que acentuava as descontinuidades entre seus avanços técnicos prévios e as exigências técnicas da industrialização.

No âmbito do mercado mundial, a célere construção ferroviária do terceiro quartel do século XIX e a extensa incorporação de novas áreas à produção resultaram em substancial aumento da oferta de produtos agrícolas, e o período da Grande Depressão vai caracterizar-se por persistentes quedas de preços dos produtos primários. Por outro lado, as menores taxas de crescimento das economias já industrializadas, juntamente com o crescente protecionismo, reduziam o dinamismo do mercado mundial capitalista. Ora, era evidente que essas novas condições vigentes no mercado mundial afetavam negativamente os países atrasados, que dependiam de exportações de primários para que pudessem importar meios de produção necessários aos seus processos de industrialização. Entretanto, atuando em sentido inverso, aparecia a crescente oferta de empréstimos em âmbito mundial, já que, ao lado da Inglaterra, novos países tornavam-se exportadores de capitais.

É no marco dessas transformações mundiais do capitalismo que se processava a segunda onda de industrializações atrasadas. O caso do Japão reveste-se de particular importância, dado que foi o único país do Oriente que se industrializou ainda no século XIX, e as razões do sucesso do capitalismo japonês devem ser buscadas na própria estrutura social do país.

## Segunda onda de industrializações atrasadas – Japão

O feudalismo japonês apresentava os mesmos elementos do feudalismo europeu,[42] e, a partir da crise desse regime de produção, tanto na Europa como no Japão foram sendo gestadas as condições para o avanço do capitalismo. Por outro lado, após longo período de lutas intestinas, o clã Tokugawa submeteu os grandes nobres e estabeleceu um poder nacional relativamente centralizado. Dessa forma, ao longo da era Tokugawa que se iniciou no século XVII e findou em 1867, o Japão constituía um Estado nacional no qual se desenvolvia o capitalismo a partir do regime feudal que se decompunha.

---

42 "Marc Bloch que tinha bastante interesse sobre essa feudalidade nipônica constatou, na sua *A sociedade feudal*, que a feudalidade do Japão apresentava, e era a única fora da Europa, características de homogeneidade idênticas àquelas da feudalidade ocidental" (Takahashi, 1953, p.231).

O capital comercial fazia progressos, acentuava-se a divisão social do trabalho, diferenciava-se a estrutura produtiva e desenvolviam-se as cidades. Não caberia aqui aprofundar a análise sobre a evolução da sociedade japonesa nessa era Tokugawa, dado que uma evolução estruturalmente semelhante à da sociedade europeia[43] ocorrera durante a fase de acumulação primitiva. Bastaria frisar que a pequena produção camponesa foi articulando-se progressivamente ao mercado, e, no próprio campo, desenvolvia-se o artesanato concorrente da pequena produção gremial das cidades. O *putting-out* foi implantado sob o comando de comerciantes, e o poder central e local patrocinava a manufatura e a mineração.

O prolongado processo de desenvolvimento do capitalismo e de avanços da mercantilização da produção solapava as bases do regime Tokugawa. A mercantilização resultava em crescente exploração dos camponeses e eram frequentes as revoltas no campo; a nobreza endividava-se junto aos comerciantes e usurários, os quais aumentavam seu poderio econômico. A nobreza militar, diante da centralização do poder e do isolamento do país, perdia suas funções, e a classe dos samurais ia se decompondo quando muitos passavam a se dedicar ao comércio e outros arruinavam-se e tornavam-se desclassificados.

Assim evoluía a sociedade japonesa quando em meados do século XIX sofreu agressão militar norte-americana. À diferença da China e Índia, que sucumbiram à dominação ocidental, o Japão, após ceder num primeiro momento às exigências dos agressores, a partir de 1867 reagiu derrubando o regime Tokugawa e executando uma política que visava à industrialização do país, a qual era encarada como um meio de garantir a integridade nacional ante a agressão externa.

43 Sobre esse ponto, ver Landes (1965), Allen (1951, cap.1) e Moore (1973, cap.V).

Certos autores interpretam a industrialização japonesa como um resultado das pressões externas. Entretanto, é evidente que a agressão estrangeira simplesmente acelera um processo interno que tendia ele próprio ao desenvolvimento do capitalismo e, portanto, à industrialização. No dizer de Takahashi (1953, p.229):

> mas as forças do exterior por si mesmas, quaisquer que fossem suas características, não poderiam modernizar uma sociedade se sua evolução econômica interna não tendesse ao mesmo resultado: em outros termos, sem o "ritmo anônimo da produção capitalista já em gestação na economia feudal do Japão".

A derrubada do regime Tokugawa pela restauração Meiji criou as condições para a execução de um programa de reformas. No campo, a servidão é abolida e os camponeses são liberados das obrigações feudais, ao mesmo tempo que passou a ser permitida a compra e venda de terras. Entretanto, dado o caráter conservador das reformas, os interesses da nobreza foram, até certo ponto, preservados, pois suas rendas feudais na verdade são substituídas por pensões pagas pelo Estado. As reformas estabeleciam ainda a igualdade formal entre os cidadãos, e, sob a inspiração do Ocidente, firmava-se uma nova ordem jurídica.

Para que o Estado pudesse atuar com eficácia no campo da industrialização, foi fundamental a reforma tributária implementada pelos governos Meiji. Nesse ponto, também manifesta-se o caráter conservador do novo regime, já que o novo sistema tributário não penalizava as classes dominantes e era alimentado basicamente por impostos sobre a propriedade territorial. Assim, os recursos para o financiamento da industrialização japonesa foram obtidos penalizando a agricultura, ou mais precisamente, por uma brutal tributação sobre o campesinato.

As reformas eram implementadas, enquanto profundas transformações ocorriam na economia japonesa. O isolamento do país datava de séculos, pois, desde 1633, o governo Tokugawa havia praticamente impedido os contatos com o exterior. A agressão norte-americana e a imposição de tratados de livre comércio por diversos países do Ocidente, em meados do século XIX, afetaram profundamente a economia japonesa. Inicialmente, os produtos industriais comprados do exterior foram pagos com a saída de metais preciosos. Entretanto, o baixo preço das importações simplesmente desorganizava ou mesmo destruía amplos setores artesanais e manufatureiros do país, proletarizando produtores.

Mas a proletarização não resultava somente da concorrência estrangeira no mercado nacional. A pesada tributação arruinava os camponeses, e a necessidade de pagar impostos com dinheiro acentuava a dependência dos pequenos produtores rurais perante os comerciantes e usurários. O processo de concentração da propriedade da terra e de diferenciação do campesinato, que se manifestava desde a era Tokugawa, acelerou-se a partir das reformas. Por outro lado, com o apoio do governo, a agricultura consegue incorporar novas técnicas de cultivo intensivo, que aumentavam a produção por área plantada.

Entretanto, a industrialização do país dependia, em seu início, da importação de máquinas e equipamentos estrangeiros, o que exigia da economia japonesa a criação de um setor ligado à exportação. Com o apoio do governo, a economia mercantil reagia e articulava-se ao mercado internacional pela exportação de seda, chá, cobre, arroz etc.

Neste ponto, é importante frisar que a eficácia das reformas e o sentido das transformações pelas quais passava a economia japonesa somente podem ser explicados pelo fato de que o país já havia passado por séculos de desenvolvimento da produção mercantil. Assim, a eficácia da reforma tributária supunha um avançado processo de articulação da economia rural ao mercado. É esse processo que explica a capacidade da economia em reagir aos estímulos externos e ao apoio do governo e produzir para exportação. Finalmente, a própria proletarização de pequenos produtores independentes por mecanismos tributários ou concorrência supõe uma determinada estrutura social permeada pela mercantilização da produção.

Assim, a partir da segunda metade do século XIX, getavam-se as condições para a implantação do capital industrial no Japão. Camponeses e artesãos expropriados conformavam a massa de trabalhadores livres, passíveis de serem transformados em assalariados. A tributação centralizava nas mãos do governo os recursos monetários destinados aos investimentos industriais e à construção da infraestrutura – estradas de ferro, portos etc. As exportações garantiam a capacidade de compra necessária para a importação das máquinas e equipamentos. Ao final deste capítulo, retornaremos às especificidades da constituição do capitalismo no Japão, quando trataremos este tema juntamente com a industrialização da Rússia.

## Segunda onda de industrializações atrasadas – Rússia

Como os demais países de capitalismo atrasado, a Rússia também se industrializa[44] no último quartel do século XIX, a partir de um passado feudal.[45] Entretanto, enquanto na Europa Ocidental a formação dos Estados nacionais se processava em meio a um afrouxamento dos laços servis, a formação do Estado nacional russo, a partir do século XVI, coincide com a solidificação

44 Sobre a industrialização da Rússia, ver Lenin (1982), Trotski (1971) e Gerschenkron (1963 e 1968). As teses apresentadas nestes dois últimos textos constituem na verdade um empobrecimento das ideias de Lenin, Trotski e Hilferding sobre o atraso da Alemanha e Rússia. Curiosamente, Gerschenkron em nenhum momento cita esses autores.

45 "A existência na Rússia de um regime feudal, negada pelos historiadores tradicionais, hoje pode ser considerada indiscutivelmente demonstrada pelas modernas investigações. E mais: os elementos fundamentais do feudalismo russo eram os mesmos que os do Ocidente" (Trotski, 1963, v.I, p.22).

da servidão. Como já fizemos referência, a servidão retardava o desenvolvimento do comércio, das cidades, da divisão social do trabalho etc.

Entretanto, esses processos não são eliminados da sociedade russa, pois lentamente iam progredindo a divisão social do trabalho, o artesanato doméstico rural e a própria manufatura, que foi implantada desde fins do século XVII sob o patrocínio do Estado.

Até as guerras napoleônicas, o baixo grau de desenvolvimento não impedia que a Rússia exercesse seu papel de potência no concerto europeu. Entretanto, a industrialização da Europa Ocidental acentuava o atraso relativo, e a derrota na guerra da Crimeia, em meados do século XIX, tornou transparente a fragilidade do Estado russo. Na verdade, a própria sobrevivência da Rússia, como Estado independente, estava em jogo, e o país iniciou então um processo de reformas visando fundamentalmente à segurança nacional pela industrialização.

Na década de 1860, iniciava-se a liberação parcial dos camponeses num processo que garantia os interesses da nobreza por indenizações. Agravou-se, então, a pressão fiscal do Estado sobre o campesinato, que devia não somente pagar por sua liberação, como ainda era esmagado por tributos sobre a propriedade territorial das comunidades e por impostos indiretos. A diferenciação do campesinato, apesar de avançar após as reformas, era lenta não somente em razão da pressão fiscal, que empobrecia os pequenos proprietários, como também pelo fato de que legalmente mantinha-se a instituição da comunidade camponesa, já que perdurava a responsabilidade coletiva pelos impostos e obrigações.

A parcial liberação dos camponeses e a falta de apoio oficial bloqueavam a incorporação de novos métodos na agricultura que se mostrava incapaz de aumentar sua produção e produtividade. Assim, era a brutal tributação que garantia a captação de excedentes agrícolas para exportação. Tal como no Japão, era a agricultura russa que alimentava as exportações do país, e a classe camponesa a geradora dos recursos que financiariam a industrialização.

A pesada tributação proletarizava camponeses que, para fugir às obrigações coletivas da aldeia, migravam para as cidades, e assim a indústria que se implantava pôde contar com a massa de trabalhadores livres de que necessitava. Por outro lado, a concorrência exercida por produtos industriais importados ou nacionais também acelerava a proletarização ao desorganizar certos ramos do artesanato rural.

A exportação de cereais garantia a importação de máquinas e equipamentos de que o país necessitava em seu processo de industrialização. O Estado patrocinava a construção ferroviária, financiando diretamente as companhias, garantindo a rentabilidade dos investimentos ou fornecendo os capitais necessários. As estradas de ferro não somente promoviam a integração do mercado nacional, como estimulavam as indústrias de meios de produção. O setor industrial também era apoiado pelo Estado pela garantia de encomendas, pelo fornecimento de crédito etc. Assim, em fins do século XIX, a Rússia já se tornara um país cujo crescimento econômico era liderado pela indústria.

A pressão política e militar externa e a marcante presença da ação oficial no processo de industrialização levavam certos autores a interpretar como *artificial* o desenvolvimento do capitalismo e da indústria na Rússia. Entretanto, tal como no Japão, a industrialização da Rússia somente pôde ser levada a cabo exatamente porque seu desenvolvimento prévio tendia a este resultado, e a ação do Estado simplesmente acelerava esse processo. Como afirma Trotski (1971, v.II, p.151):

> para poder sobreviver em meio a Estados inimigos e mais bem armados, a Rússia era obrigada a introduzir fábricas, escolas de navegação, livros de instrução sobre construção de instalações fortificadas etc. Mas se o movimento geral da economia interior não houvesse se dirigido nesse sentido ... então todos os esforços do Estado teriam sido infrutíferos.

Até o momento, enfatizamos como o desenvolvimento prévio do capitalismo no Japão e na Rússia foi condição para que, pela ação do Estado, se processasse a industrialização desses países. Entretanto, essas industrializações se desenvolviam num momento em que o capitalismo mundial estava em transição para sua etapa monopolista. Vale dizer, nas economias avançadas acelerava-se o processo de monopolização do capitalismo, o que acentuava o atraso relativo dos países da segunda onda de industrializações atrasadas.

Como o atraso relativo era maior, exigiu-se um grande salto, um violento esforço da sociedade desses países para a implantação da grande indústria. Em outras palavras, os países atrasados eram obrigados a incorporar os últimos avanços das nações já industrializadas, pois não podiam, evidentemente, repetir as etapas do desenvolvimento dessas nações. Como afirma Trotski (1963, v.I, p.23):

> o capitalismo prepara e, até certo ponto, realiza a universalidade e permanência na evolução da humanidade. Com isso é excluída a possibilidade de que se repitam as formas evolutivas nas diferentes nações. Obrigada a seguir os países avançados, o pais atrasado não se ajusta em seu desenvolvimento à concatenação das etapas sucessivas. O privilégio dos países historicamente atrasados ... é poder assimilar as coisas, ou melhor dizendo, é ser obrigado a assimilá-las antes do prazo previsto, saltando sobre uma série de etapas intermediárias.

Assim, Rússia e Japão, com um modesto desenvolvimento manufatureiro e comercial, viam-se constrangidos a incorporar setores produtivos com o grau de desenvolvimento alcançado nos países mais avançados. Concretamente, em seus processos de industrialização, deveriam implantar unidades produtivas gigantescas, nas escalas atingidas nos Estados Unidos e na Europa Ocidental; e deveriam ainda incorporar não somente a tecnologia do ciclo ferroviário, mas também a tecnologia da chamada segunda revolução industrial. Se os países da primeira onda de industrializações atrasadas já não puderam reproduzir aquele desenvolvimento orgânico da Inglaterra, nas nações da segunda onda a descontinuidade do processo de constituição do capitalismo apresentava-se muito mais acentuada.

## A questão do financiamento – o papel do Estado

A afirmação de que, nas décadas que precederam a industrialização, era modesto o desenvolvimento mercantil e manufatureiro na Rússia e no Japão indica que nesses países a burguesia era débil política e economicamente. Politicamente a burguesia mostrava-se incapaz de assenhorear-se do Estado, e economicamente detinha parcos capitais, incompatíveis com as exigências financeiras impostas pela industrialização. Por essas razões a industrialização não poderia ser levada a cabo como exigência ou conquista da burguesia, e, assim, o próprio Estado, para garantir a segurança nacional, assumiu as tarefas históricas da burguesia e promoveu a industrialização, agindo sempre adiante do próprio horizonte burguês. Como afirma Trotski (1971, p.29): "não foi o artesão rural, tampouco os grandes comerciantes os que sentiram a necessidade de criar uma indústria forte e vasta, mas o Estado".[46]

Na primeira onda de industrialização atrasada, ainda que contando com o apoio do Estado, a burguesia, por meio de sua ação econômica, pôde implantar a grande indústria pela mobili-

46 Takahashi (1953, p.247 e 249), por sua vez, formula a questão da seguinte maneira: "a abertura do país imposta pela expansão americana e do Ocidente no Extremo Oriente precipitou o movimento político em direção à unidade nacional, sem esperar o amadurecimento autônomo das condições internas econômicas e sociais necessárias à revolução burguesa". Mais adiante, o autor caracteriza a industrialização do Japão como uma "revolução industrial pelo alto ou fundada, por assim dizer, sobre a necessidade política".

zação de seus capitais. Mesmo na Alemanha, foram antigos mercadores e usurários que fundaram os bancos e, assim, resolveram o problema do financiamento da industrialização. Pois bem, na Rússia e no Japão, o maior atraso relativo tornava a burguesia incapaz de mobilizar os capitais necessários, e, por isso mesmo, o financiamento da industrialização dependeu diretamente do Estado.

No Japão, desde a era Tokugawa, o Estado já montava e administrava empresas industriais, e essa prática aprofundou-se nas primeiras décadas após a restauração Meiji, quando as atividades produtivas do Estado expandiram-se e diversificaram-se. Entretanto, na década de 1880, a maioria das empresas estatais foi transferida a baixos preços a grupos privados, principalmente aos bancos, estabelecendo assim estreita relação entre o capital bancário e o industrial.

Entretanto, não somente as primeiras indústrias surgiram por iniciativa oficial mas os próprios bancos foram criados pela ação do governo.[47] Dada a escassez de capitais disponíveis em mãos da burguesia, era impossível a centralização mínima de recursos capaz de dar origem a um sistema bancário adequado ao financiamento da indústria nos padrões ocidentais. Dessa forma, o Estado não somente fundou bancos oficiais de vários tipos, mas também foi por meio de seu apoio financeiro e legal que o sistema bancário privado foi criado. Os subsídios do governo consistiam, em primeiro lugar, no direito dos bancos nacionais de emitir bilhetes a custo zero, e, em segundo, foram fundamentais nos inícios das atividades bancárias os depósitos do próprio governo, além da delegação aos bancos de certas atividades fiscais. Como conclui Patrick (1967, p.295): "dado que o aumento dos depósitos privados foi lento a princípio, a emissão de bilhetes e os depósitos do governo foram suplementos

47 Sobre a questão do financiamento da industrialização japonesa, ver Patrick (1967) e Ranis (1963).

importantes ao capital de fundação dos bancos, como fonte de bens bancários".

Enquanto, nos países da primeira onda de industrializações atrasadas, a formação das sociedades por ações, os bancos de investimento etc. criaram as condições para que o capital-dinheiro em mãos da burguesia desse origem ao capital industrial, no Japão a própria metamorfose do dinheiro em capital dependeu da ação do Estado, e o desenvolvimento do capital industrial apareceu como uma decorrência desse processo. Assim, enquanto na industrialização alemã ocorria um desenvolvimento orgânico no qual a indústria demandava recursos dos bancos estimulando o desenvolvimento do capital bancário, ao mesmo tempo que a expansão bancária funcionava como alavanca para a formação do capital industrial, no Japão, no dizer de Patrick (1967, p.295): "o precoce desenvolvimento do sistema bancário *precedia a demanda,* isto é, o sistema bancário foi criado à frente da demanda industrial de seus empréstimos e de outros serviços financeiros".

Na medida em que a fundação dos bancos dependia de subsídios do Estado, beneficiavam-se, evidentemente, desse processo as camadas sociais dominantes que mantinham boas relações com a burocracia Meiji. O direito de constituir bancos e emitir bilhetes lastreados simplesmente em bônus do governo privilegiava elementos da antiga nobreza, que haviam recebido tais bônus como indenização pela extinção dos feudos. Por outro lado, grande parte dos antigos grupos comerciais privilegiados ligados à administração Tokugawa não sobreviveu, mas alguns, como as casas Mitsui e Sumitomo, adaptaram-se aos novos tempos e tornaram-se proprietários de indústrias e bancos.

Assim, os bancos conformavam o elo dominante da propriedade capitalista no Japão e, dada a ausência de limitações legais, puderam dar origem a grupos que desdobravam suas atividades no campo da indústria, dos transportes, dos seguros, do comércio exterior da mineração etc. Dessa forma, em fins do século, a economia japonesa era dominada pelos *zaibatsu*, forma de organização monopolista superior, na qual, sob uma mesma relação de propriedade, o capital se desdobrava em capital industrial, bancário e comercial, indicando, assim, que a própria industrialização nipônica resultou no predomínio do capital monopolista.[48]

Tal como no Japão, na Rússia o financiamento da industrialização dependeu estreitamente da ação do Estado. O governo garantia a rentabilidade mínima das companhias de estradas de ferro, construía ele próprio ferrovias, investia diretamente na indústria e na mineração, subsidiava ou garantia encomendas a certos ramos da indústria etc. Entretanto, a implantação do parque industrial dependeu também da ação do capital bancário, e também aí se manifestava a presença fundamental do Estado pela fundação de bancos oficiais, fornecendo recursos para a fundação de bancos etc. Por outro lado, o crédito oficial garantia a própria liquidez dos bancos privados, o que aparecia como condição para que estes atuassem no financiamento da indústria. Em outras palavras, os bancos somente assumiam o risco do investimento industrial na medida em que sua própria sobrevivência era garantida pelo crédito oficial.[49]

Num ponto a forma do financiamento da industrialização russa diferia daquilo que ocorria no Japão: na Rússia, foi maciça a entrada de capital estrangeiro, não somente por meio de empréstimos oficiais e na construção ferroviária, mas também por investimentos diretos na indústria e por empréstimos aos bancos russos.

---

48 "O capitalismo nipônico apresentou, desde seu início, um caráter monopolista; não deixou nenhuma área ao desenvolvimento livre e à dissociação capitalista de camponeses e de indústrias pequenos e médios. Daí resultou a ausência de todo liberalismo econômico e de toda livre concorrência entre os capitais individuais" (Takahashi, 1953, p.249).

49 "Os bancos russos sob a forma de sociedade anônima, por terem sua liquidez assegurada pelo Banco do Estado, podiam atuar como promotores, e inclusive participar de atividades pioneiras ... Atrás do Banco do Estado estava o Tesouro com seus grandes recursos e seu potencial ainda maior..." (Crisp, 1974, p.252-3).

Entretanto, o próprio afluxo de capitais estrangeiros dependia, em primeiro lugar, das alianças políticas do Estado russo na Europa. Em segundo lugar, eram as operações do Banco do Estado no exterior que estabilizavam a taxa de câmbio do rublo, assegurando assim condições propícias ao investimento estrangeiro. Finalmente, a liquidez do sistema bancário, que também era assegurada pelo Estado, oferecia a segurança necessária aos investidores estrangeiros em seus empréstimos. Em síntese, a entrada de capitais estrangeiros na Rússia foi garantida, em última instância, pelo Estado.

Portanto, no Japão e na Rússia foi fundamental a ativa participação do Estado para que pudesse ser resolvida a questão do financiamento da industrialização. Entretanto, a mediação oficial na formação do capital industrial afetava de maneira peculiar a estrutura econômica desses países. Na medida em que o investimento dependia do crédito, dos subsídios, da garantia de rentabilidade etc., fornecidos pelo Estado, este na verdade podia, até certo ponto, imprimir ao desenvolvimento industrial certa direção. Dado que para Rússia e Japão a questão da segurança nacional era vital, a ação do Estado visava primordialmente à implantação das indústrias militares, o que exigia consequentemente que se apoiasse o desenvolvimento dos ramos pesados da produção, fornecedores da indústria bélica.

A preocupação com a segurança nacional fazia-se presente na Rússia na própria construção ferroviária, já que o traçado das linhas muitas vezes respondia a exigências militares de transportes de tropas etc. No Japão, país insular, as demandas da marinha de guerra faziam que a construção naval assumisse grande importância na estrutura produtiva. Em resumidas contas, as exigências militares afetavam a posição relativa dos diferentes setores produtivos, e os setores líderes assumiam exatamente tal posição em razão da política do governo. No dizer de Tsuru (1963): "no Japão prevalecia uma situação característica na qual as exigências de armas jogavam um papel de eixo, o qual, com generosos subsídios governamentais, tendia a adequar as indústrias pesadas principais ao padrão ditado pelos propósitos militares".

Se a posição de liderança de certos ramos da produção dependia da ação do Estado, a falta de apoio oficial a outros setores fazia que estes permanecessem técnica e economicamente atrasados. Tanto na Rússia como no Japão, na medida em que a indústria capitalista moderna era implantada em certos ramos estratégicos, outros setores ainda organizados de forma manufatureira ou artesanal não sofriam imediatamente a concorrência da produção industrial, e não somente sobreviviam, mas também expandiam-se, estimulados pelos incrementos da demanda resultantes da industrialização.

Na verdade, o capitalismo, nesse seu período de transição da concorrência para o monopólio, já perdia parte de sua capacidade de homogeneizar a estrutura econômica. Assim, as dificuldades de financiamento da indústria nas escalas alcançadas pelos países mais avançados faziam que, nos países atrasados, se reproduzisse uma estrutura heterogênea, na qual a grande indústria convivia com o artesanato, a manufatura e a agricultura camponesa. Nessa estrutura heterogênea, era clara a dominação da grande indústria, pois era o movimento de acumulação do capital industrial que determinava não somente as condições de sobrevivência, mas a própria expansão ou retração da produção artesanal, manufatureira ou camponesa.

Em síntese, as industrializações do último quartel do século XIX apresentavam certas peculiaridades. As quedas de preços dos produtos primários e o baixo dinamismo do mercado mundial exigiram maiores esforços de Rússia, Japão etc. na geração das condições necessárias à industrialização, e, nesse movimento, os sacrifícios maiores recaíram sobre os ombros do campesinato.

Por outro lado, o fato de o surgimento do capital industrial ter dependido diretamente da ação do Estado indica que o grau de centralização de capitais já atingido nos países mais avançados tornava a implantação da grande indústria incompatível com a ação de capitais individuais. Na verdade, o nível de socialização da produção atingido pelo capitalismo tornava o esforço da industrialização desproporcional em relação às possibilidades da ação de capitais privados, o que exigiu a ação pública estatal.

Entretanto, denominamos industrializações atrasadas o conjunto dos processos de industrialização que se completaram ao longo do século XIX, no período de vigência do capitalismo concorrencial, e é o próprio resultado dos processos de industrialização atrasados que nos autoriza esse tratamento. Na verdade, ao findar o século XIX, países como os Estados Unidos, a França, a Alemanha, a Rússia, o Japão etc. eram nações industrializadas, conformavam capitalismos nacionais que contavam com os mesmos elementos que o capitalismo da Inglaterra.

Dessa forma, o capitalismo concorrencial tendia a reproduzir a estrutura capitalista nos países nos quais as condições internas eram favoráveis a esse movimento. Por isso mesmo, os países de industrialização atrasada, ao findar o século XIX, contavam com o moderno aparelho industrial integrado, com avançado sistema de crédito, com classe operária já subordinada, com moderno sistema de transporte e comunicação, enfim, conformavam estruturas capitalistas de mesma qualidade que aquela da Inglaterra.

Enquanto a era da acumulação primitiva gestara as condições para a industrialização de um único país – a Inglaterra, o capitalismo, em sua era concorrencial, pôde desencadear o processo de industrialização de grande parte dos países europeus, dos Estados Unidos e do Japão. E mais, a difusão do capitalismo em âmbito mundial tendia a homogeneizar as estruturas capitalistas nos diversos países que se industrializam. Enquanto a difusão do capitalismo em sua fase monopolista no século XX não mais poderia reproduzir em termos qualitativos as estruturas econômicas e sociais dos países dominantes nas nações de industrialização tardia, na etapa concorrencial a difusão do regime capitalista ocorria de forma orgânica, reproduzindo as estruturas da Inglaterra nos países de industrialização atrasada. Não por acaso Sombart denominava o século XIX como a fase de apogeu do capitalismo.

# Conclusão

Ao longo deste trabalho, procuramos demonstrar por que é inviável a construção de modelos de desenvolvimento econômico capazes de dar conta dos complexos movimentos da constituição do capitalismo em diferentes países. Entretanto, Althusser (1967, v.II, p.183), partindo de outro marco teórico que não aquele dos economistas da teoria do desenvolvimento, afirma: "Marx não construiu uma teoria da transição de um modo de produção a outro, isto é, da constituição de um modo de produção. Nós sabemos que essa teoria é indispensável". Ora, a mesma crítica dirigida aos modelos da teoria do desenvolvimento é válida para esse tipo de proposta.

Como construir uma teoria da constituição do capitalismo, quando sabemos que esse regime de produção é conformado a partir de distintas estruturas econômicas e sociais nos diferentes países do mundo? Como construir teoria geral, quando o regime capitalista é constituído em diferentes momentos da própria história do capitalismo em âmbito mundial, ou seja, em diferentes etapas da evolução do regime capitalista?

Na verdade, assim como os modelos de desenvolvimento, uma teoria geral da constituição do capitalismo resultaria em uma construção abstrata, ineficaz para explicar seu objeto: a própria dinâmica da constituição do capitalismo. Em outras palavras, as possíveis leis gerais de tal teoria teriam que ser construídas abstraindo mediações históricas que são essenciais, pois determinam as distintas dinâmicas dos processos de constituição do capitalismo em diferentes nações.

A negação da eficácia dos modelos ou de uma teoria geral não resulta, entretanto, em visão historicista, para a qual cada processo de constituição do capitalismo conformaria uma realidade irredutível, ou seja, uma visão para a qual a análise de constituição do capitalismo somente comportaria estudos de casos particulares. Na verdade, concluímos pela necessidade da elaboração de conceitos que permitam sucessivas aproximações dos processos sociais concretos, movimento pelo qual torna-se possível isolar mediações comuns a esses processos, reduzindo, portanto, o movimento da constituição do capitalismo a certos padrões.

Esses padrões (capitalismo atrasado, tardio etc.), na medida em que incorporam determinações gerais comuns aos diferentes processos de constituição do capitalismo, e ao levarem em conta determinações históricas desses processos, permitem que seja evitada não somente a ineficácia das abstrações cientificistas, como também a impotência do empirismo historicista.[1] Assim, "nem a História aparece como singularidade irredutível, nem como a realização monótona de etapas de desenvolvimento prefixadas..." (Mello, 1982, p.176).

1 Vilar (1982a, p.412), criticando as propostas "alternativas" a Marx, afirma: "a eleição é colocada, pois, entre um empirismo sem horizonte e a aceitação de 'modelos' diretores para a análise da realidade".

# Referências bibliográficas

AGARWALA, A. N., SINGH, S. P. (Coord.) *A economia do subdesenvolvimento*. São Paulo: Forense, 1969.

AGLIETTA, M. La notion de monnaie internationale et les problèmes monétaires européens dans une perspective historique. *Revue Économique*, n.5, sept. 1979.

______. World capitalism in the eighties. *New Left Review*, n.136, nov.-dez. 1982.

ALLEN, G. C. *A Short Economic History of Modern Japan*. London: G. Allen & Unwin, 1951.

ALTHUSSER, L. L'objet du capital. In: VV. AA. *Lire* Le capital. Paris: Maspero, 1967. v.II.

ANDERSON, P. *El Estado absolutista*. México: Siglo Veintiuno, 1979.

ASHTON, T. S. *A Revolução Industrial*. Lisboa: Europa-América, 1971.

BARRACLOUGH, G. *A História*. Lisboa: Bertrand, 1980. 2v.

BAUER, O. *La questión de las nacionalidades y la socialdemocracia*. México: Siglo Veintiuno, 1979.

BELLUZZO, L. G. de M. *Valor e capitalismo*. São Paulo: Brasiliense, 1980.

BERRIL, K. Foreign Capital and Take-off. In: ROSTOW, W. W. (Ed.) *The Economics of Take-off into Sustained Growth*. New York: MacMillan, 1963.

BRAUDEL, F. Civilisation matérielle, économie et capiyalisme, XVe–XVIIIe siècle. In: *Le temps du monde*. Paris: Armand Colin, 1979. t.3.

BLOCH, M. L'histoire rurale et capitalisme, XVe–XVIIIe siècle. In: *Le temps du monde*. Paris: Armand Colin, 1979. t.3.

BRAUN, R. Taxation, Sociopolitical Structure, and State Building: Great Britain and Brandenburg-Prussia. In: TILLY, C. *The Formation of National States in Western Europe*. Princeton: Princeton University Press, 1975.

BREBNER, J. B. Laissez-faire and State Intervention in Nineteenth Century Britain. In: CARUS-WILSON, E. N. (Org.) *Essays in Economic History*. London: Arnold, 1958.

BRENNER, R. Agrarian Class Structure and Economic Development in Pre-Industrial Europe. *Past and Present*, n.70, 1976.

______. The Social Basis of English Comercial Expansion, 1550-1640. *Journal of Economic History*, mar. 1972.

BRUCHEY, S. *As origens do crescimento econômico 1607-1861*. Rio de Janeiro: Record, 1965.

CAMERON, R. *La banca en las primeras etapas de la industrialization*. Madrid: Tecnos, 1974.

CANDELORO, G. *Introdução ao el "Risorgimento"*. Buenos Aires: Granica, 1974.

CARUS-WILSON, E. N. (Org.) *Essays in Economic History*. London: Arnold, 1958.

CHANDLER JR., A. United States: Evolution of Enterprise. In: *The Cambridge Economic History of Europe*. Cambridge: Cambridge University Press, 1978.

CIPOLLA, C. M. The decline of Italy. *Economic History Review*, v.V, 1952.

CLAPHAM, J. H. The Last Years of the Navigation Acts. In: CARUS-WILSON, E. N. (Org.) *Essays in Economic History*. London: Arnold, 1958.

______. *Economic Development of France and Germany 1815-1914*. Cambridge: Cambridge University Press, 1968.

CLIFTON, J. A. *Competitive Conditions in Theory of Price and Value*. University of Wisconsin, 1975. (Mimeogr.)

COOPER, R. N. (Ed.) *International Finance*. London: Penguin, 1969.

COTTRELL, P. L. *British Overseas Investment in Nineteenth Century*. London: MacMillan, 1975.

CRISP, O. Rússia, 1860-1914. In: CAMERON, R. *La banca en las primeras etapas de la industrialization*. Madrid: Tecnos, 1974.

CROUZET, F. Angleterre et France au XVIIIe siècle. *Annales* (Économies, Sociétés, Civilisations), mars-avril 1966.

DAVIS, R. *La Europa Atlantica*. México: Siglo Veintiuno, 1976.

______. The Rise of Protection in England, 1689-1786. *Economic History Review*, aug. 1966, p.306-317.

DE MADDALENA, A. Rural Europe 1500-1750. In: CIPOLLA, C. M. (Ed.) *The Fontana Economic Historv of Europe*. London: Fontana--Collins, 1976. v.II: "The Sixteenth and Seventeenth Centuries".

DEANE, P. *A Revolução Industrial*. Rio de Janeiro: Zahar, 1973.

DEBOUZY, M. *El capitalismo salvaje en Estados Unidos*. Buenos Aires: Granica, 1974.

DOBB, M. *Estudios sobre el desarrollo del capitalismo*. Buenos Aires: Siglo Veintiuno, 1971.

DUBY, G. *L'économie rurale et la vie des campagnes dans L'Occident médiéval*. Paris: Seuil, 1977. v.II, livro IV.

DUBY, G., MANDROU, R. *Historia de la civilización francesa*. México: Fondo de Cultura Económica, 1966.

DUCASSÉ, P. *História das técnicas*. Lisboa: Europa-América, 1962.

EDWARDS, G. W. *The Evolution of Finance Capitalism*. New York: A. M. Kelley, 1967.

ELLSWORTH, P. T. *Economia internacional*. São Paulo: Atlas, 1976.

ENGELS, F. La Guerre des Paysans. In: *La révolution démocratique bourgeoise en Allemagne*. Paris: Editions Sociales, 1951.

FAULKNER, H. U. *História económica de los Estados Unidos*. Buenos Aires: Nova, 1956.

FERNANDES, R. C. (Org.) *Dilemas do socialismo*. Rio de Janeiro: Paz e Terra, 1982.

FOHLEN, C. Enterpreneurship and Management in France in the Nineteenth Century. In: *The Cambridge Economic History of Europe*. Cambridge: Cambridge University Press, 1978. v.VII.

FURTADO, C. *Formação econômica do Brasil*. Rio de Janeiro: Fundo de Cultura, 1963.

______. *Teoria y política del desarrollo económico*. México: Siglo Veintiuno, 1972.

GALBRAITH, J. K. *A era da incerteza*. São Paulo: Pioneira, 1980.

GERSCHENKRON, A. The Early Phases of Industrialization in Russia and their Relationship to the Historial Studv of Economic Growth. In: SUPPLE, B. E. (Ed.) *The Experience of Economic Growth*. New York: Random House, 1963.

______. *El atraso económico en su perspectiva histórica*. Barcelona: Ariel, 1968.

GETZLER, I. Gueorgui V. Plekânov: a danação da ortodoxia. In: HOBSBAWM, E. J. (Org.) *História do marxismo*. Rio de Janeiro: Paz e Terra, 1979. v.3.

GODINHO, V. M. Le Portugal, les flottes du sucre et las flottes de l'or (1670-1770). *Annales* (Économies, Sociétés, Civilisations), avril--juin 1950.

______. *Os descobrimentos e a economia mundial*. Lisboa: Presença, 1971. v.I.

GRAMSCI, A. *El "Risorgimento"*. Buenos Aires: Granica, 1974.

HABAKKUK, H. J. La disparition du paysan anglais. *Annalles* (Économies, Sociétés, Civilisations), v.XX, juil-août 1965.

HAMILTON, E. J. The Decline of Spain. In: CARUS-WILSON, E. N. (Org.) *Essavs in Economic History*. London: Arnold, 1958.

HANDERSON, W. O. *The Rise of German Industrial Power 1834-1914*. London: J. W. Arrowsmith, 1975.

HECKSCHER, E. F. *La época mercantilista*. México: Fondo de Cultura Económica, 1943.

HILFERDING, R. *El capital financeiro*. Madrid: Tecnos, 1963.

HILL, C. *De la reforma a la revolución – 1530-1780*. Madrid: Ariel, 1980.

______. *A revolução inglesa de 1640*. Lisboa: Presença, 1977.

HILTON, R. H. Peasant Movements in England Before 1381. In: CARUS--WILSON, E. N. (Org.) *Essays in Economic History*. London: Arnold, 1958.

HOBSBAWM, E. J. *En torno a los origenes de la Revolución lndustrial*. Buenos Aires: Siglo Veintiuno, 1971a.

HOBSBAWM, E. J. El siglo XVII en el desarrollo del capitalismo. In: ___. *En torno a los origenes de la Revolución Industrial*. Buenos Aires: Siglo Veintiuno, 1971b.

______. La crisis general de la economía europea en el siglo XVII. In: ___. *En torno a los origenes de la Revolución Industrial*. Buenos Aires: Siglo Veintiuno, 1971c.

______. *La era del capitalismo*. Barcelona: Labor, 1977.

______. *Da Revolução Industrial ao imperialismo*. Rio de Janeiro: Forense, 1978.

______. (Org.) *História do marxismo*. Rio de Janeiro: Paz e Terra, 1979. v.3.

______. *A era das revoluções*. Rio de Janeiro: Paz e Terra, 1982.

HOBSON, J. A. *A evolução do capitalismo moderno*. São Paulo: Nova Cultural, 1983.

IMLAH, H. British Balance of Payments and Export of Capital, 1816-1913. *Economic History Review*, v.5, n.2, 1952.

______. *Economic Elements in The Pax Britannica*. New York: Russell & Russell, 1958.

JEANNIN, P. *El noroeste y el norte de Europa en los siglos XVII y XVIII*. Barcelona: Labor, 1970.

KELLENBENZ, H. *El desarrollo económico de la Europa continental (1500-1750)*. México: Siglo Veintiuno, 1978.

LANDES, D. French Enterpreneurship and Industrial Growth in the Nineteenth Century. In: SUPPLE, B. E. (Ed.) *The Experience of Economic Growth*. New York: Random House, 1963.

______. Japan and Europe: Contrasts in Industrializatíon. In: LOCKWOOD, W. W. (Ed.) *The State and Economic Enterprise in Japan*. Princeton: Princeton University Press, 1965.

______. *The Unbound Prometheus*. Cambridge: Cambridge University Press, 1975.

LENIN, V. I. A que herencia renunciamos?. In: ___. *Obras escogidas*. Moscou: Progreso, 1970a. 3t.

______. Dos tacticas de la socialdemocracia en la revolución democratica. In: ___. *Obras escogidas*. Moscou: Progreso, 1970b. 3t.

______. El imperialismo, fase superior del capitalismo. In: ___. *Obras escogidas*. Moscou: Progreso, 1970c. 3v.

LENIN, V. I. Las tareas del proletariado en nuestra revolución. In: ___. *Obras escogidas*. Moscou: Progreso, 1970d. 3v.

______. Sobre el derecho de las naciones a la autodeterminación. In: ___. *Obras Escogidas*. Mascou: Progreso, 1970e. 3t.

______. El contenido económico del populismo. In: ___. *Escritos económicos (1893-1899)*. Madrid: Siglo Veintiuno, 1974. 3v.

______. *O desenvolvimento do capitalismo na Rússia*. São Paulo: Abril Cultural, 1982.

LEWIS, W. A. O desenvolvimento econômico com oferta ilimitada da mão de obra. In: AGARWAZA, A. N., SINGH, S. P. (Coord.) *A economia do subdesenvolvimento*. São Paulo: Forense, 1969.

LICHTHEIM, G. *Imperialism*. London: Penguin, 1971.

LIST, F. *Sistema nacional de economia política*. México: Fondo de Cultura Económica, 1942.

LOCKWOOD, W. W. *The State an Economic Enterprise in Japan*. Princeton: Princeton University Press, 1965.

LOPEZ, R. S. *A revolução comercial da Idade Média*. Lisboa: Presença, 1976.

LUKÁCS, G. *El asalto a la razón*. Barcelona: Grijalbo, 1976.

MALOWIST, M. The problem of the inequality of economic development in Europe in the later Middle Ages. *Economic History Review*, v.XIX, n.1, 1966.

______. The economic and social development of the Baltic Countries from the Fifteenth to the Seventeenth Centuries. *The Economic History Review*, v.XII, n.2, 1959.

MANDROU, R. *Francia en los siglos XVII y XVIII*. Barcelona: Labor, 1973.

MANTOUX, P. *La Revolución Industrial en el siglo XVIII*. Madrid: Aguilar, 1962.

MARX, K. *El capital*. México: Fondo de Cultura Económica, 1949. 3v.

______. Prologo de la contribución a la critica de economia política. In: ___. *Obras escogidas*. Moscou: Progreso, 1969.

______. *Formações econômicas pré-capitalistas*. Introdução de E. J. Hobsbawm. Rio de Janeiro: Paz e Terra, 1975.

MAZZUCCHELLI, F. *A contradição em processo*. São Paulo: Brasiliense, 1985.

MELLO, J. M. C. de. *O capitalismo tardio*. São Paulo: Brasiliense, 1982.

MIKHAILOVSKI, N. K. O dilema do marxista russo. In: FERNANDES, R. C. (Org.) *Dilemas do socialismo*. Rio de Janeiro: Paz e Terra, 1982.

MOORE, B. *Los origenes socialies de la dctadura y la democracia*. Madrid: Peninsula, 1973.

MUSSON, A. E. The Great Depression in Britain, 1873-1876: a repraisal. *Journal of Economic History*, n.XIX, 1959.

MYRDAL, G. *The Asian Drama*. New York: Pantheon, 1968. 3v.

______. *Contra a corrente*. Rio de Janeiro: Campus, 1977.

NEF, J. El progreso de la tecnologia y el desarrollo de la gran industria en Gra-Bretaña, 1549-1640. In: ___. *La conquista del mundo material*. Buenos Aires: Paidós, 1969.

NOVAIS, F. A. *Portugal e Brasil na crise do antigo sistema colonial*. São Paulo: Hucitec, 1979.

NURSKE, R. International Investment Today in the Light of Nineteenth Century Experience. In: COOPER, R. N. (Ed.) *International Finance*. London: Penguin, 1969.

______. Padrões de comércio e desenvolvimento. In: SAVASINI, J. A. A., MALAN, P., BAER, W. (Org.) *Economia internacional*. São Paulo: Saraiva, 1979.

ORTIZ, D. A. *El Antiguo Régimen: los reyes católicos y los Austrias*. 8.ed. Madrid: Alianza, 1973.

PALMER, R. R. A revolução. In: VANN WOOSWARD, C. (Org.) *Ensaios comparativos sobre a história americana*. São Paulo: Cultrix, 1972.

PATRICK, H. T. Japan, 1868-1914. In: CAMERON, R. E. (Ed.) *La banca en las primeras etapas de la industrialización*. Madrid: Tecnos, 1967.

PAYNE, P. L. Industrial entrepreneurship and management in Great Britain. In: *The Cambridge Economic History of Europe*. Cambridge: Cambridge University Press, 1978. v.VII.

PIRENNE, H. *História econômica e social da Idade Média*. São Paulo: Mestre Jou, 1965.

______. *As cidades da Idade Média*. Lisboa: Europa-América, 1977.

POLANYI, K. *A grande transformação*. Rio de Janeiro: s. n., 1980.

PORCHNEV, B. *Les soulèvements populaires en France au XVIIe siècle*. Paris: Flammarion, 1972.

RANIS, G. The Financing of Japanese Economic Development. In: SUPPLE, B. E (Ed.) *The Experience of Economic Growth*. New York: Random House, 1963.

ROBERTSON, R. M. *História da economia americana*. Rio de Janeiro: Campus, 1967.

ROMANO, R. Italia durante la crisis del siglo XVII. In: VV. AA. (Org.) *Agricultura y desarrollo del capitalismo*. Madrid: Alberto Corazon, 1974.

ROMANO, R., TENENTI, A. *Los fundamentos del mundo moderno*. México: Siglo Veintiuno, 1977.

ROSTOW, W. W. A decolagem para o desenvolvimento autossustentado. In: AGARWALA, A. N., SINGH, S. P. (Coord.) *A economia do subdesenvolvimento*. São Paulo: Forense, 1969.

ROSTOW, W. W. (Ed.) *The Economics of Take-off into Sustaingo Growth*. New York: MacMillan, 1963.

______. *As etapas do desenvolvimento econômico*. Rio de Janeiro: Zahar, 1974.

RUBIN, I. I. *Ensayos sobre la teoria marxista del valor*. Buenos Aires: Pasado y Presente, 1974.

SAMPSON, A. *Os credores do mundo*. Rio de Janeiro: Record, 1981.

SANTOS, R. M. dos. *O rascunho da nação*. Campinas, 1985. Tese (Doutoramento) – Universidade Estadual de Campinas. (Mimeogr.)

SAVASINI, J. A. A., MALAN, P., BAER, W. (Org.) *Economia internacional*. São Paulo: Saraiva, 1979.

SCHUMPETER, J. A. *Business Cycles*. New York: Porcupine, 1964.

______. *Teoria del desenvolvimiento económico*. México: Fondo de Cultura Económica, 1967.

SÉRGIO, A. As duas políticas nacionais. In: *Ensaios*. 2.ed. Lisboa: Sá da Costa, 1972a. t.2.

______. O reino cadaveroso ou o problema da cultura em Portugal. In: *Ensaios*. Lisboa: Sá da Costa, 1972b.

______. *Breve interpretação da história de Portugal*. 7.ed. Lisboa: Sá da Costa, 1977.

SIDERI, S. *Comércio e poder*. Lisboa: Cosmos, 1978.

STRADA, V. A polêmica entre bolcheviques e mancheviques sobre a Revolução de 1905. In: HOBSBAWM, E. J. *História do marxismo*. Rio de Janeiro: Paz e Terra, 1979. v.3.

STRAYER, J. *Les origenes médievales de l'État Moderne*. Paris: Payot, 1979.

SUPPLE, B. E. *The Experience of Economic Growth*. New York: Random House, 1963.

TAKAHASHI, H. K. La place de la Révolution Meiji dans l'histoire agraire du Japon. *Révue Historique*, out-.déc. 1953.

TAWNEY, R. H. The rise of the gentry, 1558-1640. In: CARUS-WILSON, E. N. (Org.) *Essays in Economic History*. London: Arnold, 1958.

TILLY, R. H. Capital formation in Germany in the Nineteenth Century. In: *The Cambridge Economic History of Europe*. Cambridge: Cambridge University Press, 1978. v.VII.

TREVOR-ROPER, H. R. *Religião, reforma e transformação social*. Lisboa: Presença, 1981a.

______. A crise geral do século XVII. In: ___. *Religião, reforma e transformação social*. Lisboa, Presença, 1981b.

TRIFFIN, R. *El sistema monetario internacional*. Buenos Aires: Amorrortu, 1968.

TROTSKI, L. *Historia de la Revolución Rusa*. Buenos Aires: Tilcara, 1963. 2v.

______. *1905, resultados y perspectivas*. Madrid: Ruedo Iberico, 1971.

TSURU, S. The Take-off in Japan, 1868-1900. In: ROSTOW, W. W. (Ed.) *The Economics of Take-off into Sustained Growth*. New York: MacMillan, 1963.

VANN WOOSWARD, C. (Org.) *Ensaios comparativos sobre a história americana*. São Paulo: Cultrix, 1972.

VILAR, P. *Ouro e moeda na história*. Rio de Janeiro: Paz e Terra, 1980.

______. *Desenvolvimento econômico e análise histórica*. Lisboa: Presença, 1982a.

______. O tempo de "Quixote". In: *Desenvolvimento econômico e análise histórica*. Lisboa: Presença, 1982b.

WALICKI, A. Socialismo russo e populismo. In: HOBSBAWM, E. J. *História do marxismo*. Rio de Janeiro: Paz e Terra, 1979. v.3.

WALLERSTEIN, I. *The Modern World System*. New York: Academic Press, 1974.

______. *The Modern World System II*. New York: Academic Press, 1980.

WEBER, M. *História económica general*. México: Fondo de Cultura Económica, 1942.

WEBER, M. *Economia y sociedad*. México: Fondo de Cultura Económica, 1944.

WILLIAMS, E. *Capitalismo e escravidão*. Rio de Janeiro: Americana, 1975.

WILSON, C. H. The Economic Decline of the Netherlands. In: CARUS-WILSON, E. N. (Org.) *Essays in Economic History*. London: Arnold, 1958.

WOODRUFF, W. The Emergence of an Internacional Economy 1700-1914. In: CIPOLLA, C. M. (Ed.) *The Fontana Economic History of Europe*. London: Fontana-Collins, 1976.

SOBRE O LIVRO

*Formato*: 14 x 21 cm
*Mancha*: 23 x 44,5 paicas
*Tipologia*: Iowan Old Style 10/14
*Papel*: Offset 75 g/m² (miolo)
Cartão Supremo 250 g/m² (capa)
*1ª edição*: 2003

EQUIPE DE REALIZAÇÃO

*Coordenação Geral*
Sidnei Simonelli

*Produção Gráfica*
Anderson Nobara

*Edição de Texto*
Nelson Luís Barbosa (Assistente Editorial)
Carlos Villarruel (Preparação de Original)
Ada Santos Seles e
Ana Luiza Couto (Revisão)
Oitava Rima Prod. Editorial (Atualização Ortográfica)

*Editoração Eletrônica*
Oitava Rima Prod. Editorial

Impressão e acabamento